嶺重　慎
熊谷晋一郎
村田　淳
安井絢子　編

京都大学学生総合支援機構　協力

語りの場からの学問創成

当事者、ケア、コミュニティ

京都大学学術出版会

タイトルに託した思い

本書はタイトルが示す通り，「語りの場からの学問創成」の実現を目標に掲げて編みあげられた。種々の立場，個別の体験，ひとりひとりのパースペクティヴから捉えると，異なる言葉，経験，世界が立ち現れてくる。そうした異なる視座から，新たな学問創成のあり方，そのために必要な「語りの場」づくりについて，新しい選択肢を提案したものである。

これまでの学問創成は基本的に，普遍的な原理・原則，客観性，実証に基づく思考に依拠してきた。これに対して本書では，「もうひとつの声」に耳を傾け，「当事者」の声を起点に，それぞれの思い，すなわち「情」を「知の探究のエンジン」とする新しい学問創成を提案する。

「もうひとつの声」とは，障害・難病・依存症などと呼ばれる，社会が定める「標準」とは異なる生の中で，困り事を抱えがちな「当事者」の声にほかならない。当事者は，お互いに，あるいは社会や社会の中で多数を占める非当事者と関係を結び合いながら，その人らしい，かけがえのない生を紡いでいる。その相互関係の重なりを「ケア」と表現した。そのような「語りの場からの学問創成」を実践しつつあるのが，「当事者研究」であり「ケアの倫理」である。それら新しい学問を生み出す「語りの場」を象徴する言葉が「コミュニティ」であり，新たな「コミュニティ」の実践こそが本書の目的である。

「コミュニティ」は，ラテン語の *communitas* に由来する。ラテン語の *munus* には「贈り物，賦課，任務，職，負荷，義務，祝祭時の演出」といった意味があり，ここに「相互の，共同の，共通の」などを意味する接頭辞 *co-* が付き，*communitas* となる。日本ではコミュニティを，生まれながらの地縁（つながり）から捉える傾向が強いのに対して，アメリカでは，自ら選んで参加するボランティア活動のようなつながりとして捉えるのが一般的だ。そのためアメリカでは誰かから与えられる／贈られる感覚が日本より希薄だといわれる（参考：『コミュニティ・オブ・プラクティス』）。

本書が提案する「コミュニティ」は，「お互いに与え合う／贈り合う意識を伴う関係」を核に据えたつながりだ。それは，沈黙するしか「言葉」をもたなかったり，他人とつながりをもちづらい／もてない人なども含めて，多様な困り事を抱えたひとびとが，ありのままのそのひととして参与できる「語りの場」にほかならない。

著者たちのかけがえのない生から紡ぎ出された語りが読者の心に届き，贈り合いの実践を喚起し，新たな語りの場をつくり上げる一助となることを願ってやまない。

[嶺重慎・安井絢子]

目　次

アクロニム一覧

略語	原語	日本語	参照頁
AKB	Autobiographical Knowledge Base	自伝的知識基盤	29
AM	Autobiographic Memory	自伝的記憶	29
ASD	Autism Spectrum Disorder	自閉スペクトラム症	34
AT	Assistive Technology	支援機器	238
CIL	Center of Independent Living	自立支援センター	196
DARC	Drug Alcohol Rehabilitation Center	ダルク	27
DIPEx	Database of Individual Patient Experiences	一人一人の患者体験のデータベース	169
DRC	Disability Resource Center	(京都大学学生総合支援機構) 障害学生支援部門	235
EBM	Evidence-Based Medicine	証拠に基づく医療	169
GATFAR	Global Autistic Task Force on Autism Research	自閉症研究に関する世界自閉症者タスクフォース	147
NBM	Narrative-Based Medicine	語りに基づく医療	170
OGM	OverGeneral Memory	過剰一般的な自伝的記憶	32
PTSD	PostTraumatic Stress Disorder	心的外傷後ストレス障害	32
QOL	Quality Of Life	生活の質	104
UPIAS	The Union of the Physically Impaired Against Segregation	隔離に反対する身体障害者連盟	140
WCS	Weighted Confidence Sharing	加重信頼共有	36

本書のねらい――「語りの場」とは

嶺重　慎

学問の『危機』は，学問が生に対する意義を喪失したところにある[1]**。**

今から80年以上も昔のこと，哲学者のＥ・フッサールはこう看破した。不思議な言葉だ。学問とは本来，私たちの「生」（命，生活，人生）から生まれ，私たちの生を豊かにしてくれるもののはずだ。その学問が生から乖離し，生に対する意義を失っているというのだ。

しかしよくよく考えてみると，この言葉は今でも，いや，今でこそますます当てはまるのではないか。たしかに私たちは科学・技術の急速な発展の恩恵に浴している。その一方で「数値化」「精密化」「実証主義」といった（自然科学特有の）考え方が社会に浸透し，人の行為や成果を評価する基準として用いられている。「役に立つ」「生産性」「効率」といった人をあおる言葉が普遍的な美徳とされ，私たちの「生きづらさ」を生み出している。

ふと考える。私たちひとりひとり，この世にこの身体をもって投げ込まれ，かけがえのない生を紡いでいる。その私たちの生の現実は「役に立つ」とか「価値がある」といった尺度で測れるようなものなのか？　競争社会の中で高得点をあげられる人はそれでいいかもしれないが，そうでない人もたくさんいる。そういう人たちはいったいどうすればいいというのか。日々進展しているはずの学問は，そんな私たちの「生」とどう関わるのか，「生きづら

1　フッサール（1995）p.19（原著は1936年刊行）

さ」をどう解決するのか，まさに学問と生が乖離しているではないか。

ここでしばし立ち止まり，「生きる喜び」「わくわくする思い」を与えてくれる本来の学問について考えてみたい[2]。

この考えの下，わたしたちは2022年11月12日，「障害×学問」（当事者の語りの場からの学問創成）がテーマの京都大学バリアフリーフォーラム2022（以下，フォーラム）を開催した。フォーラムは，多様な当事者が一堂に集い，自分自身の物語を語り，出席者と交流する絶好の機会となった（後に詳述）。

本書籍はこのフォーラムを記録するとともに，本フォーラムの主旨を将来に向けて継続・発展させることを目的に，フォーラムの基調講演や鼎談，ブース展示，出席者間の交流に現れ出た「語り」を文字にし，併せて「障害×学問」の萌芽的実例を多方面から論じる書物である。その底流には，「学問を大学人など一部の人のみが関わる崇高なものとしてではなく，誰にも身近なものとして捉えていきたい」との切実な思いがある。

さて冒頭のフッサールの言に戻る。彼はまたこう記す。

> 物理学的（数学的）自然の発見者ガリレイ（中略）は，発見する天才であると同時に隠蔽する天才でもある[3]。

いったい何を発見し，何を隠したのか。端的に述べると，発見したのは数字で表される世界（数理物理的世界），隠したのは数字で表しきれない世界（生身の人が生きる世界）と言えようか。自然科学が扱う客観世界は数字で表される。それは「原理原則」や「因果論」により導き出される世界であり「知」の体系として記録される[4]。一方で，主観世界（感覚・心・情念）は数字だけでは表せない[5]。それらを扱う学問はあるにはあるが，不確実性のあ

2　誤解を避けるために念を押すと，本書は決して既存の学問を否定しようというものではない。ただ，既存の学問の範疇から抜け落ちている，それどころか場合によっては隠蔽されている学問の可能性を論じようというのだ。

3　フッサール（1995）p.95

4　一般に，「自然科学とはそういうものだ」と認識されているが，じつは話は単純ではない。詳しくは本章コラム 1 を参照されたい。

る学問として，あまり高い評価を受けてこなかったのではないか。そこに問題の種がありそうだ。

では「隠された」世界を掘り起こすのに，どのようなアプローチが適切だろう？

本書では「語り（ナラティヴ[6]）」をその中核におく。実際，フォーラムでは多彩な「語り」があちらこちらで繰り広げられ，参加者からは「会場は温かさと親しみに満ちていた」との感想を多くいただいたからである。そのような場を生み出す「語り」とはいったい何だろうか，またそれはなぜ「温かさと親しみ」を生み出すのか。本書全編を通じて，この点を深めていきたい。

コラム1 自然科学の答えはひとつ？

「自然科学的な世界観」とは，「原理・原則により答えが一意に定まる世界」であると広く信じられているが，これは必ずしも正しくない。その一例は量子力学の不確定性原理[7]であり，別の例は20世紀半ばから急速に発展した「複雑系の科学」の中に見出される。

複雑系の科学は，「個の寄せ集めが予想もつかぬふるまいを生じる」という現象（創発）を暴き出した。「答えが一意に定まらない世界」の登場である。個と個の間の微妙な関係性の違いが，大きく異なる結果を生み出すからだ[8]。そこで自然科学（の多く）は，難しい問題を避け，原理・原則が明確なテーマに絞って発展してきたともいえよう。「答えが一意に定まる」という素朴な自然科学観が広く世に流布する所以である[9]。「科学的」ということばが出てきたら要注意！

5　数学者はじめ自然科学者の中には，「主観世界も数字（数式）だけで表される」と主張する人もおられるかもしれないことはお断りしておく。

6　本書では原則として「ナラティヴ」の表記を用いるが，文献を引用する際は原著表現を尊重して「ナラティブ」と表記している場合がある。

7　例えば，物体の位置と運動量の両方を精度良く決めることができない，という原理。

語り（ナラティヴ）

本書で強調したいこと，それは「世界の理解の仕方に2通りある」ということだ。客観的証拠に裏付けられた科学的説明（記述）と，個々の語りに基づく物語的説明（記述）である。その違いを野口（2002）はこう説明する[10]。

> 「科学的説明」と「物語的説明」の最大の違いは，「一般性」，あるいは「普遍性」をどれだけ求めるかという点にある。「科学的説明」は，もし他の条件が等しければつねにあてはまるような一般的な法則に基づいて事態を説明する。（中略）ある事件が起きたとき（科学的説明は）事態の理解を大いに助けてくれる。しかし一方で，なぜ，これほどまでの事件を起こしてしまったのかという説明としては不十分に感じられる場合もある。同じような境遇にあっても事件を起こさないひとが大半なので，なぜこのひとだけが事件を起こしたのか，という疑問が生じる。そんなとき，「物語的説明」が説得力をもつ。それはさまざまな偶然と必然の積み重ねとして事態を説明してくれる。

従来，自然科学がリードしている学術分野は科学的記述に特化し，物語的記述のアプローチは主流ではなかった。むしろ「語り」は文化・芸術の世界で担われてきたと言えよう。作家の村上春樹は，地下鉄サリン事件の被害者への取材に基づく『アンダーグラウンド』を執筆した動機について，以下のように述べる（村上 2011，〔　〕は筆者（嶺重）による補足）。

8　天気予報が時折はずれるのは地球大気の構造が複雑系であるためであり，地震予知が困難なのは地球の内部構造が複雑系であるためだ（吉永　1996）。

9　入学試験においては「正解は1つ」が大原則である。作題者は（条件不足のため）答えが2つある問題や，（逆に条件が厳しすぎて）答えが無い問題を避けるべく細心の注意を払う。素朴な自然科学観が世にはこびる裏には入試の影響があるのではないかと個人的に思う。

10　本章コラム2も参照されたい。

コラム2 小説家が語るファクトと真実

科学的記述と物語的記述の差異の説明として，作家の村上春樹のことばをあげておこう。以下は心理学者河合隼雄との対談『アンダーグラウンドをめぐって』における示唆に富んだ発言である[11]（〔 〕は筆者（嶺重）による補足）。

河合：今は科学主義というのがあるんですね。我々はファクトを積み重ねて，ファクトによってものを言っているんだと。（中略）〔すると〕真実からすうっと遠ざかってしまうところがあります。

村上：（中略）計数化できるファクトというものがほんとに正確なものなのかという疑念は，僕の中に根強くあります。
たとえばさびしい人気のない夜道で棒を持った変な男とすれ違うとします。実際には一六二センチくらいのやせた貧相な男で，持っている棒もすりこぎくらいのものだったとします。それがファクトです。でもすれ違ったときの実感からすると，相手は一八〇センチくらいの大男に見えたんじゃないかと僕は思うんです。手に持っていたのも金属バットみたいに見えたかもしれない。だから心臓がどきどきする。それでどっちが真実かというと，あとのほうじゃないかと思うんです。本当は両方の真実を並列しなくちゃならないんでしょうが，どちらかひとつしか取れないとなったら，僕はあくまで断りつきですが，ファクトよりは真実を取りたいんですね。世界というのはそれぞれの目に映ったもののことではないかと。

11　村上春樹（2003）pp.202-203

〔書いた動機は〕それまでの日本のマスメディアに被害者たちの声がほとんど登場しなかったからだ。（中略）僕が試みたのは，彼ら被害者にも生き生きとした顔と声があるという事実を伝えることだった。彼らが交換不可能な個であり，それぞれの固有の物語を持って生きているかけがえのない存在であるということを（つまり彼らはあるいは僕であり，あなたであったかもしれないのだということを），僕は少しでもこの本の中で示したいと思った。それが小説家というもののひとつの役目ではないかと思ったのだ。小説家はあるいは要領が悪く，愚かかもしれない。しかし我々はものごとを安易には一般化しない。

本書籍には多様な当事者が登場する。その当事者たちは，「それぞれの固有の物語を持って生きているかけがえのない存在」であることを浮かび上がらせること，これが本書籍の中核をなす。

さてこのナラティヴ（語り）アプローチは，近年，医療や看護，社会福祉の世界で注目され成果を挙げている。例えば前述の野口（2002）は「『ナラティブ』というたったひとつの言葉が，まったく新しい臨床の世界を切り拓く」と主張する。『ナラティブ・メディスン』の著者R・シャロンも次のように述懐する[12]。

自分自身や他の人たちにストーリーを語ることで，私たちはゆっくりと，自分が何ものであるかを知るようになるだけでなく，自分自身になっていくのである。自分と他人を理解し，伝統とつながり，出来事の中に意味を見出し，関係性を誉め称え，他の人とのつながりを保持するといった，生きることの基本的側面は，物語のおかげで成就される。

12　シャロン（2011）p. vii

「語ることで，私たちはゆっくりと，自分自身になってゆく」。この言葉も本書籍の中核をなすキーセンテンスである。そして，当事者と非当事者の間に存在する非対称性，それを少しでも切り拓く行為として「語り」をとらえたい。

当事者研究とケアの倫理

本書籍は，私たちの生に直結した学問を，障害・依存症・難病当事者による「語り」を基盤に，彼ら彼女らの視点で掘り起こそうとする試みである。非当事者の専門家による一方的な見立てではなく，当事者の語りに率直に耳を傾けることにより，新しい学問の創成や発展の可能性が拡がる。

その好例が，日本発で広がりをみせている「当事者研究」であり，もう1つの方向性として「ケアの倫理[13]」がある。いずれもキーワードは人と人との「関係性」であり，人と人をつなぐ「語り」である。当事者の語りは「生きづらさ」や「生きる喜び」と分かち難く結びついているため，当事者・非当事者を問わず，私たちの「生」に直結する学問を極めるきっかけを与えてくれるだろう。

「当事者の語り」から出発する当事者研究では，自分と似た仲間との共同研究を通じて等身大の〈わたし〉を発見すること，また自分を受け容れるものへと社会を変化させることを通じて回復へと導く実践をする。まさに「Discovery is recovery（発見とは回復なり）」である。従来の学問の基盤が，私（主体）が世界（客体）を認識することにあるのに対し，当事者研究では自分自身を深く観察し研究する。従来の学問は「知」の世界と言われるのに対し，当事者研究では，からだの感覚や個人的な思いも大切にする。いわば「情」の世界にも触れる。多様な個別性をもつ「語り」が，いかにして聴き手の共感を受け，人間として共通する思いへと結びつけられるかが課題となる。

13　従来の倫理学では，ケアの倫理のとる個別主義的な立場は「倫理学」ではなく「倫理」とされるため，「ケアの倫理学」ではなく「ケアの倫理」と表記する。

C.ギリガンにより「もうひとつの声」[14]として創始されたケアの倫理も，同じく「語り」（あるいは関係性）を大事にする。（ある程度）客観性・普遍性をもつ倫理を，主観的・個別的な当事者の語りに結びつける作業が必要となる。

> 主流派をなす現代規範倫理学の潮流のなかでは，権利や原理，普遍化可能性や抽象性，理性や推論，自立や自律といった規範や価値が重視されてきた。ケアの倫理はこうした従来の中心的な規範や価値をその理論的基礎に据える正義の倫理にたいする異議申し立てとして出発し，責任や関係性，個別性や具体性，感情や文脈，他者依存性や傷つきやすさを理論的基礎に据える[15]。

原理原則から問題を解こうとする（義務論，功利主義など）従来の主流派の倫理学と，関係性から問題を解こうとするケアの倫理の間に一種の対立があるように思われる。もっとも厳密には，それらは対立するというより，「どちらも真実である」と言うべきかもしれない。こうした事態は，「反転図形の比喩」によって説明される[16]。

さて，編者の一人で倫理学者の安井氏も強調するとおり，当事者の物語を紡ぎだすとき，既存の言語では限界があり，「言葉を使い勝手のいい言葉にする」いわば「言葉のバリアフリー化」が必要となろう。「流通している日常言語や専門用語が少数派の経験を表しきれていない現状は，この解釈的不正義にほかならない[17]。」例えば，主観性・客観性と深く結びついた能動・受動という語り方ではなく，それとは異なる言葉（「中動態」）がそこでは必要とされるかもしれない。

14　ギリガン（2023）『もうひとつの声で』の原題は“In a different voice”。
15　第Ⅰ部第2章（安井氏の文章）からの引用
16　第Ⅰ部第2章参照。関連して本章コラム3も参照されたい。
17　第Ⅰ部第1章（熊谷氏の文章）からの引用

語る・聴くにあたり留意すべきこと

先に「多様な語りを（中略）人間として共通する思いへと結びつけられるかが課題」と書いた。ここで注意すべきは，この課題が決して「普遍化・一般化する」という意味を指し示しているわけではないことだ。普遍化した語りはもはや「語り」の名に値しない。シャロンもこう述べる[18]。

> 初期の構造主義者は，テクストから個別性を払拭し，個別性を，範例となるテクストやその類のテクストに関する測定可能で一般化可能な（予測値によって知ることのできる！）知識によって置き換えられると考えた。（中略）読者は不要で，言語の法則があればよいと考えた。これらの課題は失敗に終わった。しかしながら，彼らの失敗によって，それぞれの物語のテクストはすばらしい個別性をもっていて，どんな物語的状況も他のものに置き換えられないことが認識されること（中略）が明らかにされた。

「個別性」を保持したまま，人に語りかける「語り」をそのまま聴き取ることこそが課題と言えよう。非当事者が，自分たちの理解しやすい言葉に置き換えて自分なりの理解ですべてわかったかのように結論することは，極力避けなければならない。この点はとても大事なので最終章でも触れる。

ところで，個別性を保持するとその視座から紡ぎ出される語りは，多くの場合，「自己（主観）」や「からだの感覚」をそのまま表現することになる。しかしながら，そのような手法は学術の世界ではまだまだ抵抗が強い[19]。こ

18　シャロン（2011）p.63

19　この主張はある意味もっともである。というのも「科学的である」とは「反証可能性がある」，すなわち客観的証拠をもって反論できることが条件だからだ（疑似科学と区別するためにこれは必須の条件である）。しかし，それでは「自分自身の研究」は不可能だ。「学問は人間の『生』から乖離していく」という本章冒頭の問題意識が立ち現れてくる。

のような状況を憂い，上野（2018）はこう言い放つ。

> 「その研究は主観的だ」という表現は，しばしば「偏った」「ゆがんだ」「信用ならない」という意味で使われるが，わたしはそうは考えない。「信用ならない」研究は，たんにその研究が二流であるだけのことであり，「主観的」であることと同様ではない。（中略）研究に主観的な研究と客観的な研究があるわけではない。たんに「正確な（correct）」研究，「妥当な（valid）」研究と，そうでない研究があるだけだろう。

言い得て妙である。「ただし」と上野は続ける。「問いを解くためには対象についての正確な認識が不可欠である」。この「正確」さはどこで担保するのだろうか？　そこが問題の核心なのだが，個別の語りが複数の他者（多数でなくてもよい）の共感を得ることによって，と言えるかもしれない。いずれにせよ，安易に個別性を捨象するのは，人の生を否定することになりかねないので注意が必要である[20]。

本書の主張

本書全体を通して主張したいこと（論点）は大きく３つある。

⑴　非当事者が当事者から学ぶ機会を増やす
⑵　自己スティグマからの解放
⑶　関係性が人をつくる

それぞれの含意を以下に解説する。

20　村上靖彦（2023）も同様の事柄を「客観性の落とし穴」として論じている。

(1) 非当事者が当事者から学ぶ機会を増やす

世間では，「インクルーシブ」「共生世界」という言葉が大はやりである。もちろんそのこと自体，決して悪くはないのだが，ここに社会が陥りやすいわながある。それは，「共に」という言葉があればすべてうまくいく，という幻想である。どこが幻想か？　この問題を解く鍵は，ある障害当事者の営みのなかに見出すことができる

「視覚障害者文化を育てる会（4しょく会)」という会がある[21]。(主に) 関西の視覚障害者と支援の人が集まって年に2回の例会などさまざまな活動をしているグループだ。その4しょく会の2012年例会のテーマは，「支援者は障害者になれるか？　for でも with でもない from the blind の立ち位置」であった。私はこの言葉を目にして強い衝撃を受けた。「with で何が悪い？」と思う人も多いだろう。しかし，マジョリティが言う「with」は，結局のところ「自分たちに従え」「自分たちに合わせよ」という，障害者への抑圧として働いてしまうということ，私はそう理解した。だからこそ，まず「当事者が語る」「当事者から」が，障害当事者との関係には必要不可欠となる。

しばしば「優れたボランティアは当事者の心がわかる」と言うが，この見解に私は否定的である。ボランティア経験が長く，どんなに優れた介助者であっても，障害者のことすべてを「わかる」ことがありうるのだろうか。「わかったつもり」という思い込みこそ理解を妨げてはいないだろうか。しかし「わからないからダメ」なのでなく「わからないところから出発しよう」「聞くところから始めよう」という姿勢こそ重要なのだ。当事者の語りにボランティアが真摯に聞き入ること，そこに両者の対等性の道が拓ける[22]。

ところが現代（日本）社会において，非当事者が当事者から学ぶ機会はとてもとても限られている。「障害」がテーマの研究会やワークショップでも，

21　現代表は京都大学出身の広瀬浩二郎氏。氏は「ユニバーサルミュージアム」の実現・拡大に尽力しておられる。以下に述べる「from the blind」は氏の持論である。

22　当事者から学ぶことは必要である。だが，それで十分ではない（それですべてうまくいくのではない）ことに注意が必要。これは「出発点」であり，「ゴール」ではないことも強調しておきたい。

（すべてとはいわないが）その中心は非障害者の「専門家」で占められていることも少なくない。その「専門家」のことばを聞く非当事者は，障害をテーマとして扱っているというだけで，当事者の心のうちまでわかった気になってしまうことも少なくない。それが幻想という意味である。では，その幻想を突き崩すにはどのような関わり方をすればよいのだろうか。

４しょく会スタッフに，視覚障害者の高校教師（山本宗平氏）がおられる。山本先生がどのように生徒たちと授業をつくっているか，興味深い話がある（山本 2023）。

> 「生徒にサポートしてもらえることは，生徒にサポートしてもらう。」これが僕のポリシーだ。だから，「喋りかける時は名前を名乗ってくださいね」とか，「プリントは君らで配ってね」などとお願いする。また，クラス担任を持っているときは，日直さんがその日の学級日誌を書いたら僕のところに読みにきてくれるように頼んでいる。「書けました」と言って机の上に置いて帰られたのでは内容がわからないからだ。多少時間はかかるかもしれないが，読んでもらいながら，その日の出来事を直接話してもらうことができるので，このやりとりは非常に面白い。しかも，40人クラスなので，40日あれば全員と話ができる。これはなかなかお得なことだなと思っている。

当事者からの発信はまだまだ珍しい。が，それが当たり前になり，かつ正当に評価される社会を待ち望みたい[23]。

23　2023年上半期の芥川賞は重度障害当事者の市川沙央氏の『ハンチバック』に授与された。彼女は「わたしは強く訴えたいことがあって，去年の夏に初めて純文学を書きました。（中略）芥川賞の会見の場にお導きいただけたことは非常にうれしく，我に天佑ありと感じています」と語る。

⑵ 自己スティグマからの解放

2つ目の主張は，「自己スティグマ」からの解放である。スティグマとは，本来「烙印」という意味で，「○○はこういう人たちだ」といった，根拠に乏しい，一方的な「決めつけ」や「レッテル貼り」のことをいう。多くの場合それは「否定」や「差別」に行き着く。

社会が当事者に対し，決めつけ，レッテルを貼ることを「社会的スティグマ」というが，当事者自身も，周囲の人々に影響され，「どうせ，自分はこうなんだ，ダメなんだ」と決めつけてしまうこともある。特に親や先生など，影響力の大きい非当事者から言われると抗いがたく，自分でもそう思い込んでしまう。これを，「自己スティグマ」という。

しかしそれは不当なことである。あらゆる種類の「スティグマ」から自由な社会を待ち望みたい。いや，そのような社会をつくりあげる義務がある。

2022年8月，スイス・ジュネーブにおいて，「障害者権利条約」の日本の実施状況に関する，国連の委員会による審査が行われた。その会場に日本から100人の障害者・支援者が自ら資金を集めて参加した。このようすを取材した新聞記者は，「取材を終えて」自らの感想を述べる[24]

> 障害者はときに「弱者」と表現される。ただ，今回の取材で出会った人たちはとても強く，たくましいと感じた。障害者の全国団体「DPI 日本会議」副議長で，長年，障害者運動に携わってきた尾上浩二さん（62）は言う。「バリアフリーが進んだから障害者が外に出るようになったんじゃない。障害者が外に出たからバリアフリーが進んだんだ」。自分たちの活動が社会を変えてきたという自負がある。
>
> 今回の国連審査では，まさに「自分たちの手で変える」という思いが結集し，委員に届いていたと思う。「勧告が出てからが本当のスタートだ」と言う彼ら彼女らの闘いはこれからも続く。今後も注視

24　共同通信・味園愛美記者による署名記事（2022）。

していきたい。

この記事を読むと，「障害者は支援すべき対象」という世間で流布している考え方が大きくゆらぐ。こうした障害者のように，たくましく声をあげ，社会の変革を行う術を知らない「非障害者こそ支援すべき対象」ではないだろうか。私自身，この記事を読んで，（障害のある人たちに）「サポートされている」と強く感じた。このような経験は，当事者，非当事者の区別なく，人の人生を豊かにするもの，人生に大きな意義を与えるものだろう。

(3) 関係性が人をつくる

とかくわれわれはこう考えがちである。「先にわたしという実体があり，あなたという実体があり，二人の間に関係性が生まれる」。果たしてそうか？　むしろ「先に関係性があり，その関係性によってわたしはわたしになり，あなたはあなたになる[25]」というほうが現実を表していないだろうか？

私たちは，地上に生を受けて以来，じつに多くの人・環境・社会・文化・歴史……に影響されつつ生を紡いでいる。その関係性の中には，心地よいものもあれば，その前・中から逃げ出したいものもある。意識されるものもあれば，無意識のものもある。それらがすべて積み重なって「わたし」という人間ができている。

「語り」（という関係性）の場においてこそ，そうである。というのも「語り」が有効になるのは「語りを聴き取る」人がいる場合だからだ。

他者との関係は，最近の自伝に関する理論において，以前に比べてはるかに重要なものとされるようになってきた。個人的に解釈される自己という西洋的な概念に対する一枚岩的な忠誠心は，関係性によって創造される自己の実現という考え方によって置き換えられる

25 「関係の一次性」ともいわれる。「人間の本質とは（中略）その現実の在り方においては，社会的諸関係の総体（アンサンブル）なのである」（K・マルクス『フォイエルバッハに関するテーゼ』）。

ようになった[26]。

したがって「当事者による語り」は，すぐれた聴き手（読み手）がいて初めて有効となる。そして当事者の「語り」は，当事者本人のみならず，受信する仲間や支援者側の人間形成にも十分意義をもつはずだ。両者の協働は「共同創造」（co-production）[27]と言えるかもしれない。バリアフリーフォーラムという場から出発した「語り」の語り手・聴き手がさらに広がり，かつ「語り」が一層の深みを増すことを願ってやまない。

本書の構成

本書の構成は以下の通りである。

まずこの序文では，本書のねらいを，フォーラム開催の趣旨もふまえて紹介している。

第Ⅰ部（「当事者の語り」と学問の融合を目指して）では，「当事者研究」と「ケアの倫理」をケーススタディに，学問の融合を論じる。著者の一人（熊谷）は当事者研究推進のための組織「当事者研究Lab.」を主宰し関連書籍も多い。喫緊の課題は「専門知」との融合であり模索が続いている。もう一人の著者（安井）は，「ケアの倫理」，ことに「ケアされる側の倫理」研究を進めている新進気鋭の倫理学者であり，既存の「専門知」に「当事者の語り」をどう取り込むか，研究している。これら好対照を示す2つの研究について，まずはそれぞれの立場から最近の進展についてレビューしていただき，次いで対談形式で，出自が異なる両者に相通じる点や相補的な事項をまとめ，今後の課題や進展の方向性を展望する。

第Ⅱ部（当事者による語りと学問創成の可能性）は，障害・依存症・難病当事者らによる語りがテーマのパートである。バリアフリーフォーラムにおい

26　シャロン（2011）p.109
27　例えば熊谷（2017）pp.7−8参照

ては，講演やブース展示，そして出席者との交流の各場所において，奥深く幅広い「当事者の語り」の交換が行われた。ブース展示からは，「当事者の語り」に特に関連深い2つをとりあげ，その内容を中心に紹介いただいた。またフォーラムに参加された当事者に，フォーラムのテーマに関連したコラム（章）を執筆していただいた。その中にはアカデミアの世界でまだ知られていないが優れた研究や活動も多いので，この萌芽的な試みを広く社会に発信する一助としたい。

何よりも編者が願うのは，読者が「全く同じでなくても似たような体験をした人に会って話を聞くことによって，今度は自分の体験をもとに自分自身を表す言葉が紡げるようになる[28]」ことである。

とはいえ，第Ⅱ部の執筆者の多くが述べているとおり，自身について理解し語ることは誰もがすぐにできることではない。そんななかで手引きとなるのがコラムの執筆者たちの体験に裏打ちされた豊かな語りである。第Ⅱ部冒頭に据えた編者の安井氏による各コラム（章）の紹介をひとつの手がかりに，それぞれの当事者の世界を読みほぐし，次いで自身の視点から捉え直していただきたい。そのなかで読者自身が，自身のことばを紡ぎ出したり周囲の人の語りに耳を傾けたりする実践に踏み出していただければ望外の喜びだ。そうした読者の実践をこそ待ち望んでやまない。

第Ⅲ部（バリアフリーフォーラムという学問創成の場）は「バリアフリーフォーラムという場」自体についての記録である。まず，バリアフリーフォーラムはどのような会合で，どのような経緯でそのようなスタイルになったのか，空間や時間の流れをどのようにセッティングしたか，フォーラムの準備から当日に至るまで，技術的な側面も含めて俯瞰する。具体的には，フォーラム開催前の協議や審査委員会における議論のやりとり，フォーラム当日のようす，情報保障などの記録をまとめる。最後に，シンポジウム（研究会）スタイルとは異なるフォーラムという場において何が可能となったのか，残された課題は何なのか，学問創成という観点から論じる（終章）。

28　本書第Ⅱ部第5章（瀬戸山氏の文章）からの引用

コラム3 物理学と反転図形の比喩

本書では，世界を記述する仕方に「科学的記述」と「物語的記述」とがあり，しかし両者は相矛盾するものではなく「並立するもの」「反転図形の関係にあるもの」と主張している。「これは科学の見方を超えた考え方だ」と思われる読者がいるかもしれないが，必ずしもそうではない。「同じものが違った風に見える」ことの原型は，20世紀初頭の物理学の革命（量子力学の発見）の中ですでに現れているのだ。

20世紀初頭，「光は粒子か波か」という論争が沸き起こった。光を「光子」とよばれる，ひとつひとつ数えられる粒子としてとらえるか，空間を伝わっていく「波」ととらえるかの論争である。直感的には両者は相容れない。というのも「粒子」は実体があり，ひとつひとつ数えられるもの，互いに区別できるものであり，「波」はそれ自体，実体をもたず（数えられず），媒体（水や空気など）の振動で表現されるからだ。しかし物理実験は，両方とも真実であることの証拠を得た。それどころか粒子と堅く信じられていた電子でさえも，波としての性質をもっていることが明らかにされたのだ。

二項対立でみる「もうひとつの声」

本書では，随所で「語りの場からの学問創成」を考える上で鍵となると思われる二項対立に触れている。学問を進める上で主流の枠組み（フレーム）と対立する枠組み（フレーム）の対照を表1に掲げておく。この表を示したのは，決してどちらが優れているかと問うためではなく，それぞれの枠組みを柔軟に切り替えることにより，より重層的な理解や記述を目指す点に眼目がある。しかしながら残念なことに，学問の現場において「対立する枠組

表1　二項対立の例[29]

	主流の枠組み（フレーム）	対立する枠組み（フレーム）	関連箇所（部-章）
記述の仕方	科学的記述	物語的記述	第Ⅰ部，第Ⅱ部
主観・客観	客観的	主観的・共同主観的	第Ⅰ部，第Ⅱ部
世界の捉え方の観点	斉一性（秩序）／普遍性・一般性	多様性（乱雑さ）／特殊性・個別性	第Ⅰ部，第Ⅱ部，終章
判断基盤	原理・原則	関係性	第Ⅰ部2章
数値化・予測	可能	不可能ないし困難	序章
基体(一次性)	個（実体）	つながり（関係性）	第Ⅰ部2章，第Ⅱ部4章，終章
人間とは……	他者から分離した存在，自律した存在	相互依存する存在，他者との関係性に生きる存在	第Ⅰ部，第Ⅱ部
人間活動	知（考えること）	情（感じること），体の感覚	第Ⅰ部3章，第Ⅱ部，終章
態（voice）	能動態／受動態	能動態／中動態	第Ⅰ部2章，3章，第Ⅱ部1章
学問の場所	大学[30]の中	あらゆる場所	第Ⅰ部1章，第Ⅱ部3章
学問の進め方	(大学の）専門研究	当事者研究	第Ⅰ部，第Ⅱ部3～6章，終章
必要とされる能力	ポジティヴ・ケイパビリティ	ネガティヴ・ケイパビリティ	終章
物理学が扱う対象(基本的考え方)	シンプルな系(系全体の挙動が，各構成要素の挙動の重ね合わせで表現できる)	複雑系(系全体が，各構成要素の挙動の重ね合わせとは異なる挙動を示す)	序章
倫理学の流派	正義の倫理(義務論，功利主義)	ケアの倫理	第Ⅰ部，第Ⅱ部7章，終章
医療	証拠に基づく医療(EBM)	語りに基づく医療(NBM)	第Ⅱ部5章
障害の捉え方	個人（医療）モデル	社会モデル	第Ⅱ部3章
障害学生に対し	支援（support）	資源（resources）	第Ⅲ部2章

29　この表は各行の言葉の対照を示したもので，必ずしも各列の縦の項目間に関連があることを示すものではないことに注意（関連は有るかもしれないが，無いかもしれない）。
30　研究所など研究教育機関も含む。

み」（もうひとつの声）が無視ないし軽視される傾向があることは否めない。

読者におかれては，ぜひこの二項対立の表を念頭に，また折に触れてこの表に立ち戻りつつ，対立概念を整理しながら本編を読み進めていただければ幸いである。

参考文献

上野千鶴子（2018）『フェミニズム』（熊谷晋一郎責任編集『当事者研究と専門知』所収）金剛出版，pp.112–113.

ギリガン，C.／川本隆史・山辺恵理子・米典子訳（2023）『もうひとつの声で――心理学の理論とケアの倫理』風行社（原著 1982).

熊谷晋一郎（2017）『みんなの当事者研究』金剛出版，pp.7–8.

シャロン，R.／斎藤清二・岸本寛史・宮田靖志・山本和利訳（2011）『ナラティブ・メディスン――物語能力が医療を変える』医学書院（原著 2006).

野口裕二（2002）『物語としてのケア』医学書院，p.24.

フッサール，E.／細谷恒夫・木田元訳（1995）『ヨーロッパ諸学の危機と超越論的現象学』中公文庫，p.19（第２節），p.95（第33節）（原著 1936).

マルクス，K.（2005）『フォイエルバッハに関するテーゼ』（マルクス・エンゲルス／廣松渉編訳／小林正人補訳『ドイツ・イデオロギー』岩波文庫所収），p.237（原著 1945年).

村上春樹（2003）『河合隼雄氏との対話』講談社（村上春樹全作品1990–2000第７巻).

村上春樹（2011）『雑文集』新潮社（新潮文庫），pp.260–262.

村上靖彦（2023）『客観性の落とし穴』筑摩書房（ちくまプリマー新書427).

山本宗平（2023）視覚障害者文化を育てる会（４しょく会）編『SHOKU』第22号，p.50.

吉永良正（1996）『「複雑系」とは何か』講談社（講談社現代新書1328)

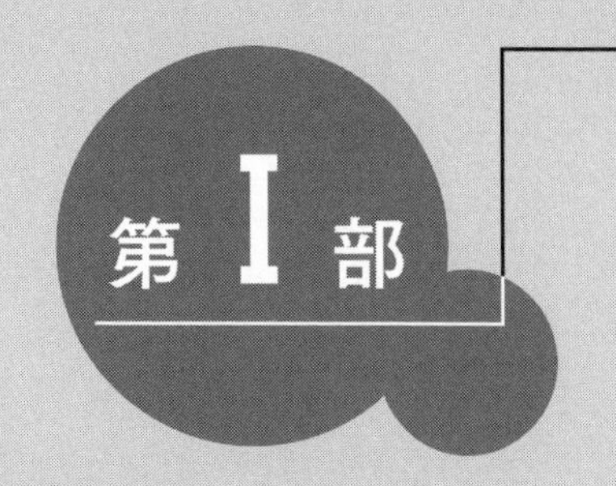

第 I 部

「当事者の語り」と学問の融合を目指して

アクセシビリティ

大切な誰かと一緒に，あの場所へ行きたい。

イントロダクション

本書のテーマである「語りの場からの学問創成」をすでに実践し，ある程度の実績をあげている学問分野として，「当事者研究」と「ケアの倫理」が挙げられる。これらの学問の出自や発展の歴史，方向性には類似点も相違点もある。「当事者研究」は当事者運動や自助グループ活動など，従来の学問とは異なるものが基となり，既存の学問にインパクトを与えようとする学問と言えよう。一方で「ケアの倫理」は，既存の規範倫理学（義務論，功利主義など）への異議申し立てとして出発し，既存の倫理学の射程を拡大し，ひとびとの「声」，その中に現出したり含み込まれたりする「語り」に根差した生そのものを直視する学問と言える。出発点やアプローチの仕方こそ異なるものの，これらの学問は，「語り」を核とする点において共通点も多いはずだ。そこで第Ⅰ部では，両者を照らし合わせることで両者の特徴を浮き彫りにし，重なるところや，そこから生まれる相互触発を描き出す。そのような試みには前例がほとんどなく，そこに本書ならではの特徴がある。

第Ⅰ部は3つの章から構成される。第1章「当事者研究——知と倫理」では，当事者研究Lab.を主宰し，日本の当事者研究を牽引してきた熊谷晋一郎氏が，「解釈的不正義」という概念を手がかりに，当事者研究の現状と課題について論じる。ついで第2章「ケアの倫理——中動態に基づく意志決定モデルと「言葉のバリアフリー化」」では新進気鋭の倫理学者の安井絢子氏が，「中動態」という考え方を導入して，ケアの倫理と意志決定との関係を論じる。最後の第3章「当事者研究とケアの倫理——その響き合うところ」では，熊谷氏と安井氏が相向き合い，二つの学問を照らし合わせながら，依存，情動，自己の捉え方の3つの視点から「当事者の語りと学問の融合」論を展開する。

熊谷晋一郎

当事者研究
知と倫理

1 個々の経験を表現する

私たちは毎日のように，たくさんの経験をする。その多くは，前にも経験したことのある馴染み深い出来事として感じられ，特段，驚きもせず，新鮮さも感じずにやり過ごされている。しかし厳密に考えてみると，まったく同じ経験が2回以上起きるということはない。必ず，前回と今回ではどこかに違う点があって，今回の経験は大なり小なり新規性を伴っているはずである。にもかかわらず私たちは，そうした新規性をスルーして共通項に着目し，「だいたい同じだ」と認識をする。そうでもしなければ時々刻々驚かされっぱなしで，穏やかな日常を過ごすことなどできないだろう。

幼いころは，今よりもっと，驚くことが多かったかもしれない。しかし経験を重ねるにつれて，繰り返される共通項を発見し，驚くことも減っていく。経験の共通項がわかるようになれば，まるでイントロクイズのように，「あ，今回もこのパターンね」と，未来を予想しやすくなる。さらにその共通項を表現する言葉に出会うことで，「私の経験のなかだけで繰り返しているのではなく，私以外の人々の経験のなかでも繰り返してきた出来事だったのか！」と知ることになる。その瞬間，その出来事は私だけが見ていた幻影ではなく，確かに実在していたという確信を得ることができるようになる。そして，先人たちが練り上げてきた言葉や知識の体系と自分の経験につながりが生じ，世界の見晴らしが格段に良くなる。

私たちの経験の中には，一生のうち1回しか経験しないと感じられるものもある。例えば筆者は3年前に，胆嚢炎を患い胆嚢摘出術をした。ゆえに今，筆者には胆嚢がない。だから筆者が今後二度目の胆嚢摘出術を経験することは不可能だし，七転八倒するような胆嚢炎の痛みも，あの時が最初で最後だったということになる。その意味で，筆者の胆嚢炎や胆嚢摘出術の経験は，一生に一度の出来事であった。しかし，「胆嚢炎」「胆嚢摘出術」という言葉があるおかげで，多くの人々の経験の中であのような経験が反復されてきたことに確信を持てるし，いつまた襲ってくるかわからない謎の激痛体験としておびえ続けることもなく日々を過ごしている。

けれども私たちは皆，異なる身体と環境を生きている。だから当然，互いの経験内容は異なる。また，身体や環境が多数派と大きく異なる人は，経験内容も多数派と大きく異なる可能性が高まるだろう。世の中に流通している日常言語は，多数派の経験の中で繰り返されてきた共通項，いわば「あるあるエピソード」を結晶化したものなので，身体や環境の面で少数派の人々は「自分の経験を表す言葉がない」という状況に置かれやすく，自分の経験の解釈，未来の見通し，出来事の実在性，他者との共感的な経験の分かち合いといったことが難しくなる。

日常言語では表せない経験も，専門用語なら表せるということもある。ある時には社会学の，またある時には医学の専門用語に出会って，長年，意味づけできずにいた，もやもやした経験を「確かにあるもの」として捉えられるようになり，その経験との付き合い方にも見通しを得られるようになったという少数派の人々は少なくないだろう。しかし，自らがその経験をしたわけでもない専門家が多数派を占める研究コミュニティが生み出す言葉や知識は，当事者の経験を十分に表現しきれていないこともまれではない。

当事者研究は，こうした現状に挑戦する研究活動である。日常言語でも，専門用語でも，十分に表しきれない経験を抱えた人々——これを当事者と呼ぼう——が，類似した経験をもつ仲間とともに，自分たちの経験を表す言葉やフレーズを生み出したり，経験の規則性に関する知識を生み出したりする活動が，当事者研究に他ならない。

2　解釈的不正義と当事者研究

当事者研究という営みについて説明する際に，筆者は最近，解釈的不正義という概念を使うことが増えた。この概念は，当事者研究の倫理的な側面について考える上でも参考になると考えている。本書において，当事者研究とケアの倫理の 2 つが控えめな通底音として流れていることを踏まえると，ここで解釈的不正義について触れておくことも一定の意義があるかもしれない。

すでに述べたように，私たちが自分の経験を意味あるものとして認識するためには，対象物や人物，出来事や行為，状況などを表す，概念やフレーズ――場合によっては絵画や音楽，演劇などの芸術表現――が資源として不可欠である。そうした，経験を解釈するための資源を発明し，それを用いて証言をすることで，異なる人々が互いの経験や知識を伝達する営みは，私たちが孤立することなく，支え合って社会生活を営むうえでとても重要なものだ。しかし一部の人々は，社会にはびこる偏見や権力が原因で，こうした営みから不当に排除されている。このような状況を，哲学者のミランダ・フリッカーは「認識的不正義」(epistemic injustice) と呼んだ (フリッカー2023)。

フリッカーは，徳認識論 (virtue epistemology) における議論や，真理についての基本徳に関する議論を批判的に参照しながら，認識論と倫理学を架橋しつつ，認識的不正義を 2 種類に分類している。

ひとつ目は，自分の経験について語る黒人の証言が白人の裁判員によって信用されない状況のように，「聞き手が，偏見のせいで話し手の言葉に与える信用性」(credibility) (フリッカー2023：1－2) を過度に低くしてしまう「証言的不正義」(testimonial injustice) である。

そして 2 つ目は，産後うつという概念が存在しなかった時代に，女性たちが自分の体験を意味付けられず，周囲からも「非道徳的」「わがまま」と誤解されていた状況のように，抑圧された人々が自らの経験を意味付ける概念やフレーズを生み出す空間から排除され——解釈的周縁化——，それゆえにそうした人々の経験を意味付ける概念やフレーズが社会のなかで流通しない状況が温存される「解釈的不正義」(hermeneutical injustice) である。先述した，流通している日常言語や専門用語が少数派の経験を表しきれていない現状は，この解釈的不正義にほかならない。

その上でフリッカーは，聞き手が自らの偏見を自覚し，証言的不正義に手を染めないために必要な徳——証言的正義——と，社会に流通する解釈資源が権力を持つ人々に有利なものに偏っていることを自覚し，解釈的不正義に手を染めないために必要な徳——解釈的正義——について記述したのである。筆者は，当事者研究がこの解釈的正義を実現する方法のひとつであるという点に，その倫理的側面を見出すべきだと考えている。

当事者研究と関連付ける上で筆者が注目すべきだと感じているのは，フリッカーが，これら2つの徳を，不正義な状況を是正するために必要な「倫理的徳 (ethical virtue)」であると同時に，真理 (truth) や信実性 (truthfulness) を担保するための「知的徳 (intellectual virtue)」でもあるという意味で，「ハイブリッド型の徳」(フリッカー2023 : 10) だと捉えている点である。この点においてフリッカーの議論は，理性や真理なんてそもそも，権力側が勝手に中立を装って押し付けてくるフィクションに過ぎないとみなし，証言の信実性を吟味する研究的な手続き自体を無効化してしまう立場とは異なっている。

当事者研究もまた，不正義に抵抗する倫理的な側面と，信実性を探求する知的な側面がハイブリッドになっている点に，その継承すべきポイントがあると筆者は感じている。綾屋 (2023) は，数ある当事者研究のルーツのうち，いくつかの先行する当事者活動に注目し，文献調査とインタビュー調査を行って，「難病患者・障害者運動」と「依存症自助グループ」という2つの当事者活動が合流して当事者研究が誕生したことを歴史的に跡付けた。私見ではあるが当事者研究は，社会にはびこる不正義を運動的に是正しようとする倫理的徳を「難病患者・障害者運動」から，そして，正直な語りと分かち合いによる自己と世界の再発見という知的徳を「依存症自助グループ」から，それぞれ受け継いでいると考えられる。

当事者研究は，精神障害者が精神科医療や地域社会の中で，証言的不正義や解釈的不正義の状況に置かれていることへの抵抗運動として，世界のあちこちで同時多発的に勃興した実践のひとつと言える。そしてその後，当事者研究は，主に男性のアルコール依存症者の経験を意味づける解釈資源ばかりが流通しがちであった依存症自助グループにおいて周縁化されてきた薬物依存症者や女性依存症者が，自らの経験を意味づける解釈資源を生み出し流通させたダルク女性ハウスでの当事者研究など，さまざまな解釈的不正義の現場に広がっていった。本書でも詳述されるこうした実践からは，フリッカーの言う「認識と倫理のハイブリッドな徳」が具体的にどのようなものなのかに関する，より具体的な理解が得られるだろう。

以下，本稿では，いくつかの具体的な当事者研究と，真理論とナラティヴを架橋したコンウェイの自伝的記憶モデルを参照しながら，当事者研究が，そしてすべての研究が従うべき認識と倫理のハイブリッドな徳について考察をしてみる。

3 経験の語りがたさについて

まず，解釈的不正義というテーマを具体的に考えるにあたって，筆者が2010年以降行ってきた，薬物依存症のピアサポートや当事者研究で有名な自助グループであるダルク（Drug Alcohol Rehabilitation Center：DARC）との共同研究の一部を紹介する（熊谷ほか2016）。

ダルクに通うメンバーの多くは，依存症の自助グループの中で経験知として受け継がれてきた「12ステップ」と呼ばれるプログラムに沿って依存症からの回復をめざしている。12ステップとは，12段階のワークから構成されるプログラムであるが，メンバーによれば，中でもステップ４を行えるかどうかに大きな壁が待ち受けているという。筆者がインタビューしたメンバーの以下の語りは，ステップ３とステップ４の違いを説明したものである。

A：ステップ3までは，これまでの自分の経験を口で語り，回復への決意をするのがメイン。そこで決意をして，ステップ4からは過去を見て，自分の棚卸しをする。いろんな事を，記憶をたどって書いていく作業。自分の場合は，その時の自分の年だけルーズリーフを用意して，それぞれの年の出来事を書いていった。記憶のないところは親に聞いたりして書く。それを徹底的にやる。余すところなく徹底的にやる，とワークブックには書いてある。

ところがメンバーの中には，このステップ4に大きなハードルを感じる人がいるという。

A：ステップ3までの時点で，「こういうところにつながって仲間ができてよかった」と述べることができ，「自分はここで生きていく」という決意ができたとしても，記憶がばらばらなので，それ以降ができない人がいる。

このように，自助グループにつながり始めた依存症者の中には，過去の記憶を詳細に思い出すことが困難なメンバーが一定数いるようだ。語りの中では，ステップ4に取り組む際の工夫として，思い出せる記憶を思い出すままにポストイットに書き出し，あとから時系列に並び替えたという経験談もあった。

こうした作業を経なければ回復に至らないのか，それとも別様の回復経路を構想することができるのかという問題については，別途議論する必要があるだろう。しかしここで注目したいのは，当事者にとって自分の過去の経験を語れるようになること，言い換えると，これまで意味付けてこなかった記憶に対して，それを解釈する概念やフレーズを発明する作業が，依存症からの回復にとってひとつの重要な要素として捉えられているという点である。とりわけ，以下の語りは依存症からの回復にとって，ステップ4がどのような意義をもちうるかを印象的に示している。

A：ステップ4で，依存症が問題じゃなかったんだ，その前から自分の人生は問題が山積みだったんだって，気づくんですよね。依存症は，氷山の一角だったんだって。

「依存行動は回復のターゲットではなく，別のところに回復のターゲットがある」という再発見が，逆説的にも依存行動からの回復をもたらしうるという点は，解釈的正義と依存症からの回復との関係を考えるうえで重要なものだろう。

4　自伝的記憶と真理論

ダルクのメンバーが証言した，経験の語りがたさという現象について考察を加えるために，そもそも経験を語るという行為がどのようなものなのかについて，ひとつの先行研究を見ておくことにする。

神経心理学では，過去に経験した一回性の出来事の記憶を，それを解釈する概念なりフレーズを用いてナレーションをつけ，物語的なフォーマットで整理した記憶の総体のことを「自伝的知識基盤（autobiographical knowledge base：AKB）」と呼ぶことがある。そして，時々刻々，必要に迫られる形で，AKBのうちの一部が想起されたものを「自伝的記憶（autobiographic memory：AM）」という。

心理学者のコンウェイは，AKBやAMの仕組みを説明するモデルを提案している。コンウェイによると，AKB/AMの構築や想起の過程における一般的な原則は，哲学の中で主張されてきた2つの真理論――既存の知識体系との内的な整合性＝coherenceが保たれている時に新規な知識が真理とみなされるという「整合説」と，新規な知識が事実と対応＝correspondenceしている時に真理とみなされるという「対応説」――を用いて説明できるという（Conway 2005）。以下ではこの原則についてのコンウェイの解説を簡単に紹介しよう。

人間の記憶は，それぞれの個体が持っている予期――生存に直結する自己保存への期待や，幸福への期待，自己や世界はこのようなものだという予測などをさす――との整合性を維持できるように，予期を更新するか，さもなくば記憶を書き換えたり，歪めたり，ときには捏造さえしたりする。AKB/AM の構築や想起に課されるこの「予期と記憶の整合性の維持」という拘束条件が，自己整合性（self-coherence）である。

他方，自己整合性の条件に拮抗するものとして，AKB/AM の内容は事実に対応していなくてはならないという現実対応性（correspondence）という条件がある。コンウェイはその進化的起源について，行為しているさなかの経験について，正確な記憶を残せない個体は生き残れなかったのだろうと推測している。

ただし，詳細な記憶をずっと保持し続けることは，記憶の容量および検索時間の面で負荷が大きくなる。原則として詳細な記憶は短期間のうちに随意的にアクセスしにくくなり，予期と整合性を保てたものだけが，適度な抽象化の過程を経て，随意的に想起できる長期記憶に変換されることになる。こうして，自己整合性と現実対応性の 2 条件に挟まれながら，AKB が構築される。

コンウェイのモデルによると，長期記憶として保存されている AKB の構造は，⑴自己整合性が優先され，言語をはじめとした解釈資源によって表象される「概念的自己（conceptual self)」と，⑵現実対応性が優先され，具体的な感覚運動情報で表象される「エピソード記憶（episodic memories)」という 2 つのサブシステムから出来上がっている（図 1 ）。先程述べたように，⑵のエピソード記憶は，そのほとんどは短期間でアクセスが抑制されるが，予期にかなったもののみ概念的自己とリンクし，長期記憶化する。

5　トラウマが自伝的記憶に与える影響

上記で述べた自己整合性と現実対応性という，AKB/AM の構築と想起に

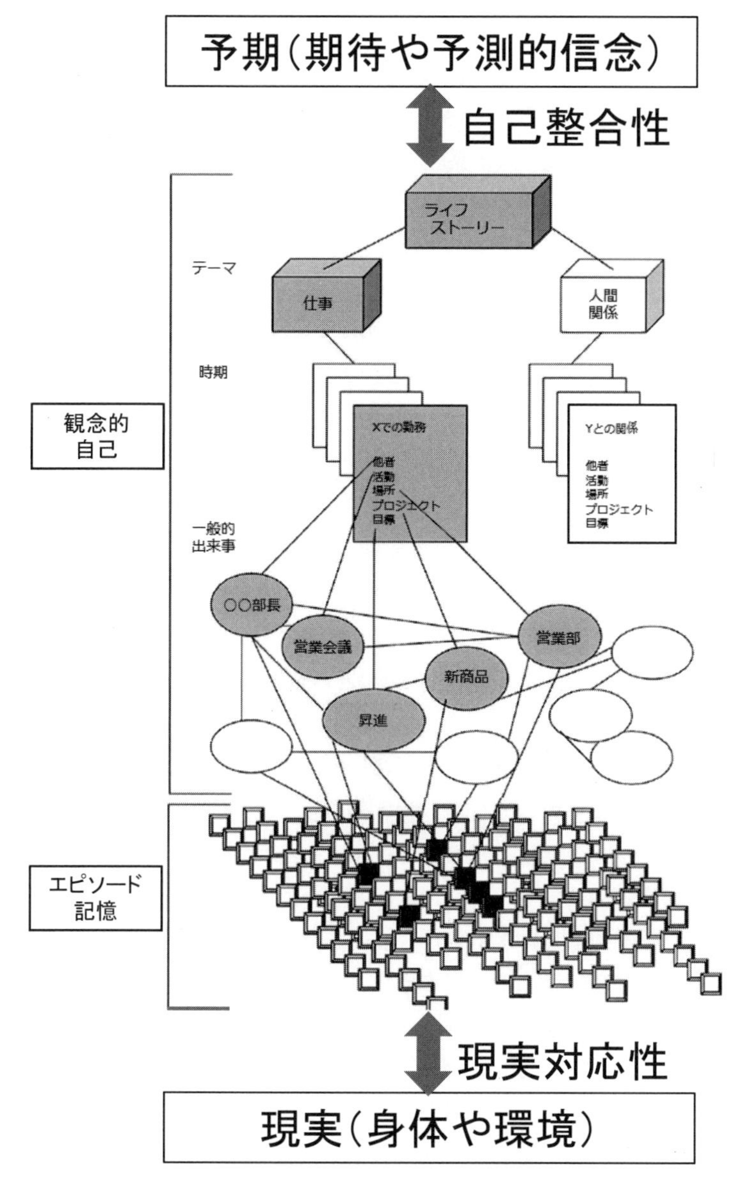

図１　自伝的知識基盤の構造に関するモデル（Conway 2015 ; Figure 5 を筆者が和訳）

ついての２つの真理条件の両立を阻む記憶は，その定義上，トラウマ記憶と言える。なぜならトラウマ記憶とは，受傷時に本人がもっていた予期をゆるがすような現実対応性の高いエピソード記憶であり，にもかかわらずアクセスが抑制されていない特殊な記憶として定式化することができるからだ。

依存症に関する先行研究では，専門外来を受診する依存症患者の約半数が，心的外傷後ストレス障害（PTSD）の診断を満たしているということや（Brady et al. 2004；Kessler et al. 1995），PTSD の合併によって依存症の予後が悪くなる（Coffey et al. 2002；Drapkin et al. 2011；Saladin et al. 2003；Simpson et al. 2012）ということが報告されている。また，PTSD がその後の依存症発症を予測するという研究や（Chilcoat & Breslau, 1998），PTSD の症状を和らげるための自己対処法として依存症をとらえるモデル（Khantzian 1999）も提案されている。また，親からの虐待といった養育環境の問題が依存症の発症や予後の悪さを予測するという研究（Dube et al. 2003；Schumacher et al. 2006；Westermeyer et al. 2001）もある。

そして依存症など，トラウマに関連した状態においては，過剰一般的な自伝的記憶（overgeneral memory：OGM）という傾向が認められることがよく知られている（Williams et al. 2007）。OGM とは，自分の過去の具体的な出来事を思い出して描写することの困難，とりわけ特定の時間と場所で起こった出来事をうまく報告できない状態であり，先述の，ステップ４で過去の記憶を詳述できない状態に相当する概念と思われる。高いレベルの OGM は，トラウマ後の鬱（Brewin et al. 1998；Kuyken & Dalgleish, 1995）や PTSD（McNally et al. 1994；1995；Kuyken & Brewin, 1995）の発生を予測するだけでなく，社会的問題解決の能力低下や自殺企図歴の高さとも有意に相関することが知られている（Richard-Devantoy et al. 2014）。

一方で PTSD の主症状の中には，自己整合性と整合していない，きわめて具体的なフラッシュバック記憶の不随意的な侵入もある。OGM とフラッシュバックの併存という事態からは，概念的自己とエピソード記憶とのリンク（自己整合性と現実対応性の両立）不全が示唆される（図２）。

OGM 概念を初めて報告したウィリアムズ（Williams）は，PTSD におけ

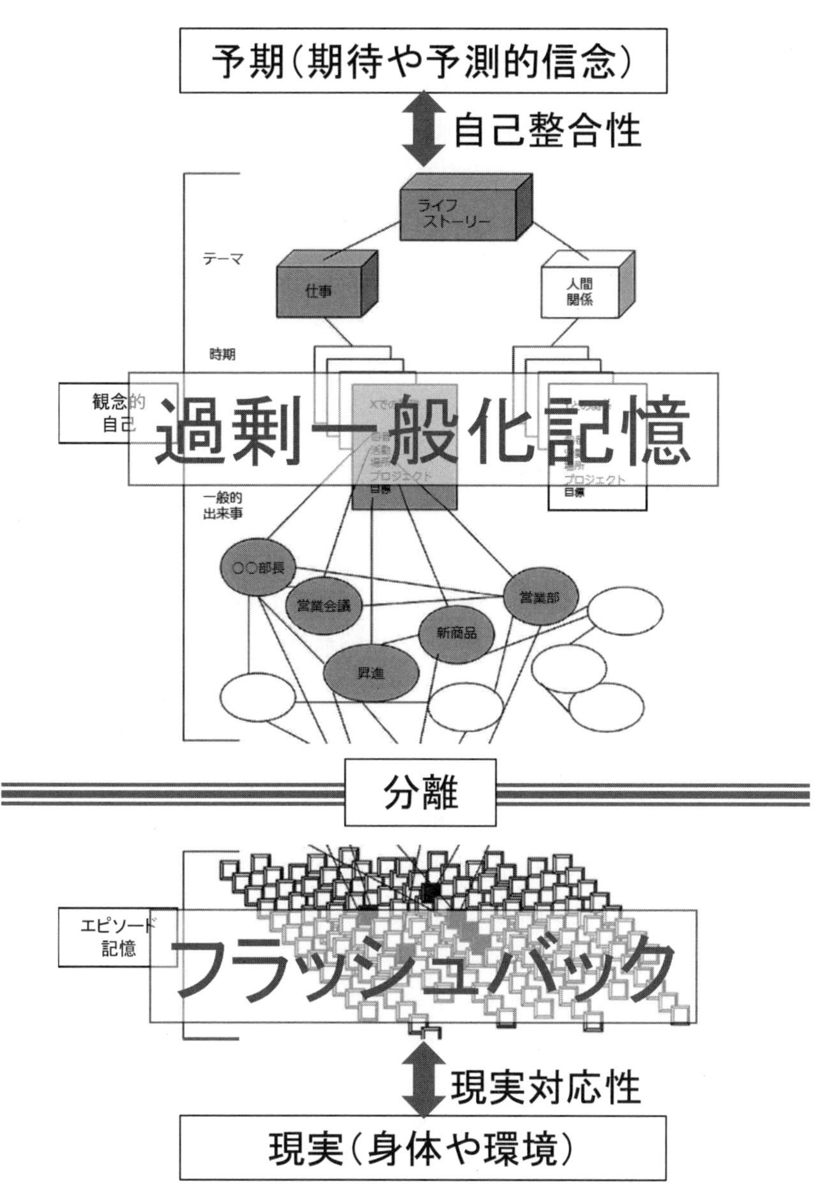

図２　概念的自己とエピソード記憶の分離

るOGMのメカニズムに関して述べている。ウィリアムズは，具体化された記憶を一般化した記憶に再構成することで，そのトラウマ的な影響を抑制し，適応を図っているという「感情制御仮説」を提唱している（Williams et al. 2007）。ひらたく言えば，トラウマ的でないエピソード記憶を想起すると，連想的に次々と関連したエピソード記憶が想起され，やがてトラウマ記憶が想起されてしまうので，エピソード記憶へのアクセス全体を抑制し，概念的自己のうちでもとくに抽象度の高い領域のみアクセス可能にした状態が，OGMということになる。

6 解釈的不正義が自伝的記憶に与える影響

OGMを引き起こすのはトラウマだけではない。クレイン（Crane）らは，自閉スペクトラム症（ASD）においてもOGM傾向が強いことを報告した。また，OGM傾向が強いASD者ほど，心の理論課題――他者の言動から，その人の信念，意図，感情を推論する課題――の得点が低い傾向にあることも報告している（Crane et al. 2010 ; 2013）。このことは，AKB/AMが，他者の心的状態を推測する場面においても利用されている可能性を示唆する。

筆者がASD者のOGM傾向と関連する知見だと考えているのが，ラカン派精神分析におけるASDの説明である。松本（2017）は近年のラカン派精神分析が，ASD者に特有の言語使用を説明するモデルを提唱していることを報告している。松本によると1970年代のラカンは，子どもがはじめて出会う原初的言語を「ララング（lalangue）」と呼んだ。この身体に刻まれた最初の言葉は，状況に埋め込まれた，本人に固有でエピソーディックなものであり「S１」とも呼ばれている。S１は，その後獲得される，他者と共有可能な概念やフレーズといった，社会で流通する解釈資源である別のシニフィアン「S２」に接続されることで，隠喩的な解釈を与えられ安定化される。したがってS２は，AKBにおける概念的自己と同じ水準にあると思われる。その上でASD者は，S１をS２へとつなげないことを選択した人々であると説明される。この，S1とS2が連接されていない状況は，エピソード記憶と概念的自己がリンクしておらず，フラッシュバックやOGMが生じるという自伝的記憶研究の視点からのASDの説明と親和性が高い。しかし私見では，こうしたモデルに解釈的不正義の視点を入れなければ，不正義が温存されることになる。その詳細については，後述する。

OGMはまた，苦痛な幻聴体験とも関連していると言われている。近年，幻聴という体験は一部の精神疾患に固有のものではなく，9～12歳の子どもの17%，13～18歳の青年の7.5%が日常的に体験している比較的ありふれたものであることが疫学的研究によって明らかにされつつある（Kelleher et al. 2012）。重要なことは，幻聴体験者のうち，日常的に幻聴に悩まされた経験があるのは一部に過ぎず（Kompus et al. 2015），精神医療にアクセスすることなく幻聴との平和的な関係を取り持ちながら社会生活を営んでいる人は少なくないという点である。重要なのはむしろ，どのような時に幻聴が苦痛な体験になるのかという問いである。

これまでの研究では，幻聴を苦痛と感じるグループは，声の主が非常に権力をもち，知識が豊富で，制御不能で悪意をもっていると認識する傾向にあり（Johns et al. 2014），その背景には，家族からのサポートの少なさ，そしておそらくはいじめによる仲間からの疎外という現実の人間関係（Løberg et al. 2019）を通じて構築された社会的スキーマが影響を与えていることも報告されている（Paulik et al. 2012）。つまり，支配的な家族や支援者に関わっていれば幻聴も支配的になるなど，現実の人間関係が，幻聴が不快な体験になるのか否かに大きな影響を与えている可能性がある。当事者研究において，支援者と当事者の関係を支配-被支配関係ではなく，共同研究者というフラットな関係に転換することの意義は，こういうところにも影響を与えている可能性がある。

また，幻聴に苦痛を感じるグループではOGM傾向が見られることが報告されている（Jacobsen et al. 2019）。またOGM傾向は，例えば「幻聴（あるいは実在する他者）には常に従わなければならない」といった，幻聴（あるいは実在する他者）に関する非適応的な信念を維持し，より適応的な信念へと更新するために必要な情報へのアクセスを制限してしまう可能性がある。なぜなら，予期を更新するのに必要な，信念の反証となる新規の経験（エピソード記憶）と，予期と整合する概念的自己とのリンクが外れているために，信念の反証可能性が低くなり，非適応的で現実対応性の低い予期的信念を持続させてしまうからである。

さて，ASDや苦痛を伴う幻聴といった非トラウマ性の状態でOGMが生じるのはなぜだろうか。筆者は，認識的不正義こそがその原因のひとつなのではないかと考えている。コンウェイのモデルではあまり強調されていないが，私たちのエピソード記憶の内容は，現実対応性の面で必ずしも十分とは言えない（Chris 2012）。私たちは自分の行動の真の原因をリアルタイムでは意識できず，せいぜい事後的に推測して行動を正当化しているに過ぎない。しばしば自分の行動よりも，他人の行動の原因をより正確に推測できるほどである。したがって，私たちは自分の行動を理解する上で，他人のコメントから恩恵を受ける可能性がある。また行動原因だけでなく，知覚の正確性についても同様である。例えばバーラミ（Bahrami）らは，単純な知覚判断課題を，二人一組の被験者で取り組んでもらう実験を行い，(1)パートナーが自分と似た知覚特性を有し，かつ(2)パートナー同士のフリーディスカッションが許されるときに，知覚の正確性が向上することを示した（Bahrami et al. 2010）。またその効果は，互いの知覚経験だけでなく，知覚経験に関する互いの確信度（confidence）をもコミュニケーションしているという加重信頼共有（weighted confidence sharing：WCS）モデルによってうまく説明された。

このように，一人きりの経験は，十分な現実対応性を持たないエピソード記憶を残すが，類似した知覚特性を持つ他者との，言語などの解釈資源を介したコミュニケーションを通じて，概念的自己を立ち上げリンクされることで，その現実対応性は高まっていく。これは，真理論でいうところの合意説――現実との対応ではなく，他者と合意が得られた知識こそが真理とされるという説――を裏付ける知見とみなせるかもしれない。知覚特性におけるマイノリティ性をもつASD者や幻聴体験者は，自分と類似した経験をする他者との接触頻度が，多数派よりも相対的に低くなるために，自分達に特有なエピソード記憶を意味付け共有するための概念的自己を立ち上げにくく，それゆえにOGMになりやすい状況におかれている可能性がある。言い換えれば，認識的不正義がOGMを引き起こしうるということである。ラカン派精神分析が述べる，ASDにおいてS1とS2が連接しない原因も，本人の選択ではなく，多数派向けにデザインされ流通しているS2が，ASD者に特有のS1とうまく連接しないからかも知れないのである。必要なのは，S2のインクルーシブ・デザインを通じた解釈的正義の実現にほかならない。

先行研究でも，OGM傾向が，「誰」と「どのように」関わるかに影響を受けうることが報告されている。幼児期の親子関係が子どものOGM傾向に影響を及ぼす可能性や（Valentino et al. 2014），より詳細で一貫性のあるナラティヴ（語り）を紡ぐ親のもとに育つと，子どもは，よく分節化して整合的なAKB/AMを獲得することが知られている（Fivush et al. 2011）。さらに青年期になると身近な他者とのナラティヴだけでなく，自分が属する文化のなかで流通しているマスター・ナラティヴも，解釈資源として利用するようになる（Fivush et al. 2011）。このように考えると，OGMにならないための社会文化的な条件として，

(A) 身近な人間関係において詳細で一貫性のあるナラティヴがつむがれること
(B) 所属する文化において自分のエピソード記憶を意味付ける解釈資源としてのマスター・ナラティヴが流通していること

の2つが重要であるということが示唆される。これはまさに，証言的正義や解釈的正義が達成されている状況を意味するだろう。

＊　＊　＊

当事者研究とは，状況に埋め込まれた固有の自分の経験（エピソード記

憶）をもとにして，予期との整合性（有用説や整合説の面からの信実性），現実との対応性（対応説の面からの信実性），他者との合意（合意説の面からの信実性）という，知的徳の条件を満たす概念やフレーズを創造し，流通させることで，解釈的不正義を是正しようとする倫理的徳に導かれた営みと言える。その意味で当事者研究は，「認識と倫理のハイブリッドな徳」を目指す実践と言える。

しかし今回見てきたように，トラウマの存在はしばしば，自分に固有の具体的なエピソード記憶にアクセスすることを妨げ，抽象化された語り――しばしばそれは，既存のステレオタイプに沿った自分語りといった形で現れる――へと水路づけてしまう。OGM やその上流にある認識的不正義は，自己スティグマを温存させ，当事者研究を困難にさせる可能性もあるということである。ここには，鶏と卵のような関係がある。

この困難な壁を突き崩そうとする実践の数々が，本書では紹介されている。これらの実践に応答できるかどうか――アカデミア全体の倫理的徳と知的徳が問われている。

謝辞

本稿執筆のもととなった研究は，文部科学省科学研究費補助金・学術変革領域研究（A）「当事者化の過程における法則性／物語性の解明と共同創造の行動基盤解明」（課題番号：JP21H05175），JST CREST「知覚と感情を媒介する認知フィーリングの原理解明」（課題番号：JPMJCR16E 2 ），内閣府ムーンショット型研究開発制度「多様なこころを脳と身体性機能に基づいてつなぐ『自在ホンヤク機』の開発」（課題番号：JPMJMS2292）の支援を受けた。

注

本稿は，下記の論考を大幅に加筆修正したものである。

熊谷晋一郎．(2024)．障害の経験と障害学．障害学研究，20.

参考文献

Bahrami, B., Olsen, K., Latham, P.E., Roepstorff, A., Rees, G., and Frith, C.D. (2010) "Optimally interacting minds," *Science*, 329 : 1081–1085.

Brady, K. T., Back, S., Coffey, S. F. (2004) "Substance abuse and posttraumatic stress disorder," *Current Directions in Psychological Science*, 13 (5) : 206–209.

Brewin, C. R., Watson, M., McCarthy, S., Hyman, P. and Dayson, D. (1998) "Intrusive memories and depression in cancer patients," *Behavior Research and Therapy*, 36 : 1131–1142.

Chilcoat, H. D., Breslau, N. (1998) "Posttraumatic stress disorder and drug disorders : testing causal pathways," *Archives of General Psychiatry*, 55 : 913– 7 .

Coffey, S. F., Saladin, M. E., Drobes, D. J., Brady, K. T.., Dansky, B. S., Kilpatrick, D. G., (2002) "Trauma and substance cue reactivity in individuals with comorbid posttraumatic stress disorder and cocaine or alcohol dependence," *Drug and Alcohol Dependence*, 65 : 115–27.

Conway, M. A. (2005) "Memory and the self," *Journal of Memory and Language*, 53 : 594–628.

Crane, L., Goddard, L. and Pring, L. (2010) "Brief Report : self-defining and everyday autobiographical memories in adults with autism spectrum disorders," *Journal of Autism and Developmental Disorders*, 40 : 383–391.

Crane, L., Goddard, L., and Pring, L. (2013) "Autobiographical memory in adults with autism spectrum disorder : the role of depressed mood, rumination, working memory and theory of mind," *Autism*, 17 : 205–219.

Drapkin, M. L., Yusko, D., Yasinski, C., Oslin, D., Hembree, E. A., Foa, E. B. (2011) "Baseline functioning among individuals with posttraumatic stress disorder and alcohol dependence," *Journal of Substance Abuse Treatment*, 41 : 186–92.

Dube, S. R., Felitti, V. J., Dong, M., Chapman, D. P., Giles, W. H., Anda, R. F. ,

(2003) "Childhood abuse, neglect, and household dysfunction and the risk of illicit drug use : the Adverse Childhood Experiences Study," *Pediatrics*, 111 (3) : 564–572.

Fivush, R., Habermas, T., Waters, T. E., Zaman, W. (2011) "The making of autobiographical memory : intersections of culture, narratives and identity," *International Journal of Psychology*, 46 : 321–345.

Frith, C. D. (2012) "The role of metacognition in human social interactions," *Philosophical Transactions of the Royal Society B : Biological Sciences*, 367 : 2213–2223.

Jacobsen, P., Peters, E., Ward, T., Garety, P. A., Jackson, M., and Chadwick, P. (2019) "Overgeneral autobiographical memory bias in clinical and non-clinical voice hearers," *Psychological Medicine*, 49 (1) : 113–120.

Johns, L. C., Kompus, K., Connell, M., Humpston, C., Lincoln, T. M., Longden, E., Preti, A., Alderson-Day, B., Badcock, J. C., Cella, M., Fernyhough, C., McCarthy-Jones, S., Peters, E., Raballo, A., Scott, J., Siddi, S., Sommer, I. E., and Larøi, F. (2014) "Auditory verbal hallucinations in persons with and without a need for care," *Schizophrenia Bulletin*, 40 Suppl 4 : S255–264.

Kelleher, I., Connor, D., Clarke, M. C., Devlin, N., Harley, M., and Cannon, M. (2012) "Prevalence of psychotic symptoms in childhood and adolescence : a systematic review and meta-analysis of population-based studies," *Psychological Medicine*, 42 : 1857–1863.

Kessler, R. C., Sonnega, A., Bromet, E., Hughes, M., Nelson, C.B. (1995) "Posttraumatic stress disorder in the national comorbidity survey," *Archives of General Psychiatry*, 52 : 1048–60.

Khantzian, E.J. (1999) *Treating addiction as a human process*. Jason Aronson.

Kompus, K., Løberg, E. M., Posserud, M. B., and Lundervold, A. J. (2015) "Prevalence of auditory hallucinations in Norwegian adolescents : results from a population-based study," *Scandinavian Journal of Psychology*, 56 : 391–396.

Kuyken, W. and Brewin, C. R. (1995) "Autobiographical memory functioning depression and reports of early abuse," Journal of Abnormal Psychology, 104 : 585–591.

Kuyken, W. and Dalgleish, T. (1995) "Autobiographical memory and depression," *British Journal of Clinical Psychology*, 34 : 89–92.

Løberg, E. M., Gjestad, R., Posserud, M. B., Kompus, K., and Lundervold, A. J. (2019) "Psychosocial characteristics differentiate non-distressing and distressing voices in10, 346adolescents," *European Child and Adolescent Psychiatry*, 28 : 1353–1363.

McNally, R. J., Lasko, N. B., Macklin, M. L. and Pitman, R. K. (1995) "Autobiographical memory disturbance in combat-related posttraumatic stress disorder," *Behaviour Research and Therapy*, 33 : 619–630.

McNally, R. J., Litz, B. T., Prassas, A., Shin, L. M. and Weathers, F. W. (1994) "Emotional priming of autobiographical memory in posttraumatic stress disorder," *Cognition and Emotion*, 8 : 351–367.

Paulik G. (2012) "The role of social schema in the experience of auditory hallucinations : a systematic review and a proposal for the inclusion of social schema in a cognitive behavioural model of voice hearing," *Clinical Psychology & Psychotherapy*, 19 (6) : 459–472.

Richard-Devantoy, S., Berlim, M. T. and Jollant, F. (2014) "Suicidal behaviour and memory : A systematic review and meta-analysis," *The World Journal of Biological Psychiatry* 16 (8) : 544–66.

Saladin, M. E., Drobes, D. J., Coffey, S. F., Dansky, B. S., Brady, K. T., Kilpatrick, D. G. (2003) "PTSD symptom severity as a predictor of cue-elicited drug craving in victims of violent crime," *Addictive Behaviors*, 28 : 1611–29.

Schumacher, J. A., Coffey, S. F., Stasiewicz, P. R. (2006) "Symptom severity, alcohol craving, and age of trauma onset in childhood and adolescent trauma survivors with comorbid alcohol dependence and posttraumatic stress disorder," *The American Journal on Addictions*, 15 (6) : 422–425.

Simpson, T. L., Stappenbeck, C. A., Varra, A. A., Moore, S. A., Kaysen, D.

(2012) “Symptoms of posttraumatic stress predict craving among alcohol treatment seekers : results of a daily monitoring study,” *Psychology of Addictive Behaviors*, 26 (4) : 724–33.

Valentino, K., Nuttall, A. K., Comas, M., McDonnell, C.G., Piper, B., Thomas, T. E., et al. (2014) “Mother-child reminiscing and autobiographical memory specificity among preschool-age children,” *Developmental Psychology*, 50 : 1197–1207.

Westermeyer, J., Wahmanholm, K., Thuras, P. (2001) “Effects of childhood physical abuse on course and severity of substance abuse,” *The American Journal on Addictions*, 10 (2) : 101–110.

Williams, J.M., Barnhofer, T., Crane, C., Herman, D., Raes, F., Watkins, E., and Dalgleish, T. (2007) “Autobiographical memory specificity and emotional disorder,” *Psychological Bulletin*, 133 : 122–48.

熊谷晋一郎（2014）「発達障害当事者研究——当事者サポーターの視点から」『臨床心理学』14（6）: 806–812.

熊谷晋一郎（2015）「関係としての身体——障害を生きる経験から」大澤真幸・中島秀人・諸富徹・杉田敦・佐藤卓己編『シリーズ「岩波講座現代」第７巻　身体と親密圏の変容』75–106，岩波書店.

熊谷晋一郎・五十公野理恵子・秋元恵一郎・上岡陽江（2016）「痛みと孤立——薬物依存症と慢性疼痛の当事者研究」石原孝二・河野哲也・向谷地生良（編）『精神医学と当事者（シリーズ精神医学の哲学３）』225–251，東京大学出版会.

フリッカー， M. 佐藤邦政,飯塚理恵（訳）（2023）『認識的不正義——権力は知ることの倫理にどのようにかかわるのか』勁草書房.

松本卓也（2017）「ラカン派精神分析における自閉症論」上尾真道・牧瀬英幹編『発達障害の時代とラカン派精神分析——〈開かれ〉としての自閉をめぐって』130–162，晃洋書房.

安井絢子

ケアの倫理

中動態に基づく意志決定モデルと「言葉のバリアフリー化」

1 ケアされるひとは「自己決定」しているのか

日々の生活を送るなかで私たちは否応なく多くの選択に迫られ，なんらかの形で意志決定[1]をなしている。そうした意志決定のなかで倫理学が検討対象とするのは基本的には意図をもつ行為に限られる。そのため現代倫理学においては人間の，意図をもつ行為の分析が議論の中心に据えられてきた。しかし，私たちは常に明確な意図をもって生活しているわけでもなければ，意図をもつ行為のみが倫理的問題を含むわけでもない。私たちは明確な意図などもたずとも，習慣的に身につけた振る舞いによって，日常生活のかなりの場面をやり過ごしている。反面，そうした知らず知らずの行動が倫理的問題を引き起こす場合がまったくないとは断言できない。そこで本章では，こうした従来の倫理学が採用する行為論が取りこぼしてきたものに焦点を当て，そうした振る舞いをも射程に入れた意志決定のあり方の輪郭を示す。このとき考察の起点となるのが，熊谷晋一郎による次の指摘だ（熊谷 2017：第2章）。

1 「意志」と「意思」の表記は分野や論者によって異なる。一般的に，意思は本人の思いを重視するのに対して，「意志」は目的を達成しようとする心の動きを表す。本書では，一時の「思い」ではなく，本人の意向が関係的につくりあげられていくゆるやかなプロセスの中で変容していく点を重視し，「意志」と表記している。

エレベーターが備わっていない建物と同様，言語も一部の人にとってはアクセシブルなものになっていなくて，多数派の人々が使っている日常言語が，一部のマイノリティにとっては自分の経験を解釈したり人と共有したりするためのツールとして使い勝手の悪いものになっている（中略）そのことを考えるとき，かつて「中動態」というオルタナティブな言語デザインがあったことには，マイノリティにとって重要な意識があると感じました。当事者研究の目的にはさまざまなものがあるでしょうけど，言葉のバリアフリー化とでもいいますか，現在マイノリティとされている人にとって，言葉をもう少し使い勝手のいいものに変革したいというモチベーションが存在していると私は考えています。

ここでいわれる「言葉のバリアフリー化」の達成が成し遂げられると，障害者の意志決定にもうひとつの選択肢がもたらされるばかりか，新たな意志決定モデルを提示する可能性が開かれる。この構想を実現するための予備考察として，本章では，発達心理学者キャロル・ギリガンに由来するケアの倫理（ethic of care）の議論を中心に，その語り方に着目して，主流派の倫理学理論とその意志決定モデルを問い直す。それにより，倫理学における新たな意志決定モデルの可能性を示唆する。では，そもそも倫理学とはどのような学問なのだろうか。

2 倫理学とケアの倫理

(1) 規範倫理学の主流をなす理論：功利主義と義務論の考え方

倫理学（ethics）とは，倫理を批判的に検討し，その正当化根拠や基礎となる規範について探求する学問だ。倫理とは，私たちが日々の生活を送るなかで知らず知らずのうちに身につけ，通常，当然のものとして受け入れている価値や規範である。具体的には，「順番は守るべきだ」や「他人の所有物を盗んではいけない」，「怠けるのは悪い」といったルールや規則，戒めなどがそれに当たる。ところが，この時点ではこうした価値や規範が正当な根拠に基づいているかどうかは検討されていない。「どうして順番は守るべきなのか」，「なぜ他人の所有物を盗んではいけないのか」，「どういう理由で怠けることは悪いのか」というふうに，通常，当然のものとみなされている価値や規範に疑問を投げかけ，誰もが納得できる筋の通った理由に基づいているのかどうかという，倫理の正当化根拠を問い直すのが倫理学である。そのため，倫理学が検討対象とするのは数ある人間の行ないのなかでも正当化根拠を吟味できるもの，すなわち意図を伴う「行為（action）」であり，意図を伴わない行ないである「行動／振る舞い」（behavior）が議論の俎上に上ることはめったにない。

さて，規範は「○○をすべきだ／すべきでない」，「○○してもよい／してはならない」，「○○は善い／悪い」といった倫理的判断の形で表わされる。この「○○」のなかにはさまざまな行為が入るわけだが，具体的な行為すべてを挙げて，ひとつひとつ正当化根拠を問い質していてはきりがない。すると倫理学がまず扱うべきは，最も基本的な「すべき」あるいは「すべきでない」○○とは何かという基準に帰着する。それさえわかれば，具体的に「すべき」，あるいは「すべきでない」行為を導き出すことが可能になる。このように，最も基本的な規範は何かを問う倫理学のことを規範倫理学（normative ethics）と呼ぶ[2]。

規範倫理学の三大理論と呼ばれるのが功利主義，義務論，徳倫理学だ。大雑把に言えば，功利主義は行為の帰結を重視し，義務論が義務に従った行為

2　倫理学には規範倫理学の他にも，過去の倫理学者の考え方を整合的に解釈し描き出す「記述倫理学」，あらゆる規範に関わる「正しい」や「善い」という言葉の意味は何かを問う「メタ倫理学」，そして基本的な規範を生命，環境，情報などに関わる状況に応用すると，どのような具体的な規範が導けるかを問う「応用倫理学」といった区別があり，それぞれ相互に連動しているが，そのなかでも本章では規範倫理学の議論に焦点を当てる。

を強調し，徳倫理学は行為者の徳や道徳的性格に焦点を当てる。本章で問題にしたいのは意図を伴う行為なので，行為中心的な理論を展開している功利主義と義務論についてごく簡単に説明する[3]。

功利主義の創始者は18世紀から19世紀にかけてイギリスで活躍したジェレミー・ベンサムである。ベンサムは「最大多数の最大幸福」，すなわち，多数者の幸福（＝快楽）の増大と，多数者の不幸（＝苦痛）の減少という帰結をもたらす行為が善だとする功利性の原理を最高原理に掲げる。義務論は18世紀のドイツの哲学者イマヌエル・カントに代表される。カントによれば，倫理的に正しい行為とは義務に基づく行為だ。言い換えれば，同じ状況であれば誰もが従わなければならない普遍妥当性を備えた行為を自分の意志により行なうことこそが道徳的だとみなされる。功利主義と義務論は通常，対立的に扱われる倫理的立場同士だが，ケアの倫理は両者がおよそ次の三つの要素を人間に求めている点に着目する。すなわち第一に，状況を抽象化する「合理性（rationality）」，第二に，常に誰をも偏りなく扱う「公平性（impartiality）」，第三に，自分ひとりで意志決定をなす「自律性（autonomy）」だ。これは，主流の倫理学が，常に合理性と公平性に照らして自律的に判断可能な個人という人間理解を共有していることを示している。

したがって，これまで主流をなしてきた倫理学理論，功利主義と義務論の特徴として，①意図を伴う行ない，すなわち行為を検討対象としてきたこと，②その行為は能動－受動の枠組みで捉えられてきたこと，③行為者の関係は対称的で，力の不均衡は基本的に想定されていないことが指摘できる。しかし，こうした前提に基づく理論のみで倫理的問題すべてを説明し尽くせているのだろうか。こうした問いに答えを提示した倫理的アプローチのひとつがケアの倫理である。

3　なお，それぞれの理論に単一の理論が存在するわけではないため，粗雑に過ぎるきらいはあるが，ここではそれぞれの基本型をごく簡単に紹介している。

(2) 行為中心的な倫理学の特徴

ケアの倫理は，道徳性の発達段階をめぐってローレンス・コールバーグとキャロル・ギリガンとの間に巻き起こった正義対ケア論争に端を発する。コールバーグは，道徳性，すなわち善悪にたいするその人なりの価値観や捉え方の発達の道筋を，どの文化にも共通する普遍的な段階モデルとして描き出す。コールバーグは，「ハインツのジレンマ」にたいする子どもたちの解答から，道徳性の発達段階を提示する。ハインツのジレンマとは次のような仮想の道徳的状況だ。

ハインツの妻は重い病気を患っており，このまま何もせず手をこまねいているばかりでは死んでしまう。ハインツの妻を救う唯一の手立てはある新薬を服用することだが，その新薬はハインツが支払えない高値で売られている。ハインツは薬の支払い猶予の打診や値段交渉をしたが聞き入れてもらえない。その後も，金策のため八方手を尽くしたが，薬代を工面することはできず，途方に暮れてしまった。このとき，ハインツは薬を盗むべきだろうか。

ここで問われているのは「薬を盗むべきか否か」なのだから，それにたいする明確な答えが論点だと思うかもしれない。しかし，ここでの焦点は，どういう結論を出したかではなく，解答に至る過程でどのように考えを巡らせたのかであり，その理由から，解答者が善悪をどのように理解しているのか，すなわち解答者の道徳性が浮き彫りになる。こうした調査研究で得られた知見から，コールバーグは3レベル6段階の道徳性の発達理論を提示する(コールバーグ 1987：p.44)。それは，自己利益から他律的道徳性を経て，普遍的原理を自ら採用する段階に至るまでの道徳性の発達段階の記述だ。自己利益にしか目を向けえない利己的な段階から始まり，他者との関わりを通じて自己中心性を克服し，より上位の段階に移行する。他者の立場や視点に立つ役割取得が可能になると，周囲の他者や社会が定めた規則に従う段階を経て，最終的に自分の選択によって公平な判断や普遍的原理，一貫した良心を志向する段階へと至る。したがって，コールバーグにとっての道徳的成熟とは，他者とは別個の独立した人間であるという自立（independence）の認識であり，自分で選択できる能力を身につけるという意味での自律（autonomy）の達成であり，普遍的原理に基づいて合理的に思考することができるという意味での抽象的思考の獲得にほかならない。

⑶ ケアの倫理の特徴[4]

コールバーグ理論は，男性のみを被験者とした実証的な調査から得られた知見であり，これにより，女性より男性の方が「道徳的に優れている」という実証的な「事実」が突きつけられた。これにたいして，その「事実」に異議を申し立てたのが，コールバーグのもとで道徳発達を研究していたギリガンである。ギリガンは，男性という一方の性のみを対象とした調査で得られた発達理論が，普遍的な有効性を持つかのように語られることに異議を唱えた。女性は男性とは異なる「もうひとつの声（a different voice)」で語っており，コールバーグの道徳性の発達理論では，女性の道徳発達の道筋を十全に説明しきれていないという。その傍証としてギリガンが挙げる事例が，他の点では同等の能力を持つ11歳の男児ジェイクと女児エイミーのハインツのジレンマへの解答の違いだ。ジェイクは，当該の状況を「生命」と「財産」の間の対立と捉え，どちらが優先されるべきかという原理的思考に基づいて「盗むべき」という結論を導き出す。一方エイミーは，ハインツの親戚や友人，銀行のローンや見知らぬひとからの募金など，現実の関係性に訴えることで解決を試みようと思考を巡らす。そのなかで，この問題の核心は，ハインツと薬屋との間の関係性のこじれにあるのであって，ここにこそ解決の鍵があるはずだという考えに思い至る。そして，ハインツの妻を救う唯一の手段を持つ薬屋が助力をしぶり，解決の糸口が見出せないことに戸惑い，最終的に，「ハインツに薬を渡さない薬屋が悪い」という，一見したところ，盗むか否かをめぐる問いから離れた主張に行き着く。コールバーグ理論では，状況を抽象化して一貫した原理に基づいて評価を下したジェイクは，エイ

4　詳しくは，拙稿（安井 2023）を参照。

ミーよりも道徳的に優れた段階に至っていると評価される。

これにたいしてギリガンは，コールバーグ理論では女性，この場合はエイミーが不当に低く評価されているのではないかと疑問を投げかける。ジェイクとエイミーは世界の捉え方が異なるために，おのずと解決方法も異なったに過ぎない。ジェイクが数学の方程式のようにジレンマを組み立て解答の発見に向かうのにたいして，エイミーは同じジレンマを人間関係の物語として捉え解決を模索する。エイミーの世界では，困っているひとをケアするのは当然であり，生命の危機に瀕しているひとに手を差し伸べないといった選択は，事情をきちんと理解していないから至ってしまった帰結としか理解しようがない。こうしたギリガンの洞察こそが，「ケアの倫理」という，原理的思考とは異なる倫理的観点の発見をもたらした。

さて，コールバーグの主張とギリガンの批判のどちらが妥当なのだろうか。正義対ケア論争は，こうした問いを出発点に繰り広げられた。仮にコールバーグの道徳性の発達理論による評価が妥当であるならば，それはコールバーグ理論の前提とする原理重視の倫理観が，関係性を重視する倫理観よりも優れているからにほかならない。しかし，なぜこうした価値の序列づけが当然のものとして受け入れられているのだろうか。ギリガンはこうした疑問から，コールバーグが，性差による「実証的な違い」と規定したもののなかに倫理的価値の序列づけが，無批判に前提されていることを暴き出す（Gilligan 1982)。そして，コールバーグ理論が前提とする普遍的原理に基づく倫理を「正義の倫理（ethic of justice)」と呼び，個別の適切な関係性に基づく倫理を「ケアの倫理（ethic of care)」と呼んで対置した。ここでいう「正義(justice)」とは「ふさわしいものにそれに応じたふさわしい扱いをする」という意味だから，誰にとっても妥当する原理を掲げる功利主義と義務論は正義の倫理に数え入れられる。そのため，正義の倫理は，ふさわしい処遇をうける根拠としての「権利」，等しい者を等しく扱う「平等」，偏りのない「公平」，公平を実現するための原則の「普遍妥当性」，そしてすべてのひとが平等である根拠としての「自律」といった概念に訴える。これにたいして，ケアの倫理では，他者を気づかい，助けることが善だから，他者の声に「傾

表1　正義の倫理とケアの倫理それぞれの特徴

	正義の倫理(功利主義，義務論)	ケアの倫理
倫理的基礎	正義（普遍的原理・原則，ルール）	ケア（個別の関係の理想，ヴィジョン）
重視する規範・価値	権利，平等，公平，普遍妥当性，自律	責任，傾聴，応答，感受性，ニーズ，依存
世界の捉え方	抽象的，数学の問題を解くように論理を組み立てる	具体的，人々が関係のなかで紡ぎ出す物語として解釈
人間観	独立して合理的に自己決定をなす個人	依存的で傷つきやすく関係のなかに存在する

聴」する「感受性」，聞き取った声から「文脈」を踏まえて適切な「ニーズ」を読み取り「応答」する「責任」といった概念に訴える。両者の規範群が重なり合わないのは，両者の最も根底にある規範が異なるからだ（品川 2007：p.199–200)。正義の倫理は複数の類似の事例に等しく適用可能な普遍性を倫理的判断の本質だとみなすので，公平性を倫理的基礎に据える。一方でケアの倫理は，他者の助力を必要とする者への応答を倫理的態度の不可欠な要素とみなすので，ケアを倫理的基礎に据える。したがって，倫理的基礎を異にする両者は訴える規範も異にするがゆえに，その語り口が異なり，ひいては両者が描き出す世界の捉え方も異なる。これらの違いは，両者の人間観の違いにも及んでいる。

こうした2つの異なる倫理的アプローチがあることを念頭に置いたうえで，次節では，正義の倫理がもたらす問題点を確認する。

3　従来の倫理学の検討対象からこぼれ落ちるもの：「言葉のバリアフリー化」の必要性

従来の主流をなす倫理学では，①意図を伴う行ない，すなわち行為を検討対象としてきたこと，②その行為は能動-受動の枠組みで捉えられてきたこと，③行為者の関係は対称的で，力の不均衡は基本的に想定されていないことを確認した。しかし，こうした枠組みのみで，人間の営みすべてを説明し尽くせているのだろうか。この枠組みはあくまでも対称的な関係だからこそ当てはまるものであって，能力の非対称性や権力関係が介在せざるをえない場合には別の説明のしかたが要請されるのではないだろうか。こうした問題意識に有益な示唆を与えてくれるのが中動態をめぐる熊谷の指摘だ。本節では，熊谷による当事者研究の成果を手がかりに，「言葉のバリアフリー化」というアイデアを紹介する。

(1) 能動／中動の枠組みによる「言葉のバリアフリー化」

熊谷は，國分功一郎との対談のなかで，國分の著書『中動態の世界』に触発されて，おおよそ2つの思索が生起してきたと語る。それは，①当事者研究の方法を記述する概念としての中動態の可能性と，②具体的な当事者の経験を記述する言語資源としての中動態の可能性だ（熊谷 2017：第2章)。後者を探究することは，「現在マイノリティとされている人にとって，言葉をもう少し使い勝手のいいものに変革」する「言葉のバリアフリー化」を達成する一助となりうる。その具体的な試みとして，熊谷は次の4つの当事者研究を挙げる。それは (a) 依存症者の経験世界，(b) リビングウィルの世界，とりわけ最期の死の瞬間の自己決定，(c) 自閉スペクトラム症の当事者研究，そして (d) 知的障害や精神障害とラベルを貼られるひとたちへの意志決定支援の現場である[5]。

(2) 具体的な当事者の経験を記述する言語資源としての中動態の可能性

(a) 依存症者の経験世界

まず，(a)依存症者の経験世界についてだ[6]。依存症の自助グループのなか

---

5 要約する際の便宜上，特に注釈をつけていないが，以下の4つの当事者研究は熊谷の対談での語りをもとにしている。
6 『中動態の世界』（國分 2017）における「プロローグ」を参照。

では，意志の力で自分をコントロールしようという枠組みから脱し，自身の意志ではどうにもならないと認めることが回復の入口であると考えられている。これにたいして依存症者は，能動／受動の対立軸にがんじがらめにされることが依存症という病の本態であり，そうした対立軸の解体された中動態の構えのなかで回復が始まると考え，実践してきた。言い換えれば，依存症者は自分の意志により「みずからそうする」のではなく，「おのずとそうなる」という中動態の世界で生きている。だからこそ，強固な意志をもって，欲求を抑え込もうとしたところで，かえって逆効果となるというわけだ。これは，依存という現象を，能動／受動という枠組みから捉えてしまうからこそもたらされる結果にほかならない。

(b) リビングウィルの世界

次に，最期の死の瞬間の自己決定についてだ。死は自分の意志により「みずからそうする」ことなどできない中動態の最たる現象だ。例えば，ALS患者や難病患者が，「自分で呼吸ができなくなったら，人工呼吸器をつけないでほしい」という，予測的な未来にかんする自己決定を書き残すことを迫られる状況を思い浮かべてみよう。このとき，リビングウィルの書面を書く時点では，今まさに命が絶たれようとしているときの苦しさを予測できないという葛藤に多かれ少なかれ直面するのではないだろうか。すなわち，過去の自分が書いた書面が法的実行力をもてば，今まさに命が絶たれようとしている現在の自分が，かつてリビングウィルの書面を書いた過去の自分に裏切られることになるかもしれない。このように，意志の領域を超える死という現象を自己決定のカテゴリーに収めること自体に論理的な困難があるというのが，この事例の核心である。

(c) 自閉スペクトラム症の当事者研究

さらに，自閉スペクトラム症の当事者研究についてだ。自閉スペクトラム症は一般的に，「相手の行動からその背後にある見えない意志を推論することの障害」と記述される。これは，行ないは見えない意志によって引き起こされているという前提があればこそ成り立つ定義にほかならない。しかし，これは自明の前提とみなされるものなのだろうか。身体的特徴や経験内容，行動パターンが類似している者同士であれば，見えない意志を推測せずとも，次に予測される言動を正確に推測できる。けれども，異なる者同士の場合にはその推測ができないがために，「多数派によるグロテスクな論理的飛躍」が起こってしまう。

ノーブ効果をめぐる研究も，倫理学にとって示唆に富む。ノーブ効果とは，倫理的に良いとされる行為と比べて，悪い行為の方が意図的に行なったと解釈されやすいという認知的なバイアスだ。自閉スペクトラム症のひとではこのノーブ効果が起こりにくく，あるひとつの行為の倫理判断と意図性の帰属が独立している傾向がある。授業で居眠りをしている学生を教師が叱責するという教室のなかでしばしば起こるありふれた事例について考えてみよう[7]。このとき，居眠りしている学生に責任があると評価されるのが一般的だろう。通常，ある行為者に意図性があるから責任を問われると思われがちだ。ここで注目すべきは，責任を押しつけたくなるような悪い行為だからこそ行為の主体に意図性を帰属させるという真逆の順序になっている点だ。これはまさにノーブ効果が注目するポイントと類似している。

このように，行為の倫理判断が意図帰属に先行するという近代的文法は，自閉スペクトラム症のひとにおいて微弱かもしれない。つまり，普遍的と思われがちな倫理もマジョリティの価値観に準拠していて，一部のマイノリティにとっては直観的に受け入れがたいという現象が見て取れる。言葉だけでなく，倫理もバリアフリー化されていないということがここにも顕著に現れている。

(d) 知的障害や精神障害とラベルを貼られるひとたちへの意志決定支援

最後に，知的障害や精神障害とラベルを貼られるひとたちへの意志決定支

---

7 『中動態の世界』第1章，「能動と受動をめぐる諸問題」の中の「意志と責任は突然現れる」を参照。

援の現場についてだ。障害者とされるひとのなかで，意志決定ができる障害者と意志決定が不得意な障害者を区別するような政治が作動しており，意志決定が何を指すのかを吟味しないまま分類され，「精神障害や知的障害とされるひとは意志決定が不得意である。だから意志決定支援をしなければならない」というあまりに単純なロジックで支援計画がプログラムされている。こうした場面に接すると，はたして意志決定支援は何をしようとしているのかという疑問がわき上がってくる。

例えば，喉が渇いた知的障害とされるひとが意志決定支援のなかで，執拗に「オレンジジュースとウーロン茶，どっちが飲みたい？」といったことを，介助者に聞かれる場面について考えてみよう。意志の概念を無批判に受け入れたままでは，一歩間違うとそうなりかねない。これにたいして，能動／受動の枠組みからいったん離れて，中動態に基づく行為理解から解釈すると，オレンジジュースかウーロン茶かは意志決定でなく，喉の渇きをいやすための，単なる選択であると簡潔に言える。もちろん，単なる選択であればすべてを介助者の意志に委ねてよいのかどうかについては議論の余地があるだろう。たとえどれほど些細な意志決定であろうとも，意志決定こそがそのひとの自律性を担保している不可侵の領域だというスタンスをとる場合はもちろん，オレンジジュースを飲むこと自体が本人にとって大切なことである場合には，この選択は手放してはいけない重大な意志決定と言えるかもしれない。しかし，オレンジジュースかウーロン茶のどちらを飲むかには重大な意味はなく，「喉の乾きをいやしたい」という欲求充足ができれば事足りる場合がほとんどではないだろうか。しかも，こうした習慣的な選択は思いのほか多く存在しており，通常，こうした意志決定を突きつけられ，意識的に選択する必要に迫られることはそれほど多くないように思われる。それにもかかわらず，従来の意志決定の枠組みでは，意志決定とは能動的になされるべきものだと理解され，そうした意志決定が求められる。ここで私は，こうした介助のあり方が間違っているとか，ましてや直ちにやめるべきだと主張しているわけではない。そうした枠組みでは説明しきれない意志決定，こぼれ落ちてしまう行為がありうるということを示唆したいのだ。

以上４つはいずれも，意志という概念の不当な使用によってさまざまなマイノリティが抑圧を受けている事例であり，当事者研究のなかでは，そうした事態にたいする中動態を用いた語り直しが試みられている。次節では，こうした当事者研究の成果を起点に，ケアの倫理が発する「声（voice）」とはどういう種類の言葉で紡がれるのかについて考察する。

4　ケア関係における「自発性」

功利主義や義務論とは異なり，ケアの倫理の確固とした理論体系やテーゼを打ち出すことは困難を極める。というのも，ケアは個別性が高く，特定の個人にとって適切なケアが別のひとにとってはケアとはならない場合がしばしば起こりうるからだ。同時に，正当化根拠を問うことを第一義的な目的として掲げることなく，あくまでもケアしケアされる際の心構えを指し示す「個人の倫理（personal ethic）」であるところにも，ケアの倫理が従来の倫理学とは一線を画す倫理的立場であることがみて取れる。ここでいう個人の倫理とは，看護士や介護士といったケアワーカーが従うべき職業上の行為指針としての「専門職倫理（professional ethics）」と対置される。すなわち，個人の倫理とは，普遍的な原理を掲げるわけでもなければ，特定の専門職に共通する行為指針を示すわけでもない。普遍性からも職業上の制約からも離れて，単なるひとりのひととしての，そのひと自身の個別の事情に応じて適切な行為や態度，ケア実践のための心構えを指し示すのが個人の倫理である。これこそがケアの倫理の当初の発想にほかならない。個別の事情を勘案するからといって，ケアの倫理は，そのひとの都合を最優先する勝手気ままを許容するわけではない。周りの状況や他者との関係といった個別性に配慮しながら，その時点でとりうる選択肢のなかで最も適切なヴィジョンに近づく，「正当な理由」に基づき選択をなす。このように普遍性に依拠しない場合には，理論的脆弱性を免れえない反面，倫理的問題すべてを普遍性に訴えることで説明可能と断言しえないこともまた，前節で触れたとおりである。ケアの倫理の黎明期において，そうした理論的整理の困難さの克服に果敢に取り組んだ数少ない論者が教育学者ネル・ノディングスである。

ノディングスの議論を参照するにあたっては，教育現場におけるケア実践を意識するあまり，理論的整合性には疑問が残る点には留意する必要がある。一方で，ノディングス自身の小学校および高校の数学教師としての経験[8]，ならびに養子と実子を含む10人の子どもの母として子育てを担ったケア実践[9]から紡ぎ出される声を理論化していこうとする試みは現在もなお注目に値する。ノディングスが展開するケアの倫理はあくまでも教師－生徒関係の考察を中心になされており[10]，ケアされるひとは一定の目に見える「成長」を遂げるかのように想定されている[11]点には注意を要する。とはいえ，ノディングスが提示するケアの倫理は，ケアするひととケアされるひととの関係を倫理的な視点からも分析しようとした点で，ケア関係や成長の捉え方などの偏りを補ってなお余りある特長を有している。そのため本節では，ノ

8　ノディングスは，ティーチャーズ・カレッジを卒業後，小学校教師，高校の数学教師・副校長を務め，タウンシップの指導主事として教育実践に携わっていた。彼女が本格的に研究に携わるようになったのは，1973年に，スタンフォード大学で博士号を取得した後のことである。ノディングス自身の教育活動および教育にたいする姿勢については，『学校におけるケアの挑戦』（Noddings 1992）に詳しく記述されている。

9　ノディングスは，1950年に高校時代から交際していた医学生ジェームズと結婚している。ジェームズは朝鮮戦争からの復員の際に，戦争孤児を自分の息子として伴って帰還した。これは，アメリカ人としての戦争責任を痛感したがための行為だったが，それ以来，ノディングス夫妻は，養子・実子も含めて10人の育児を行なった。

10　ノディングスの記述では，非対称なケア関係のなかでも，特に教師－生徒関係や親子関係におけるケアが念頭に置かれている。そのため，ケアの倫理の「成長」概念に問題が残されることは強調しておきたい。

11　この特長は，ノディングス自身もその影響を認めるメイヤロフの定義のなかに見て取ることができる。すなわち，メイヤロフによるケアの定義は，ケアとは「最も深い意味において，他の人格の成長と自己実現を援助すること」（Mayeroff 1971：p.1）であり，これは必ずしも能力的に向上することや成熟することのみを意味するわけではない。しかし，キテイも指摘するとおり，これはあくまでも相互依存関係が可能な場合の定義であって，実践に位置づける際には，ケアされるひとのニーズや傷つきやすさも当該の実践によって変化することを踏まえる必要がある。例えば，高齢者のケアにおいては少なくとも身体的に衰えゆくことは不可避であり，障害者のケアにおいても，障害特性に応じて，生涯にわたり被保護者の日常的な身体的ケアが必要となったり，発達という理念が新たな意味を持ったりする場合があることに留意が必要だろう（Kittay 1999：chap.1）。

ディングスの議論は，非対称なケア関係のなかでも，ケアされるひとがケアするひとになりうる素地を十分もちうると前提していることを念頭に置いたうえで，その主張を確認し，ケアの語り方を把握する手がかりとしたい。

⑴ ケア関係における2つのケアリング

ノディングスはケアをどのように説明しているのだろうか。ノディングスが道徳性に必要だとみなす2つの感情から見ていこう。ひとつが自然なケアリング(natural caring)であり，もうひとつが倫理的ケアリング(ethical caring) である。

自然なケアリングとは「したい (want)」という理由で他者のためになす行為だ。ケアリングを引き起こす最初の根本的な感情は，「愛や自然な心の傾向」から生じる。母親が泣いている自分の赤ん坊を思わず知らず抱き上げてあやすのがその最たる例だ (Noddings 1984 : p.79)。ここで注目すべきは，「自然な関係から愛がおのずとわきあがるので，母親は子どもを愛する」，すなわち「自然なケアリングが倫理的なものを可能にする」[12]という点だ。

ところが，すべての関係のなかから「したい」という感情がおのずと立ち現れてくるわけではない。その場合に要請されるのが倫理的ケアリングだ。ケアしケアされたという経験が記憶として蓄積され，その記憶が，他者の苦境を救いたいという欲求と，その欲求に抗って，自己利益を増進させたいという欲求とに応えて，「私はしなければならない (I must)」という感情として，私たちを圧倒しとらえることで，ケアという行為を導出する。これが倫理的ケアリングである。

また，ノディングスは母子関係について，「どんな倫理的な感情も，それ

---

12 ここでいう「可能にする」とは，「ケアリングにはつねに自然な感情がともなっている」という意味ではない。というのも，倫理的な行為がつねに愛や自然な傾向から発する自然なケアリングをともなって引き起こされるとは考えられないからだ。私たちは，誰にたいしても自然なケアリングという母親が子どもに抱くような感情をもって接するわけではない (品川 2007 : p.177)。

を可能にする最初の感情がなければありえない」ので「母親は子どもをケアしたいからケアする」とし，自然なケアリングという「第一の感情の想起に反応して生じる」感情が倫理的行為を支えるとする（Noddings 1984：p.79）。一般的に言っても，「きわめて恵まれない（ないしは堕落している）状態にあるひとは除き，誰しも他者の痛みや喜びを感じ」，その「記憶をとおして，自分自身がケアしたりケアされたりした経験に近づく」(Noddings 1984：p.104)。ケア関係を結んでいない相手であったとしても，誰か他のひとからケアされたりケアしたりした経験を記憶として想起して，当の相手をケアする。言い換えれば，「自然なケアリングは倫理的行為の発生論的な必要条件」，すなわち，倫理的な行為は，自然なケアリングが時間的に先行していない限り成立しえないが，自然なケアリングが伴わずとも成立する（品川 2007：p.178）。

ただし，自然なケアリングと倫理的ケアリングとの関係にかんして留意点がある。それは，「ケアリングに基づく倫理はケアする態度の維持に努めるものなので，自然なケアリングに依拠しはするが，それを超えるわけではない」(Noddings 1984：p.80)。つまり，ノディングスは，自然なケアリングは倫理的ケアリングより時間的に先行しており，ケアリングの根本的な感情だとしながらも，両者の間に倫理的な価値や次元の相違を認めない。これは，第一に，現実にケアが必要となる状況では，自然なケアリングか倫理的ケアリングかの違いがさほど重要ではないどころか，実際の場面では両者は区別しがたいことがほとんどだからであり，第二に，ケアの倫理はケア実践に価値を置くがゆえに，その種類や優劣にさほど関心を払わないからであり，第三に，ケアの倫理は，現実のケア経験の積み重ねというケア実践以外のどこか他の次元といった形而上学的あるいは超越的なものを志向することも，ましてや必要とすることもないからだ。

⑵「自然なケアリング」における「自然」とは何か

前述のノディングスの議論には多くの検討を要する点が含まれている。そのなかで注目すべきは，ノディングスは，自然なケアリングの「自然」という言い回しに，次の3つの意味を込めている点だ。第一に，自然なケアリングはケアするひとが自発的に「したい」と思う私たちの素朴な動機からなされるという意味で，「自然」である[13]。第二に，自然なケアリングは，道徳原理やそのような原理からの直接の推論への言及が不必要であるという意味で「自然」である。すなわち，自然なケアリングは原理や規則に代わって，私たちにとって身近な関係や，日常でしばしば見受けられる応答から，道徳性を紡ぎ出す（Noddings 2010：p.38）。第三に，「自然なケアリングは形式的な道徳的思考に先行して存在している」という意味で「自然」だ。すなわち，抽象的な道徳状況や思考実験のなかにではなく，身の回りのそこかしこに，例えば，家族や友人，同僚との関係といった日常生活で経験可能な世界のなかに見出される（Noddings 2010：p.45）。

このような「自然」という表現に込められた①自発性，②理想志向性，③日常性という3つの含意に加えて，ギリガンが「声」というメタファーに込めた意味に目を向けると，「自然」の意味するところがいっそう明確に立ち現れてくる。まず，ギリガン自身が述べるように，「声（voice）」には実際に発せられる声のみならず，「語り方（way of speaking）」あるいは「記述の様式（mode of describing）」という意味が込められている。しかし，'voice' に託された含意はそれだけではない。'voice' からは「声」と同時に文法用語の能動や受動といった「態」といった意味を読み取ることができる（川本 1995：p.245；上野 2002：p.12）。

ここで，ケアとはどの「態」で言い表すのが適切かを検討すると，ケア関係における行為の特徴がいっそう際立つ。ケアにおいて，ケアするひとは能動的にケアされるひとに働きかける一方，ケアされるひとは受動的にケアを受け取るというのが通常の理解だろう。しかし，こうした理解は，独立して自律的な個人という人間理解と，そうした人間が意図をもって行為をなすと

13　管見では，『学校におけるケアの挑戦』（Noddings 1992）においてあらためて確認されたことであり，『ケアリング』（Noddings 1984）以来ノディングスの変わらない立場である。

いう前提があってこそ成り立つ解釈ではないだろうか。だとすれば，この理解では他者依存的で傷つきやすい有限な人間観を採用するケアの倫理の声が帯びる「態」を十全に説明し尽くせていないのではないかという疑問が湧き上がってくる。

では，ケア関係における意志決定は，どのようになされるのだろうか。

5 ケア関係における関係的な意志決定

(1) 「おのずとそうなる」ものとしての意志決定

ここで，能動態と受動態とは異なる「もうひとつの態」としての中動態に目を向ける。中動態は，かつて能動態と対立する位置を占めていた。能動態もまた，中動態との対立から受動態との対立へとその位置が移りゆくにつれて，その意味を変更した。「だとすれば，中動態の定義において最も重要なのは，能動態との対立において，かつ，能動態そのものを再定義しつつ，これを定義すること」(國分 2014：p.101) にほかならない。そのうえで，何かをするかされるかが問題であった能動態と受動態との対立とは異なり，「能動と中動の区別においては，主語が過程の外にあるか内にあるかが問題になる」(國分 2014：p.102)。すなわち，能動／受動の対立は，する／されるの対立であり，意志を強く喚起するのにたいして，能動／中動（外態／内態）の対立では，意志は全く問題にならない。問題になるのは，主語が過程の外にあるか内にあるかという点に過ぎない。したがって，「能動態と中動態を対立させる言語では，意志が前景化しない」(國分 2014：p.105)。

ここで，第4節(1)における自然なケアリングのありようを思い返してみると，少なくとも自然なケアリングの「態」は，能動でもなければ受動でもないという解釈が可能であるように思われてくる。ケアするひととケアされるひととの相互関係を理論の中核に据えるケアの倫理は，自分から能動的にケアをしているのではない。少なくともノディングスにおける自然なケアリングは，他者のニーズに応答したいと思わず知らず取り組み始めた結果，後で振り返ってみれば「おのずとそうなっていた」といったふうに，中動態で立ち現れるものと解釈することが可能ではないだろうか。だとすれば，ギリガンの「もうひとつの態」もまた，「能動態と中動態を対立させる言語」のことと言えるのではないだろうか。

ここで「態」をめぐる両者の関係を考察する手がかりになるのが，別個の規範群からなる正義の倫理（ethic of justice）とケアの倫理との関係だ。主流派をなす現代規範倫理学の潮流のなかでは，権利や原理，普遍化可能性や抽象性，理性や推論，自立や自律といった規範や価値が重視されてきた。ケアの倫理はこうした従来の中心的な規範や価値をその理論的起訴に据える正義の倫理にたいする異議申し立てとして出発し，責任や関係性，個別性や具体性，感情や文脈，他者依存性や傷つきやすさを理論的基礎に据える[14]。

ギリガンは正義の倫理とケアの倫理それぞれの規範を単に対置しただけではない。ギリガンは両者の統合の可能性をも検討する。「これまで一般的に描かれてきた成人の発達と姿を見せ始めた女性の発達とを結婚させることができれば，人間の発達にたいする理解に変化をもたらし，人間の生にたいする見方がより実り豊かなものとなる将来を思い描けるようになる」（Gilligan 1982：p.174）[15]。そして，「二つの様式を設定してみることで，われわれは，女性と男性の生活における分離と愛着の真実を見，これらの真実が，いかに異なる言語と思考の様式によって支えられているのかを認識するような，人間の経験についてのより複雑な解釈にたどりつく」（Gilligan 1982：p.174）。このようにギリガンは正義の倫理とケアの倫理の関係を結婚になぞらえて表現する。結婚の比喩においてギリガンは，2つの倫理がひとりの人間のなかで互いに排除し合うことなく，併存している状態を表現している。ここでは，正義とケアの両者の視点を身につけることこそ真の成熟であって，「すべて

14　トロント（Tronto 1993：chap.3）による正義の倫理とケアの倫理それぞれの規範群の整理のしかたを参考にした。

15　基本的にギリガン（2022）の訳文に従ったが，marriage が「むすびつく（マリアージュ）」と訳出されている点については，「結婚」に置き換えている。

の人が他人から応えてもらえ，受け入れられ，取り残されたり傷つけられる者は誰ひとり存在しない」(Gilligan 1982: p.63) という普遍的な広がりをもつケアの理想が，両者の視点をもって目指される。

これにたいして反転図形の比喩では両者の別の関係のあり方が描き出される。「正義への関心からケアへの関心へと注意の焦点が移ることで，何が道徳的に問題なのかについての定義が変わり，同じ状況が別のしかたでみえてくる」(Gilligan 1995: p.32)。例えば，他者の世話になることは，ケアのパースペクティヴからみると，相手との関係が紡がれている証左として受け止められる一方，正義のパースペクティヴからみると，自律への妨害 (Gilligan 1995: p.44) と映る。正義のパースペクティヴとケアのパースペクティヴは「切り替えることができる」(Gilligan 1995: p.39) として，同一の人間がどちらのパースペクティヴもとりうることが強調される。これらの関係のあり方と重ね合わせると，結婚の比喩を用いるギリガンが「能動／中動」の中の対照を見ていたのにたいして，反転図形の比喩を用いるギリガンは「能動／受動」と「能動／中動」の対照を見ていたと言えるのではないだろうか。

このことは，ケア関係が非選択的な関係であることを問題化させているヒューム研究者のアネット・C・バイアーの議論を援用することで傍証することができる。というのも，「ギリガンのもうひとつの声は潜在的な親の声」(Baier 1987: p.30) であり，親子関係は非選択的に結ばれる偶然的な出会いによって「おのずとそうなる」ものとして記述されているからだ。すなわち，親になる選択性という偶然性は，「みずからがそうなした」というように「能動／受動」の言語で語られるのにたいして，親である非選択性という必然性は，「おのずからそうなった」あるいは「そうなってしまった」というように「能動／中動」の言語で語られている。

このことは思いのほか多くのケア関係に当てはまる。すなわち，ケア関係においてはしばしば，ケアするひとはケアされるひとの差し迫ったニーズに応答するただなかにあるがために，確固たる意志を確かめる間もなくケアをなす一方で，ケアされるひとも明確なニーズの同定をなしえているかどうかにかかわらず，ケアを必要とする。言い換えれば，ケアは往々にして，お互いの明確な同意や自己決定に基づいてなされるわけではなく，まさに「おのずとそうなる」。そのため，ケアの倫理における人間は，確固たる意志から自発的に行為をなすことはめったになく，差し当たり置かれた状況に対応すべく振る舞った結果，「自然」とそうなっていたのである。こうしたことからも，ギリガンの議論に由来するケアの倫理は人間の自然を主題化していると言える。「ケアの倫理にとって，傷つきやすさと生命の失われやすさは人間を成り立たせている自然的な基礎であるがゆえに人間の条件なのであって，克服されるべきものでもなければ克服されうるものでもない。むしろ，人間の自然的な基礎はまさに人間の条件であるがゆえに，ノモスと対立するピュシスではなくて，ノモスによって保護されるべきピュシスなのである」（品川 2013：p.21–22）。

したがって，ケアが完結した後に自身の振る舞いを反省的に顧みて理由づけや評価をなすことはあっても，ケアのただなかにあるときには，正当化はなされていないし，そもそも正当化という推論を差し挟む予知はない。

では，「おのずとそうなる」ものとしてのケア，言い換えれば「もうひとつの態」としてのケアとはどのようなものなのだろうか。

⑵ 「もうひとつの態」としてのケア

前述のとおり，ギリガンが使う‘voice’には，能動／受動の「態」の他に，序論のなかでギリガンが言い換えているように「語り方」あるいは「記述の様式」という意味のみならず，「告発」すなわち，内部変革のために世論を喚起し，影響力を行使しようとする成員の行動の含意を見て取ることもできる。さらに，書名の ‘voice’ には，「声」と同時に，文法用語の受動態・能動態の「態」の含意も込められている。本章ではそうした理解に基づいてケア関係における意志決定の語り方はどのような「態」を帯びているのかについて検討している。「もうひとつの声」が多分野に蔓延る既成概念や従来の枠組みへの異議申し立ての「声」であるならば，ケア関係における「態」とはどのようなものだろうか。

能動態でも受動態でもない「態」に注目した議論は決して新しいものではない（木下 2016）。例えば，ヴァルター・ベンヤミンの言語論や，ハンス・ゲオルク・ガダマーの遊戯論では，'Mediale' という語にたいして，「中動相」という「態」を意識した訳語が採用されている。ベンヤミンは，本質と現象の二元論にたいして言語論において存在の一元論を対置する。しかしこの一元論は，その内部になんの力学も孕んでいないような，のっぺりとした一元論ではない。「言語においては能動性と受動性が一体となって絡み合っており」（＝「中動相的なもの」），それが言語を「純粋な媒質」としている（細見 2009：p.21）。実際，「中動相的なもの」という訳語が当てられている 'das Mediale' には，「霊媒能力」という意味もあり，あたかも優れた霊媒師のように，精神的本質を直接的かつ魔術的に体現しているものこそが言語にほかならないというのがベンヤミンの言語理解だ（細見 2009：p.25）。また，ガダマーは，この，わたしともの，遊び手と遊び相手とのあいだにおのずから生じる，主・客わかちがたい関係，存在様態を，遊びの最も根源的な意味としての「中動相的な意味（der mediale Sinn）」と呼ぶ（西村 1989：p.32–44）。このように，ベンヤミンは言語が受動的であるばかりでない点に，ガダマーはプレイヤーが能動的であるばかりでない点に注目して，それを「中動相的」と表現する。日本でも，木村敏は随所でそれが長井真理に負うアイデアであることを強調しつつ，坂部恵との対話のなかで中動態の問題を次のように指摘する（木村 2009：pp.24–25）。

> 私は日本語というのは意外とその中動相になじむ言葉ではないかと思っているんですよ。「思える」とか「見える」とかいうような言葉ですね。たとえば「見える」というのは「見る」のでも「見られる」のでもなく，「そんなふうに見える」とか中動相的な感じで言いますよね。（中略）「なる」も中動相ですかね。あれを西洋の言葉で言うと，werden とか devenir ですか。それだと「生成」という意味で読みますけれども，ちょっと違いますもんね，日本語の「なる」と「生成」と。

このように，木村は，「みずからがなす」という場合の能動的な主体の様相と「おのずからなる」という場合の，いわば中動態的な主体の様相とを対置する。さらに，竹内整一はこの対照を次のように表現する（竹内 2004：p.3）。

> われわれはしばしば，「今度結婚することになりました」とか「就職することになりました」という言い方をするが，そうした表現には，いかに当人「みずから」の意志や努力で決断・実行したことであっても，それはある「おのずから」の働きでそう“成ったのだ”と受けとめるような受けとめ方があることを示しているだろう。

確かに，私たちには「みずからがそうなした」にもかかわらず，「おのずからそうなった」，あるいは「そうなってしまった」という受けとめ方があるように思える。しかし，こうした場合，当の本人は「みずからそうなした」覚えはなく，いつの間にか「そうなってしまった」のだ。こうした捉え方は，前者が能動／受動の認識枠組みから捉えている一方で，後者の言語は能動／中動の枠組みで捉えるがゆえに生じると理解できる。

⑶　反転図形の比喩から捉える「もうひとつの態」

ここで，ギリガンの話に立ち戻る。というのも，ギリガンも2つのパースペクティヴの関係について論じており，こうした2つの枠組みの並立からは，ギリガンが提示する反転図形の比喩が連想されるからだ。ギリガンは当初，結婚になぞらえていた両者の関係を，後に反転図形の比喩に言い換えている。反転図形とは，ひとつの絵に複数の見え方が存在するものを指し，ジョセフ・ジャストローのアヒル-ウサギのだまし絵がその例だ（図1）。ひとが対象の形を知覚するためには，対象を背景から分離し，ひとつのまとまりとして認識する必要がある。反転図形では，全体の見え方が一転すると，図の各部分の意味もそのつど別様に立ち現れる。すなわち，どの枠組みで捉えるか

図1　アヒル-ウサギの反転図形

によって，その枠組みの中の個々の要素の意味も変容を遂げるのである。

ギリガンは，こうした反転図形と同様の現象が正義の倫理とケアの倫理の間にも生じると主張する。例えば，正義の倫理の枠組みのなかでは公平な態度だと評価される姿勢が，ケアの倫理の枠組みでは個別性への配慮を欠いた杓子定規な態度に映るかもしれない。ケアの倫理の枠組みでは専心や注意深さだと評価される姿勢が，正義の倫理の枠組みでは不公平やえこひいきとしか捉えられないかもしれない。これは，特定の考慮や概念はそれが付置されている枠組みなしには解釈しえないことを意味する。そのため，反転図形の比喩は正義の倫理とケアの倫理それぞれの倫理的基礎が異なることを認めたうえで，どちらのパースペクティヴで捉えるかによって物事の立ち現れ方が変化することを示している。言い換えれば，ギリガンは当初，結婚の比喩において両者を同時並存可能なものとみなしていたが，反転図形の比喩を提示するに至って，両者の併存不可能性を主張している。これについて品川哲彦は次のように評価する（品川 2014：p.163）。

私は結婚よりも反転図形の方が比喩として適切だと考える。ある道徳的な観点をとるということは，事態が別様にみえるということにほかならない。そのことを，この比喩はあざやかに示しているからだ。

この対比は，規範に限らず，語り方においても同様であるように思われてならない。すなわち，能動／受動の言語体系あるいは認識枠組みからみたときと，能動／中動のそれからみたときとでは，別様の語り方や捉え方が現出するのではないだろうか。つづけて，品川は次のように述べている（品川 2014：p.171）。

> 私はそれ〔相反する二つの見方の変換〕が可能な場はひとつの理論ではなく，ひとりの人間の生，ないしは，複数の人間の対話という生活実践ではないかと考えている。後者であるのは，私や私たちの見方と異なる見方は他者や私たちには属さない者からこそ与えられるのかもしれないからであり，前者であるのは，他者との関係を通じて私自身が変容しうるかもしれないからである。

だからこそ，「二つの見方の習得をひとりの人間の徳の涵養というふうには説明しない」（品川 2014：p.173）という結論が示される。ここで「ひとつの理論」ということで想定されているのは，正義対ケア論争の文脈に立ち返ると，コールバーグの道徳性発達理論のことだと理解して差し支えないだろう。したがって，品川の主張は，「ひとつの理論」より，「ひとりの人間」のうちにこそ，私たちの生活実践や他者との関わりからもたらされる広がりを見て取れるというふうに理解することが可能である。

ここで，第 5 節(1)の議論にたいして，コールバーグが次のように述べている箇所に注目する（コールバーグ 1985：p.7）。

> 倫理学では，ムーアによる「自然主義的誤謬」の指摘，すなわち「である」という命題から「べきである」という命題を導出するという誤りの指摘から，五十年間にわたる前述の〔「である」にかんする洞察と「べきである」にかんする洞察の〕分離が始まった。

そのうえで，コールバーグは事実と規範の関係を次のように記述する（コールバーグ 1985：pp.14–15）。

> 「である」と「べきである」の混同は，逆の方向（「べきである」から「である」へ）でなされることが極めて多い。すなわち，文化的に多様であるという事実から，理念上の道徳についての混乱が導かれるかわりに，寛容という相対主義的な考え（倫理的相対主義）が事実についての混乱（文化的相対主義）を導くのである。

ここで，ギリガンの「もうひとつのパースペクティヴ」もコールバーグ自身の見方を補完するものに過ぎないと主張するのは，コールバーグの方こそが，理論はひとつであるべきだという考えに拘泥してしまっているからではないだろうか。そもそも，発達段階を，規範から切り離して記述することは不可能であることは言うまでもない。したがって，結婚の比喩から反転図形の比喩への転換は，ギリガンの「もうひとつのパースペクティヴ」がコールバーグの理論を補完するにとどまるものではない広がりを内に含むことを示唆したものだと理解することができる。

＊　＊　＊

以上の議論を語り方の問題に援用すると，次のように言えるのではないだろうか。「ひとつの理論」より，「ひとりの人間」という場の方が大きな可能性を秘めており，能動／受動という言語体系がひとつの理論にとどまるのにたいして，ひとりの人間のなかであれば，能動／受動の枠組みからみることも，能動／中動の枠組みから表現することも可能だ。これは，自立した合理的な判断能力をもつという人間の側面のみにとどまらず，他者の援助なしに生きることもままならないという人間の依存的な側面にも目を向けるからこそ発見できた視座にほかならない。他方，私たちが日常生活で感じていた「言葉の使い勝手の悪さ」は，能動／受動の枠組みからのみ言語表現をなしていること，そして自立した合理的判断能力をもつという人間理解を前提にしているからこそもたらされる帰結ではないだろうか。そうした「使い勝手の悪さ」の犯人捜しに終始し責任を追及してしまえば，それはもはや能動／受動の認識枠組みにとらわれた本末転倒な事態である。そうした事態に陥らないように十分に配慮しつつ，「言葉のバリアフリー化」のひとつの選択肢として，能動／中動という捉え方に目を向け，その可能性を模索することで，能動／受動の枠組みからこぼれ落ちてしまう語りを掬い取る方途を示唆するのが本章の主意にほかならない。そのため，どちらの捉え方が優位であるという順位づけを行なう意図がないことを付記し，かつ，すべての事態にたいして中動態の語り方を当てはめると，ケアされるひとへの抑圧的な働きかけを助長するという点で，責任追及の言語に陥ること以上の危険性がつきまとうがゆえに，中動態の語り方の導入には慎重さが求められることを強調したうえで，論を終えたい。

参考文献

Baier, A. C. (1987) “The Need of more than Justice,” In : Marsha Hanen and Kai Nielsen (eds.) *Science, Morality and Feminist Theory*, University Calgary Press, pp.18–32.

Gilligan, C. (1982) *In a Different Voice : Psychological Theory and Women’s Development*, Harvard University Press.（川本隆史・山辺恵理子・米典子訳『もうひとつの声で――心理学の理論とケアの倫理』風行社，2022年)

Gilligan, C. (1995) “Moral orientation and moral development,” In : *Justice and Care*, edited by Virginia Held, Westview Press.（小西真理子訳「道徳の方向性と道徳の発達」，『生存学』vol.7, 2014年）

Kittay, E. F. (1999) *Love’s Labor : Essays on women, equality, and dependency*, Routledge.（岡野八代・牟田和恵監訳『愛の労働あるいは依存とケアの正義論』，白澤社，2010年）

Mayeroff, M. (1971) *On Caring*, Harper & Row Publishers.（田村真・向野宣

之訳『ケアの本質――生きることの意味』ゆみる出版，1993年）
Noddings, N.（1984）*Caring: A Feminine Approach to Ethics & Moral Education*, University of California Press.（立山善康他訳『ケアリング――倫理と道徳の教育――女性の観点から』晃洋書房，1997年）
Noddings, N.（1992）*The Challenge to Care in Schools: An Alternative Approach to Education*, Teachers College Press.（佐藤学監訳『学校におけるケアの挑戦――もうひとつの教育を求めて』ゆみる出版，2007年）
Noddings, N.（2010）*The Maternal Factor: Two Paths to Morality*, University of California Press.
Tronto, J. C.（1993）*Moral Boundaries: A Political Argument for an Ethic of Care*, Routledge.
上野千鶴子（2002）『差異の政治学』岩波書店.
川本隆史（1995）『現代倫理学の冒険』創文社.
木下聖三（2016）「もうひとつの態――人間の自然」『常民文化』39号，成城大学常民文化研究会，pp.35-51.
木村敏・坂部恵（2009）『〈かたり〉と〈つくり〉臨床哲学の諸相』，河合文化教育研究所.
熊谷晋一郎・國分功一郎（2017）「対談　来るべき当事者研究～当事者研究の未来と中動態の世界」熊谷晋一郎編『みんなの当事者研究』臨床心理学増刊第９号，金剛出版.
國分功一郎（2014）「中動態の世界――意志と責任の考古学」『精神看護』2014年５月号.
國分功一郎（2017）『中動態の世界――意志と責任の考古学』医学書院.
コールバーグ・ローレンス（1985）「『である』から『べきである』へ」内藤俊史・千田茂博訳・永野重史編『道徳性の発達と教育』新曜社.
コールバーグ・ローレンス（1987）『道徳性の形成――認知発達的アプローチ』永野重史監訳，新曜社.
品川哲彦（2007）『正義と境を接するもの』ナカニシヤ出版.
品川哲彦（2013）「ノモスとピュシスの再考――ケアの倫理による社会契約論批判」『法の理論』32号，成文堂，pp.3-25.

品川哲彦（2014）「〈ケアと正義の反転図形〉と〈ふくらみのある正義〉」『法の理論』33特集《日本国憲法のゆくえ》，成文堂，pp.167–174.
竹内整一（2004）『「おのずから」と「みずから」日本思想の基層』春秋社.
西村清和（1989）『遊びの現象学』勁草書房.
細見和之（2009）『ベンヤミン「言語一般および人間の言語について」を読む——言葉と語りえぬもの』岩波書店.
安井絢子（2023）「第５章　ケアの倫理：〈そのものらしさ〉を受容する倫理」神崎宣次・佐藤靜・寺本剛編『倫理学』昭和堂，pp.70–81.

熊谷晋一郎
安井絢子

当事者研究とケアの倫理
その響き合うところ

本章では，当事者研究 Lab.を主宰する熊谷晋一朗氏と，ケアの倫理を専門とする安井絢子氏が対談形式で，両者の接点，特にその響き合うところを論じる。対談のテーマとして，序章の表1（「主流の枠組み」と「対立する枠組み」の対照表）から，人間とは，他者から分離した存在，自立した存在ではなく，相互依存する存在，他者との関係性に生きる存在であること，および人間活動には「知」のみならず「情」の観点も重要であることを取りあげた。より具体的には，依存，情動，自己の捉え方の3つの観点からお二人に論じていただいた。読者におかれては，両者における「語り」の特徴や，「語り」が果たす役割の共通点や相違点などに気を配りながら読んでいただきたい。

テーマ1：依存

> 「依存しちゃいけない」とよく言われませんか？　「ひとに頼ってはいけないんだよ」とか，「頑張ればできるでしょ」とか……。でも，それって本当でしょうか？

熊谷　私はトイレに行くときやお風呂に入る時とか，洋服を着替える時とか，自分1人ではできないわけです。「できない」というと厳密には正しくなくて，例えば靴下を履くのは２時間かければできるんです。かつての私の介助者が私に言ったんです。

「ご自身でできることは自分でしてください」と。

つまり，２時間かけて靴下を履けと言ったんですね。私はそのときにすごく違和感を感じたわけです。つまりできることは全部自分でやるということを全員に適用するとしたら，おそらく健常者も頑張れば自分の家ぐらい建てられるわけですよね。頑張れば自分の食べるものくらい，お米でも作れるわけですよね。農業もできるはずですよね。だから頑張れば，自分の洋服ぐらい縫えるわけですよね。

だけどそんなことをしていたら，時間がいくらあっても足りないわけです。

何が言いたいかというと，人間はすべてできることをしないんですね。頑張ればできることをしていないというのが，大前提なわけです。なぜ障害者だけが，頑張ればできることを全部しなきゃいけないのか。そういう疑問を持ったのをよく覚えています。

それ以来，私はそういうことを言ってこられたときは，「できるけどしません」と言うようにしているわけです。限られた時間とエネルギーの中で靴下に２時間はかけられない。そこは依存をするんだという，それが自分のライフスタイルなんだと言ったのをよく覚えています。

その意味では，自立とは何か。

障害者の先輩も，自立生活運動というので，私たちが目指す未来は自立のほうだと。

これまでは専門家や家族に支配されてきたので，自立こそが目指すべきだと，先輩からも言われてきたんですけれども，そこでいう「自立」とは，「依存しない」という意味では全然なくて，自分のできないことは，そしてできることでも時間のかかることはひとに頼るのが自立なんだ。

じゃあ，何を頼っちゃいけないかというと，最後の一線は，意志決定。それだけは頼ってはいけない。意志決定権だけは自分で手綱を持ちなさい，持ち続けなさいということを先輩は言ったんですが，その先輩の言ったことも果たして正しいのか，疑問の余地はあると思います。

安井　「自立」と「意志決定」に「疑問の余地はある」とおっしゃったことについて，次のように理解して差し支えないでしょうか。すなわち，他人に頼る，言い換えれば他者依存的なライフスタイルを選択する際に，意志決定だけは決して他人に委ねず，自分で手綱を握ることこそが自立にほかならない。それが，自立生活運動の中でも，目指すべき自立のあり方だと前提されてきた。これは，その前提にたいして「本当にそうなのか？」と揺さぶりをかけてみる試みだと。これまで当たり前のものとみなされてきた自立をめぐる価値観に疑問を投げかける。自立を問い直すことの背後には，そういう問題意識が潜んでいるんだと，そのように理解いたしました。

このことは，意志決定の際に困り事に直面しやすい障害者，特に知的障害や精神障害とされる方々，そうした方々の意志決定支援の現場で起こる困り事に結びつく大切な問題です。それぞれの困り事に直面して戸惑いや苦しみを抱えている具体的な「ひと」の生活，ひいては「ひと」の命を左右しかねない問題ですから，簡単に答えを出すことのできない，出してはいけないものだと思います。遠回りのようですが，当事者研究の成果，そこから見えてきたものを教えていただき，ケアの倫理のそれと重なり合う点を探しながら，少しずつ丁寧に解きほぐしていきたいと思います。

まず，出発点となる前提の共有からはじめさせてください。熊谷先生がご説明くださった自立の捉え方，「自立＝依存しないこと」だという単純な図式では取りこぼしてしまうものがあるということに，私も賛同しております。仕事にせよ家事にせよ，他人にまったく頼ることなく，自分ひとりで仕事のすべて，生活のすべてを回しているひとはいないのではないでしょうか。それは障害の有無とは関連しないはずです。にもかかわらず，障害者だけが過度な「自立」，がんばったら「できる」ことは自分ひとりですべて成し遂げなさいと求められるのは理不尽なことではないかと。

次に，意志決定については非常に悩ましいところではありますが，それに対しても「本当にそうなのか？」と疑いを投げかけてみたいと思います。

先天的な視覚障害者である私が研究発表をする場合を例にとって考えて

みます。私の場合，自分ひとりでは視覚による十分な空間把握はできませんから，その選択が適切な空間把握につながると見込める場合には，介助者の視覚に頼っています。発表のスライドはどういうフォントでどれぐらいの大きさだと見やすいのか，会場にどれぐらいの方がいらっしゃるのか，対談するお相手はどこにおられるか，それを踏まえてどちらを向いて話せばいいのか，事前に情報提供を受けています。このとき私は，介助者のフィルターを通して世界を把握し，どう振る舞うべきかを判断しています。つまり，状況の把握についてはほぼ介助者に依存したうえで，状況の評価や判断については，私の捉え方と介助者の捉え方が混ざり合います。

さらに，私は先天的な視覚障害者ですから，ひとの顔でも物でも，きちんと見えたことがありません。自分ひとりで空間把握して判断した経験もほぼゼロに近いんです。とはいえ，聴覚や触覚から直接得られる情報や，これまで情報提供してもらってきた中で培ってきた空間的な知識はあります。そうした感覚や記憶を踏まえて，「このときにはこうしたほうがうまくいく」と判断することはがんばったら「できる」のですが，かなりの時間とエネルギーを使わない限り，自分ひとりでは「できない」。すると，他人に頼って，つまり，他人の知識と経験に基づくフィルターを通して状況を判断し，意志決定するほうが，短時間で適切な対応が見込みうるわけです。

先ほど，熊谷先生が2時間かけて靴下をはくことは「できる」けれども，限られた時間とエネルギーの中で靴下に2時間かけることは「できない」，そこは他人に頼るライフスタイルを選択するんだとおっしゃいました。このことを私の研究発表の例に当てはめてみます。

発表内容，対談するお相手や会場の皆さんに対する振る舞い方の最終判断は手放さない，そこは自分で手綱を握る。けれども，最終決定に至るまでの情報提供，会場のレイアウトといった単なる事実に関する情報取得はもちろん，学会や研究会における一般的な振る舞い方の情報提供も含めて，普段から視覚からの情報が得られないがために判断しづらい点は，介助者のこれまでの知識や経験にも頼りつつ判断する。移動についても，発表や質疑応答に集中できるように，介助者に頼る。

今日は，私自身ですべてお話しさせていただいていますが，私の場合，学会や研究会の発表の際には基本的に，発表原稿の読み上げは代読者に頼っています。特に読み上げについては「(がんばったら）できることはご自身でなさっては？」とご指摘いただいたことも幾度かあります。自分の声で発信する意義を感じる場合は，がんばって自分で語ることを選択する場合もあります。より丁寧に議論や表現をご検討いただきたい場合，可能な限り間違えずに読み上げないといけないわけですが，限られた時間の中でそれを成し遂げるためには，多大な時間とエネルギーが必要となります。

この対談の前に，ケアの倫理と中動態についてお話しさせていただきましたが，あの10分程度の内容でさえ，細かい表現を間違えることなくスムーズにお伝えするために，数日は練習を重ねました。学会の発表時間や求められるスタイルは，分野ごとに違いますけれども，発表時間を30分と想定すると，私が他人に頼らず自分ひとりで発表するとなると，少なくとも二週間は読み上げ練習に時間を割かなければならないことになります。加えて，移動手段の確認も入念に行なう必要がありますし，私はパソコンの読み上げ機能を使って本や論文にアクセスしていますから，発表内容を練り上げるための情報アクセスにもまた別の労力を費やす必要があります。日々の生活を送りながら，これらの作業すべてに自分ひとりで取り組むとなると，さらに準備に時間がかかります。

学会発表で重要なのが発表形式ではなく発表内容であり，その吟味に時間を割くことだとすれば，少なくとも私はそう考えているのですが，研究において何を大切にするかに応じて，研究スタイルの選択，意志決定をなしていると言えるかもしれません。

もちろん，分野や得意とする能力に応じて選択肢は変わりますから，私のやり方が視覚障害者の方全員にとって「正しい」というわけではないことは申し添えておきたく思います。視覚障害者と一口にいっても，点字に熟達しているひともいれば，音声を中心にした情報取得を得意とするひともいたりと，そのひとの見え方や，先天的か中途障害か，それまで受けてきた教育がどういったものかなどによって，情報取得のしかたはさまざまです。すると，一概に「これが正しいやり方だ」と決めつけることはできませんし，そうしてはいけないものではないでしょうか。

意志決定でも，同じことが言えるかもしれません。視覚障害者は，情報取得をめぐる困り事，移動をめぐる困り事に直面しがちです。特に情報取得の際には，介助者のこれまでの知識や経験，場合によっては意志が入り込まざるを得ません。困り事に直面して「こうする」と明確な意志決定をするというよりは，主に視覚を使って情報取得してきた介助者の枠組みと，聴覚や触覚から情報取得している私の枠組みを突き合わせて，「ああでもないこうでもない」と差し当たっての対応を模索する中で，おのずと意志が立ち現れてくることのほうが多い印象をもっています。

そのように考えてみると，手放してはいけない意志決定権はすべての選択に及ぶのか。意志決定の際にも，手放しても自分にとって支障のない判断は他人に頼る，サポートを受けることがひとつの有力な選択肢となる場合が，思いのほか多いのではないかと思えてきます。このようなことは当事者研究の中でもみられるのでしょうか。

熊谷　当事者研究の中でも10年くらい前からでしょうか，哲学者の國分功一郎さんというかたがいらっしゃって，当事者研究にかねてより，とても関心を持っていた哲学者です。

彼は私からみると当事者研究的な哲学を展開している稀有な学者だと思うんですけれども，彼が中動態と，当事者研究というものを関連付けるような対談集――私との対談集を出版しています[1]。その中で，当事者研究で語られてきたことが，中動態という言葉で翻訳できる部分がたくさんあると感じました。

國分さんは『中動態の世界』という本を書いたとき，そのプロローグで（依存症当事者の）上岡陽江さんとの対談[2]を載せているんですね。依存症

1　熊谷晋一郎責任編集『みんなの当事者研究』（金剛出版2017）pp.12-34
2　國分功一郎『中動態の世界――意志と責任の考古学』（医学書院2017）pp.4-6。また本書第II部に上岡氏によるコラムがあるので，そちらも参照されたい。

というのは本当に不思議な現象でして，「自分の意志で自分の行為をコントロールしなきゃいけない」という近代的な考え方が，依存症の産みの親だと。「つまり能動的になれ」という命令が，依存症を必然的に引き起こす，なぜなら……と，そういう問いを立てて，その本でそれを論じているわけです。

限られた時間ではとても論じきれませんけども，簡単に言えば，人間はそういう仕様になっていない。自分で自分をコントロールできるような仕様にはなっていない。仕様になっていないのに，それをしようとするので，何か，不都合が生じるわけです。その不都合の現れ方の一つが依存症だと。簡単に言うと結論だと思います。

よくよく点検してみると，私たちは毎日それほど意志決定を行っていないんですよね。例えば，このあと，ご飯に何を食べようかと思ったとき，「よし！」って言って意志の決断はしていない。なんとなく食べているわけです。ほとんどの行為は「なんとなく」行っている。まれに無から有を生み出すような意志決定をするときもありますが，ほとんどは習慣だったり，あるいは目の前にあるから。あるいは自分の胃袋がそれを求めたから。これも，意志と言うよりは身体に促されてと言う受動的なものですよね。なので，身体の声か，環境の声か，過去の声か，この3つの支配下にほとんどあるのではないか。全然そこには意志というものが介在する余地がないじゃないか。そんなことを論じた本があります。

当事者研究の中でもそういったことは，特に依存症の当事者研究ですとか，あるいは綾屋紗月さん[3]の「発達障害当事者研究」のなかで，アフォーダンスという言葉をつかった，自分の行為が生み出される解像度の高い記述があって，そこには意志というものはほとんど登場してこないわけですね。

なので，ほとんどの皆さんも自己点検するとわかると思いますが，自分で行為を決定するときに，自分で意志決定しているだろうか。健常者も含

3　本書第Ⅱ部3章に綾屋氏によるコラムがあるので，そちらも参照されたい。

めて。そういうちょっとしたときに，先ほどの靴下と同じですが，なぜ障害者だけに，そんなたいそうな意志決定を求めるのか。そういうところが浮かび上がってくるところかなと思っています。

障害者は，「物的」環境に依存できないひと（なぜなら物的環境は健常者向けにデザインされているから）と言えます。一方，依存症当事者は，「人的」環境に依存できないひと（なぜなら身近な他者への信頼が失われているから）です。とすると，「ケアされる」こと，依存することは決して受け身の関係ではない，むしろ自由に生きることなのだと思います。自立とは多くの依存先をもつことであり，「依存」は決して「自立の対義語」ではないのではないでしょうか。

例をあげましょう。震災のとき，私は逃げ遅れました。というのも私の場合，使えるのはエレベーターだけだからです（ほかのひとは階段も使えました）。エレベーターが停まると私は移動できない。そのように，マイノリティは依存先の数が限られます。「依存先がたくさんあって，ひとつひとつの依存先に振り回されずに選択肢がある」が「自立」の必要条件ということになります。自立の必要条件として「支配されない」「選択できる」の二つが大事です。

人的な環境の場合も同様でしょう。「虐待」は「依存症」のリスク要因だと知られていますが，虐待を経験すると「困ったときに身近なひとに依存してはいけない」と学習することになります。すると，残る依存先は，物質か，自分か，物象化された他者か，３択に陥ります。「自分自身に依存する」とは，「能力主義に陥る」「強迫的に努力し続ける」ということです。

「物質，自分，物象化された他者に依存すること」が治療ターゲットではありません。それは原因ではなく結果にすぎない。根本にある原因は「身近なひとに依存できないこと」と考え身近なひとへの依存を練習する自助グループがたちあげられて，成果をあげてきました。

安井　「身近なひとに依存できないこと」が依存症を引き起こす要因のひとつになりうるということ，興味深く伺いました。倫理学でも「依存ではなく自立することが善い」という価値観が根強く存在しています。そんな既存の価値観の中で，依存をひとつの人間のありようとして受け止め，自立を捉え直す当事者研究のアイデアは「ケアの倫理」の発想とも響き合います。

発達心理学者キャロル・ギリガンは，道徳性の発達段階をめぐる論争，つまり，善悪の捉え方がどのように変容を遂げていくかをめぐる論争から，「ケアの倫理」を提唱しました。その論争の争点のひとつが，既存の発達モデルが本当に正しいかどうかです。従来の発達モデルでは，「保護者から分離して自立すること」，その過程で物事を抽象化して普遍的に考える能力を身につけていくことが，道徳的成熟であり，目指すべき発達の道筋だと前提されてきました。これに対して，保護者との「結びつき」に依拠した道徳的成熟の方向性，他人と関係し，つながりを紡ぎ出すことから至りうる発達の道筋があるのではないか，他人に頼り，他人との結びつきを大切にすることにも，従来の自立を，あるべき道徳的成熟と前提する発達モデルにも勝るとも劣らない価値があるのではないかとギリガンは問いかけます。けれども，原理ベースの〈正義の倫理〉と関係ベースの〈ケアの倫理〉では，前者が道徳的により優れているという価値の序列づけは，当たり前の前提とみなされてきました。

こうした前提と，当事者研究のひとつの成果としての，依存症の当事者研究を照らし合わせることで，浮き彫りになるものについて考えさせていただきたいと思います。「身近なひとに依存できないこと」，困り事に直面しても，身近なひとに依存できない，してはいけないという価値観を学習したひと，そうせざるを得ない状況に置かれたひとが依存症になりやすいとご指摘いただきました。

他人への依存ができない／してはいけないと学習し，その価値を内面化するのは，自立を道徳的に優れたものと位置づける，従来の価値観の後押しが少なからずあるのではないでしょうか。「能力主義に陥る」「強迫的に努力し続ける」，つまり能力主義や競争社会が求める「自立」した人間像を目指せば目指すほど，依存できなくなる。他人に頼る方法，どうやって他人に依存したらいいのかがわからなくなる。ところが，「人間は自分で自分をコントロールできるような仕様にはなっていない」。にもかかわらず，無理矢理そうしようとしてしまうと，「何か，不都合が生じる」。依存症は，その不都合の現れのひとつだと捉えることができる。

だからこそ，「自立と依存は対立語」と安易に言いきれないのではないでしょうか。

すると，たくさんの依存先があるという意味での自立，言い換えれば，依存のあり方についてももっと積極的に検討される必要が生じてくるように思います。

フェミニスト哲学者のエバ・キテイは依存には２つあると言います。不可避の依存と二次的依存です。

私たちは誰でも，子どものときには保護者の世話を，病気になれば看護を必要とします。障害や老いに伴い，困り事にそれ以前より直面しやすくなった場合には，介助や介護を必要とします。このように，誰もが多かれ少なかれ，人生の中で経験するのが「不可避の依存」です。これはいつでもどこでも誰にとっても訪れる生の事実で，そこには善いも悪いもないとキテイは考えています。

これに対して「二次的依存」は，「不可避の依存」から派生したものです。他人に依存することなしには生きることもままならない「依存者」の世話をする仕事に従事する〈ケアワーカー〉が陥りがちな依存状態が「二次的依存」です。ケアワーカーは，依存者のケアに力と時間を割かざるを得ません。ケアをやめてしまうことは文字通り，依存者の命に関わるから，おいそれとケアを放り出すわけにはいかない。ですが，そんな大切な仕事にもかかわらず，育児でも介護でも，ケアワークは低賃金労働だったり，家庭内では無給で担われていることがほとんどです。すると，依存者をケアするケアワーカーは，自分とは別の稼ぎ手に経済的に依存しないことには，依存者のケアをつづけることもままならなくなる。依存者のケアを継続するために，ケアワーカーも依存状態に陥る。これが「二次的依存」です。

熊谷先生は，「自立とは多くの依存先をもつこと」と定義しておられます。依存先がたくさんあることを自立のひとつの形と考える場合，依存者が陥る依存状態はもちろん，そこから派生するケアワーカーの依存状態にも目を向ける必要があるように思われます。ケアは，ケアするひととケアされるひとがいて，はじめて成立する営みですから，依存について考える際にも，両者の視点からの捉え返しは不可欠です。そうしなければ，「ひとつひとつの依存先に振り回されずに選択肢がある」自立の達成が遠のいてしまいかねないのではないでしょうか。

熊谷　つけ加えますと，「依存がたくさんある」ことは必要条件であって，十分条件ではありません。選択先がたくさんあっても，必ずしも「選択できる」ことを意味しないからです。自己決定，選びとるとはどういうことか，選びとっていると言えるのだろうか，と考えないといけません。すなわち，「意識的に選びとっているものがあるか」「そんなにないのではないか」ということです。

介助者には2通りあります。指示されたことのみする介助者とそうでない介助者。前者の場合，「そこまで指示しないといけないの」という気になります。例えば，お風呂に入っているときに「どの指から洗いますか？」と聞かれる。おそらく多くのみなさんは，お風呂に入るときに体のどこから洗うか意志決定などしていないでしょう。習慣的に選択しているでしょう。大まかなことだけ，決めたいですね。

個人差もあります。ALS　の友人の場合です。（発言する場合）文字を選んで読み上げさせますから，時間がかかります。そこで，スピードが必要な会議では，発言のタイミングのみ指示するのだそうです。そして介助者が（意を汲んで）しゃべりあげます。だからその友人の自己決定は「いつ発言するか」「介助者として誰を選ぶか」の二つになります。あらゆる行為には抽象度に基づく階層的な入れ子構造があります。ある抽象度よりも高いレベルは意志決定をしたいけれどもそれ以下のレベルでは自動化してほしい。どこがその境界ラインなのかがひとによって違うことが重要です。

テーマ２：情動

> 学問に「情」は不要，と思いこんでいませんか？　学問は客観的な「知」の世界，そこに主観的な「情」は邪魔である，と。でもそれは嘘。頭は「情」を完全にコントロールできるとは限らないですし，「情」に動かされて「知」の活動が始まることも多々あるのです。

熊谷　このこと，共感します。「何か，わかった」「何か，わかりそう」というフィーリング，「知」を巡る情動，気分，感じは，おまけではなくて，「知」のエンジンではないか，と思います。最近はこうした認知，フィーリングという領域に関心をもって研究を始めています。

なぜかといいますと，当事者研究の中で，「火花が散るような発見の瞬間」を経験することがあるのですが，その瞬間，単に知識が増えただけでなく，自分の人生が変わっていくような大きな変化がおきるのです。というあたりが，当事者研究の大事な場所ではないか。

國分功一郎さんが，こう言っておられます。「真理は生き方が変わることを意味する」と。当事者研究の「発見」もそれに似ています。

当事者研究が，他の研究と同じか違うかはちょっとわかりませんが，自分自身のことを研究したり，自分の人生を研究するので，そこで，何らかの他の研究と同じで，発見があるとそれが直接明日からの生き方に影響を及ぼすわけです。

「そうか，こういうふうにものを捉えればよかったのか」とか，「こういうふうに行動を変えたら良かったのか」，あるいは「こういうふうに周りの環境を変えればよかったのか」とか発見を伴うわけですが，そのときには単に頭で知識が増えたというイメージよりも，自分自身が変化していく，それこそワクワク感だったり，パッと霧が晴れるような感覚であったり，昂ぶる感覚であったり，開ける感覚だったり……。なんて言うんでしょう，フィーリング的な言葉を当てはめたくなるような，そういう瞬間だなと思います。それが1つ。

もう1つは，自分の内臓の感じ方。胃袋の感じ方とか心臓の感じ方とか，皮膚の内側の探求ですね。当事者の中で，そこが結構トピックになります。

これは，感情っていうこととすごく関連している。うっかり感情を簡単に表現していたけど，もうちょっと細かに見ていこうということ。細かく見ていくと，内臓のあちこちがどういう状態になっているのかな？　ということが，当事者研究のテーマになることも少なくないかと思いますので，感情だけ切り離すっていうのは，あまり当事者研究ではピンとこないかもしれないですね。当然，感情や，もっと精密に言えば内臓の感覚も研究対象になりますよねというような印象を持っております。

安井　「知」を巡る情動，気分，感じは，「おまけ」ではなくて，「知」のエンジンなのではないかというお話を伺って，18世紀スコットランドの道徳感情説が思い起こされました。倫理学では，道徳は理性と感情のどちらに由来しているのかという問題が，長年にわたって議論し続けられてきました。つまり「約束を守るべきである」や「ひとに親切にすべきである」というふうな道徳判断は，理性に導かれるものなのか，感情に由来するのか。一般的には，理性に重きを置いた説明のしかたが主流です。

感情はどうしてもひとによって揺れがありますから，すべてのひとが共有できる普遍的な道徳の基礎を提供する安定した土台としてはふさわしくないとみなされて，理論の土台になりにくいのです。ですが，知の探求にあたって，理性ももちろん重要ですが，感情が司る部分，情動，気分，感じの果たす役割も思いのほか重要なのではないかと思っております。

スコットランドの哲学者デイヴィッド・ヒュームは，道徳は感情，特に他人に共感することからはじまると説明します。ヒュームによれば，「こうしたい」という感情が目的を設定し，「こうしたい」という目的を達成するための，事務作業を担うのが理性です。ヒュームは理性奴隷説，「理性は情念の奴隷であって，かつ奴隷であるべきだ」と主張します。目的を設定するのはあくまでも感情であり，理性はそれをかなえるために立ち働く手段に過ぎないと，感情の重要性を強調するわけです。

例えば，困っているひとを見かけたら，通常，「私も似たようなことで困ったことがあるから，その気持ちはよくわかるな」というふうに，困り事を抱えているひとの気持ちに共感し，「助けになりたい」という感情がわき上がってきます。すぐに駆けつけて困り事の解決に取り組みたい，何か手助けしたいと。このとき「助けになりたい」という目的を設定するのは感情ですが，「助けになるには具体的に何が必要かな？」，「どうしたら相手の迷惑にならずに力になれるかな？」，「どういった声がけ，手助けのしかたが適切なのかな？」というふうに，目的達成に資する具体的な方法を割り出し，スムーズに進める段取りや，各種の調整の役割を担うのが理性です。

ケアの倫理もこうした道徳感情説の系譜に位置づけて説明されます。ケアを必要としているひとを見かけたら，何かよほどの事情がない限り，相手の困り事，気持ちに共感し，手を差し伸べたい，ケアしたいという感情がわき上がってくる。それが道徳の源泉だとケアの倫理はいうのです。さらに言えば，ケアをしたりケアをされたりといった感情のやり取りをする中で，他者から影響を受けたり影響を与えたりしながら，関係の中で「私」は変容していく。

しかも，この「私」は理性をもつからという理由で特権的な地位を与えられているわけではなくて，いつ生命が失われるかもわからない，弱く，傷つきやすく，他人に依存しなければ生きることもままならない生き物です。そういう意味で，当事者研究が内臓の感覚に注目するとおっしゃる点について，ケアの倫理も共有できるところがあります。

生き物としての人間を直視するところからケアの倫理は出発します。生き物である以上，身体的な制約はつきものです。その中には内臓の感覚も含まれるはずです。私たちには逃れられない身体性があり，そうした生き物としての人間，人間の自然を直視する姿勢に，当事者研究とケアの倫理の重なり合いを感じます。

また，当事者研究で自己を研究する，掘り下げていく中で「自身が変化していく」とおっしゃるのは，自分自身にも，ひとりの他者として向き合うからこそ，もたらされる変化なのではないかと思いながら伺っておりました。ケアの倫理も自己のケアを重視しますが，重点的に論じられるのは，やはり他人にたいするケアです。この点は当事者研究に豊富な蓄積があるところではないでしょうか。

熊谷　べてる（浦河べてるの家，第Ⅱ部第6章）で「当事者研究をして何が変わったか」というインタビューをしています。一般の人々の約10%に幻聴があり，でも困っているのはその中のほんの一部だけ，残りの多くの人々は幻聴とうまく共存している，という結果が出ています。昔だと，「幻聴あります」というと，すぐに薬を処方されたり，入院となりましたが，今は，「幻聴で困ってますか？」という流れになっている。

そこで，こんな仮説をたててみました。

仮説：「社会規範」はみながもっている幻聴である。

「規範」はもともと他者の声なのに，いつのまにかその声が自分の声になってしまうことで，規範になる。幻聴が聞こえるひとは，むしろ他者の声のまま置いておけるひとなのかもしれません。「幻聴との仲が悪いひと」は「実際の他者関係に苦しんでいるひと」という傾向も報告されていますが，当事者研究では実際の他者関係が平和的になることで幻聴との関係も良好になることが珍しくありません。このことは自分が持つ規範にがんじがらめに支配されストレスを感じている人々がどのように規範との新しい関係を再構築するかに対してヒントを与えてくれると思います。

テーマ3：自己の捉え方

最後のテーマは，「等身大の自分」「かけがえのない私」です。ちょっと難しいですが，学問創成を考えるうえで避けて通れないテーマです。ここでも当事者研究とケアの倫理とが響き合う場面が多く現れます。

安井　日常生活を送る中で私たちは，否応なく多くの意志決定に迫られます。そのとき自分の意志で選択し決定すること，自己決定が求められがちです。「決定」については第一のテーマ「依存」について取り上げた際にすでに検討しました。ここでは「自己決定」の自己に照準を合わせて問い直していくことになるのだと思います。

自己とは何かという問題ですが，教育学者ネル・ノディングスは，自己とは，「習慣的自己」と，「倫理的自己」（自分の人生にかかわる決定を行う自己）からなると説明します。

習慣的自己は人生の重大な選択に係わらない，日常のルーティンを半ば無意識にこなす自己です。朝，知人に出くわせば挨拶をするというふうな，日々の習慣の中で身につけた振る舞いを行う自己です。

一方で倫理的自己は，「こうありたい自己」のヴィジョンをめぐる選択に迫られたときに現れます。職場に向かっているときに倒れているひとを見かけたとき私はどうすべきか。相互にケアし，他人とのつながりを紡ぎ維持することに可能な限り精励する私でありたいなら，私は倒れているひとのもとにすぐさま駆け寄り，応急処置をするなり救急車を呼ばなければなりません。そうしなければ，「こうありたい自己」，ケアの倫理でいうと「自他をバランスよくケアする自己」のヴィジョンは毀損されてしまいます。こうしたケアの倫理における自己の捉え方では，確固として揺らぐことのない「真の自己」というようなものはなくて，まわりのひとや環境との関係で自己は生成され変容を遂げていきます。

当事者研究でも，「等身大の自分」という表現をしておられますね。ケアの倫理でも等身大の自分，ひとでも動植物でも物でも「それらしくなること」を重視します。ひとに当てはめると，「自分らしさ」ということになります。ただし，このとき「らしさ」という表現は誤解されやすい点に注意が必要です。「男らしさ」，「女らしさ」，「障害者らしさ」というふうに，何らかの属性に結びつけられた「……らしくある」という要請ではないところに注意する必要があります。

熊谷　誤解されやすい，とおっしゃったのは当事者研究でも同じです。「等身大の自分」といっても，「型にはめこんだ自分」ではありません。

1970年代の障害者運動は，わかりやすい障害をもっていたひとが運動の中心でした。彼らにとって，自分の体が平均でないことは自明であり，「障害がある」ことを疑われないひとたちでした。だから，自分の体のメカニズムを探求する必要はなかった。そこで，当事者研究よりも当事者運動が盛んでした。

しかし，そのあとにやってきた精神障害者や発達障害者などの自分の特徴が明確でなく障害があることすら疑われやすい人々の場合，自分たちのからだや経験の規則性をまず明らかにある必要がありました。専門家がカテゴリカルに記述する専門知をもってしても記述しきれない等身大の自分を，当事者の視点から記述し直し，それに基づく新たな価値観の再構築をするという作業が，運動に先だって必要だった。こうした事情が当事者研究において等身大の自分と言う言葉が使われる背景にあります。

安井　そのお話も，ケアの倫理にとって学ぶところが多く含まれているように伺いました。「等身大の自分」を探究することで，社会の中にある明確なバリア，熊谷先生が移動するにあたってエレベーターが必要だから設置してバリアを解消しようというふうに，困り事の有り所がわかりやすい説明のしかたからは取りこぼされてきたところにも光が当てられることで，自分の特徴やその記述のしかたが発見され，ひいては新たな価値が再構築されるかもしれない。

障害者に固有の「らしさ」があるというふうな，本質主義の主張に結びつくわけではありませんが，それでも，すべてのバリアが社会によってつくり上げられたものかどうかについてはいったん保留し，自分の困り事に向き合い解きほぐしていくところからはじめる。社会や文化がつくり上げたものとは別に，私の核をなす何か，私の生をとりまとめている何かの中に困り事の根源があるのではないかと問いつづける。自己を探究するなかで，困り事の根源が社会の中に発見される場合もあれば，自分の中や，他の別のところに見出される場合もあるかもしれない。その視座から捉え直すことで，自分が大切にしているものを手放さずに，自分の特性に合う意志決定をするにはどうしたらいいのかについて，自分なりの対処法に徐々に思い至る。すると，等身大の自分にちょうどいいライフスタイルの選択ができるようになってくる。もしかしたら選択の幅が広がることもあるかもしれない。こうしたことが，目が見えない／見えにくいだとか，耳が聞こえない／聞こえにくいといった共有しやすい身体的な属性から出発した当事者運動が登場した後に，「自分の特徴が明確でなく障害があることすら疑われやすい」精神障害者や発達障害者などとされるひとびとが牽引してきた当事者研究によってもたらされたという移りゆきも，示唆的に感じられます。

一方で，身体的に共有しやすい属性があるからといって，私の核をなす何かを発見できないわけではありません。それどころか，自己の探究，当事者研究は障害の有無にかかわりなく，すべての困り事を抱えるひとに開かれていると言って差し支えないように思われます。当事者研究は，困り事を抱えるすべてのひとに新たな価値の発見や，これまで気づかなかった新たな自己との出会いをもたらしてくれるかもしれないという印象をもちました。

当事者研究の起点となる困り事は一般的に，社会の周縁に追いやられることの多いマイノリティが抱えがちです。ケアの倫理は，マイノリティの中でも女性に関わりの深い倫理的立場です。1960年代に盛り上がりをみせた第二波フェミニズムでは，「個人的なことは政治的なこと」というスローガンのもと，個人的な困り事を突き詰めていくと，実はその困り事は社会がつくり上げたもので，政治的な問題に行きつく。フェミニズム運動は，そうした不当な抑圧に抵抗し，社会の中で抑圧されていた女性を解放することを目標に掲げて展開を遂げていきました。

その後，1980年代にケアの倫理が提唱され，他者依存性や関係性，文脈への細やかな目配りを重視するケアのあり方に肯定的な評価が与えられました。反面，ケアが「女性らしさ」と結びつけて捉えられることで，女性はケアにたけているからケアワークは女性が担うにふさわしいというふうな，本質主義に陥ることの危険性が，フェミニストを中心に懸念されつづけてきました。女性にたいする抑圧に抵抗するフェミニストにとって，女性はケア能力に優れている，だから女性こそがケアを担うにふさわしいと決めつけられ，ケアワークが女性の仕事として押しつけられ，その結果として女性が「ケアすべき」という規範にがんじがらめにされてしまうことへの警戒感が根強かった。こうした指摘はもっともな懸念で，それ自体に異論はありません。

一方で，ケアの声は母親や女性が主として担ってきた日々のケアの営みの中に発見されたものであることもまた事実です。ケアの声が当初，女性の声の中に見出されたのは，歴史的にケアワークが女性に押しつけられてきたことに原因を求めることができるのは確かです。ですが，本当にそれだけで説明し尽くせるのでしょうか。男性／女性という身体的に共有しやすい属性の問い直しが進みつつある中で，ケアの倫理も当事者研究の移りゆきから学ぶべきことが多いように感じました。つまり，ケアが「女性の声」，「女性らしさ」，「母親らしさ」というふうに女性や母親と結びつけて語られてきた当初の意図，それは象徴的に用いた表現に過ぎないとケアの倫理は抗弁しますが，「本当にそうなのか？」。そうした視点からケアの倫理を捉え直す方向性をとる必要があるように思われてなりません。

当事者運動と当事者研究の２つの道から「障害」にアプローチすることで，社会がつくり出した困り事にとどまらず，自己の核となるものを探究する方向性をもとっておられることは，ケアの倫理にとって学ぶべきものが多く含まれているように伺いました。当事者の声，そこに内包された思いや困り事，その個別の経験から紡ぎ出される語りを探究の起点とする，当事者研究とケアの倫理が，相互触発し，互いの成果を共有し合いながら展開していく可能性を大いに感じさせていただけました。

当事者による語りと学問創成の可能性

社会モデル

社会全体が関わっています。

イントロダクション

本書は，当事者研究とケアの倫理を理論的な拠り所に，新しい学問創成のあり方を探究する試みと位置づけることができる。このような書き方をすると，あたかも当事者研究やケアの倫理の理論こそが，当事者の語りやケア実践の導き手であるような印象を与えてしまうかもしれないが，むしろその逆である。当事者研究とケアの倫理は成り立ちを異にしながらも，いずれも当事者の体験から紡がれる語りやケア実践のなかの声，すっきりとまとまらない「語り」，叫びや沈黙，声にならない「声」を導き手としている。本書の第Ⅱ部では，第Ⅰ部の理論を牽引し更新するものとして，障害・依存症・難病についての当事者の語りを取り上げ，これを本書の核心とする。当事者研究とケアの倫理は本書の理論的支柱でありながらも，実際の当事者の生や日常のケアと常に影響し合い，実践に触発され更新されている。このような理解は，「学問を大学人など一部の人のみが関わる崇高なものとしてではなく，誰にも身近なものとして捉えていきたい」（本書序文より）という本書のねらいにも沿うものである。

本書の目標は，第Ⅱ部の７つの章に結実している。そこからは「私たちの生（命，生活，人生）から生まれ，私たちの生を豊かにしてくれるもの」（本書序文より）としての学問につながる知恵や実践，新しい学問創生につながるヒントを窺い知ることができる。各章の執筆者は，2022年に開催されたバリアフリーフォーラムに関わった方々から構成されている。当日のブース展示からは，「当事者の語り」について，当事者と非当事者それぞれの視点から描き出していただいている。

重光喬之（第１章）は，20代で脳脊髄液減少症という難病を発症して以来，終わりの見えない痛みがもたらす「物事を直に感じることができず，私と何かの間にはいつも痛みのフィルターが挟まっている感じ」のなかで，痛みを抱えながら生き抜くための試行錯誤の日々を送っている。当初は，周囲に心配をかけまいと，「何ともないように振る舞う術を自然と身につけ」るという受動的，ともすれば自己犠牲的な痛みとの付き合い方に徹していたが，「痛みの可視化」「生活リズムや就労パターンの可視化」，そして痛みと共に生きる際の３つの心がけという，独自の工夫を生活に取り入れ，徐々に痛みと向き合い，行きつ戻りつを繰り返しながらも，痛みとの付き合い方を模索しつづけるようになっていく。「痛みを我慢しながら働くことは，呼吸を止めながら働いているような感覚」と表現し，そのなかでもなお仕事を通じてもたらされるものを問い直し，自身にとっての仕事の意義を発見し，その知恵を発信しつづける。そこには，「障害の肯定」，「障害は個性」,「障害の克服」といった月並みな言葉では言り尽くせない，痛みがただそこにあることに苛立ち，戸惑い，あきらめたり折り合いをつけようとする，ごくありふれたひとりの「ひと」の生活が淡々と，しかし個別の体験に裏打ちされた，かけがえのなさを内に秘めつつ記述されている。重光の語りには，多かれ少なかれ「痛み」を抱えて生きるひとにとって示唆的な，ひとつの処方箋が示されている。その生活実践から痛みと共に生き抜いていくヒントを受け取る読者もおられるかもしれない。

「障害」者のリアルを語り合う京大ゼミ（以下,「京大リアルゼミ」）を取り上げる第2章の著者は，第Ⅱ部の執筆者のなかで唯一の非当事者である（「京大リアルゼミ」の運営には，当事者も多く参加している)。フォーラムでのブース展示のポスター発表や座談会，その際の様子，京大リアルゼミの活動とそのなかで直面する素朴な疑問や違和感，人との関わり方や学問への考え方の変化が,「楽しさ」をキーワードに非当事者視点から述べられている。座談会では,「障害とは何か？」と「障害をポジティブに捉えるには？」という2つのテーマを設定し,社会で「タブー」とされていることに踏み込むことを恐れずに話し合ったなかで,問いが問いを生む生き生きとしたやり取りが描き出されている。読者は，魅力溢れる，けれども表層的な「楽しさ」だけではなく深みのある座談会の議論や活動,何より障害者と直接接することで得られる学びの「楽しさ」に，いつの間にか誘われ参加したくなるだろう。

フォーラムの真価は当日のブース展示にとどまらない。フォーラム当日に生まれた交流から新しいアイデアが生まれたことはもちろん，第Ⅲ部で詳しく述べられるとおり，フォーラムの準備段階，審査委員会，そして当日の関わりのなかから生まれた新しいつながりからも多くの刺激や豊かな示唆，有意義な発見がもたらされた。そうしたフォーラムに関わり参加された当事者にも，フォーラムのテーマに関連した章を執筆していただいた。

綾屋紗月（第3章）は,「自分と周囲の人々との間に生じている」「身体感覚」,「世界の認識」,「行為」などの「さまざまなズレに気づくたびに驚きと恐怖にさらされ」,「『どうやら何かがみんなと同じではないらしい』という自認」を否応なくもたざるをえなかったところから生き延びてきた軌跡を,「仲間」,「自己」,「責任」という観点から記述する。ここでは，当事者研究の実践がわかりやすく紹介されるにとどまらず，理論的な説明や今後の障害学の可能性を切り開く視座が提示されている。その一例が，医学的に把握しやすい身体の機能欠如を前提とする既存の枠組みだけでは説明し尽くせない,「私が私のままでいるとはどういう状態なのか，ありのままの私はどのように『普通』と異なるのか」という問いにたいする綾屋なりの向き合い方の発見だ。「外側からは見えにくい経験を内側から記述し，仲間と共に自らの特徴を探っていく『当事者研究』」に取り組むことで，「個人的な身体的特徴（インペアメント）を誤解なく他者に伝えるための言葉をゼロから作り上げていく」。すると，個人的な探求心に基づいて自分の身体的特徴を把握することはもちろん，身体から生じる自分のニーズ，必要な支援制度の適切な利用，社会環境の変化への要求がある程度言語化できるようになる。それでもなお残される課題のひとつとして，「ディスアビリティである「社会的コミュニケーション障害」をインペアメント化するという自閉症の診断基準」への違和感が表明される。その違和を解消するひとつの方法として，自閉症を，「カテゴリー」，すなわち「『普通』とされる多数派社会と単に一線を画すだけの，どちらかと言うと文化的分類のような意味で記述」する捉え方が提案される。

上岡陽江とさち（第４章）は，依存症自助グループのダルク女性ハウスのなかで日常的に飛び交う「不思議なことば」を手がかりに，依存症者の身体感覚とことばとの間にあるずれを浮き彫りにし，自己理解に基づいて，世界との信頼関係を修復し「回復」していくひとつのプロセスを描き出す。そうした身体感覚や感情の異なりを仲間と共有することで，孤独感はあるけれども，「離れ小島に一人住んでいるような」「孤立感はなくなった」と語る。ことばの影響は身体感覚にとどまらず，自分自身に投げかけてきたことばにも及ぶ。「一人ですべてなんとかしよう」とする自己への依存によって，身体感覚や感情が硬直し，「季節が動いていない，時間が止まっている」感じのなかに迷い込む。止まった時間は，外気や草花に触れたり，栄養や休息をとったり，人と一緒に歩いたり，ミーティングで話したりといった，地球や自然，自分や他人からも「人として扱われている」体験を積み重ねることで徐々に動き出す。そして，一人ですべてどうにかするような「自立」したあり方ではなく，「最終的に実行するのは私」だが，選択から決定に至るまで「いろんな人の知恵」を結集して実行にこぎつける。トラブルに見舞われたときには頼ることのできる「みんなの顔が思い浮かぶ」こと，そうした仲間との関係性のなかで自己が生成し変容しつくられる。この信頼関係は一朝一夕に結ばれるわけではないのはもちろん，空虚な権威にのみ基づくようなプログラムやことばから生まれることはない。「格好つけなくても一緒に難しい話が話せる人」との間でこそ関係性が紡がれ，本来の自己が立ち現れてくる。

瀬戸山陽子（第５章）は，自身が携わる当事者の語りのデータベース DIPEx（ディペックス）のうちで，特に「障害学生の語り」のプロジェクトを紹介しつつ，ナラティヴを語ることの意義を説得的に説明する。これは，「実際に体験をしたその人の価値観や好みを医療に活かす『物語に基づく医療』」であり，「客観的なデータを一定の科学的な方法論で分析した結果に基づき医療を決める考え」としての「科学的根拠に基づく医療」とは「車の両輪」でありながらも，異なるアプローチだ。語り手と聞き手の関係性のなかで「共同生成」されるナラティヴでは，「その人自身が丸ごと表され」，「患者の置かれている状況を意味づけ，文脈を示し，展望をもたらし」，「他の手段では決して到達し得ない理解への可能性を提供してくれる」。DIPEx によって，「この患者の病いの語りをデータベースの形でウェブ上に公開し一般に広く役立つ形にしようとした」わけだ。こうした医療分野での取り組みを障害学生の語りに広げようと思った契機として，看護大学在籍時に手術の後遺症により歩行障害が残った際の瀬戸山自身の体験が語られる。そうした体験が意識化され言語化され再定義されることによって，マイノリティの抑圧がはじめて認識され社会課題となる。障害者のナラティヴには，マジョリティが暗黙にもつ特権，権力性から生み出される「マジョリティ仕様の社会で見えにくい新たな価値」を暴き出す力がある。その視座に立って，「違いを意識した新たな価値の創成」を目指して，一人一人の体験世界に傾聴し，「生身の人間が紡ぐ『語り』と，向き合っていきたい」という覚悟が示される。

山根耕平（第6章）は，「浦河べてるの家」（1984年に設立された北海道浦河にある精神障害者の地域活動拠点）における自身の当事者研究の成果，浦河べてるの家の紹介，浦河での活動を自身の経験を中心に描き出す。「物心ついた時からきれいな音楽を聴くときれいな景色が見えたり，いい匂いを嗅ぐとすてきな音楽が聞こえてきたり」というふうな，家族のなかでは当たり前に共有されていた感覚が，共有はおろか，容易に理解されないばかりか，忌避されることも少なくない，他人とは異なる体験であることに気づいてからは，学生時代，社会人生活，そして「浦河べてるの家」にたどり着くまで，自身の本来の見方を紡ぐ言葉を封じられていた（封じていた）。このように，通常，当たり前とされる尺度が社会の至る所に潜み，既存の価値や規範が，「標準」からはみ出してしまう者に抑圧的，時に暴力的に働くという事態は，第Ⅱ部の多くの章にも共通している。このことは，その人の属性によって生じる認知的歪みが，当の本人に不利益をもたらす認識的不正義にさらされていたと言い換えることもできるかもしれない。また，浦河べてるの家の先人たちが，自身の言葉の紡ぎ方，論理や思考の様式を手探りでつくり上げたことで，回復の道筋がみえやすくなったように，今まで紡がれてこなかった言葉のなかにも論理があり，言語化することでその論理が顕在化していく。さらに，「本人が自分と向き合う」当事者研究は，元を正せば2000年前にその萌芽を見出すことができるという，山根自身の経験に根ざした「当事者研究」の起源が示唆される。

油田優衣（第７章）は，自立生活に至るまでのプロセスを今後も語り発信しつづける重要性に加えて「自立生活，その後」を語る必要性を指摘する。自立生活の理念に共鳴し，その理念がもたらす自由な生活に大きな魅力を感じながらも，「介助者との関係性のなかで湧き起こる」「モヤモヤした思いやしんどさ」にとらわれ，そうした思いを「ときほぐし，表現し，考えるための言葉を蓄積していく」必要性を認識し，「言葉を紡ぎ，新たに言葉を耕してい」く試みを始める。その試みのなかで油田は，介助者に対して，「自分の望む介助のあり方やクレイム」，そして「健常者と障害者という非対称的な関係のなかで健常者のあなたはどう振る舞うのかという問い」を容易には「『突きつけ』られない，ナヨナヨした，弱さをもった」当事者が生き延びるための方途を模索する。自立生活は「自由」を手に入れるためだけに目指されるゴールではなく，「自立生活という生活様式を手に入れた後も続く」。だからこそ，たとえ自立生活の理念にそぐわないかのように思われる食い違いに直面することになってしまったとしても，「自立」生活を営む「障害者」として一面的に捉えるだけでは取りこぼしてしまう，どこにでもいる，ひとりの生活者として直面する，「不自由さ」を解きほぐすことは急務の課題なのだ。例えば，なぜ自立生活における不自由さが語られてこなかったのかを問い直すなかで，自己決定を重視する自立生活の理念には介助関係における問題を個人の問題に還元してしまう個人モデルの発想，言い換えれば「強い個人」が前提されていることが浮き彫りにされる。これにたいして油田は，自身の生活を「自己点検」するなかで，介助者手足論や自己決定という自立生活の模範的なあり方を完璧に実現することはできないこと，「介助者によって左右される自分のありよう」を事実として受け止め，自身にとっての「当事者主体とは何か」，「よりよい自己決定とは何か」を問いつづけていく決意表明をなす。その試みの第一歩として，「介助者の『こうしてほしい』に抗うことの難しさ」が丁寧に述べられ検討される。

このように，第Ⅱ部は７つの魅力的な語りから構成されている。身体感覚の異なり，自他を含む当事者との関わりから生まれる学び，他者や世界との認識や関わりの異なり，関係のなかで「私」の言葉や意志，「私自身」がつくり挙げられていくプロセス，経験に根ざしたナラティヴ，世界の捉え方の再構築，弱い「私」にとっての「自立」と「生活」，そしてそれらを語ることの意義といった，重なり合う点はありながらも，多くの異なる論点を含み込み，異なる語りによって紡ぎ出されている。そうした異なる語りが，それぞれ異なる生を営む読者の視点から捉えられ，両者の思考と経験が関係し合うことで，さらなる気づきや発見，新たな問い，そして語りをもたらすことを期待してやまない。　　［安井絢子］

重光喬之

痛みのある人生を生きる
社会と繋がるための私の試行錯誤

1　痛みと向き合う試行錯誤の日々

(1)　終わりの見えない痛みとの付き合い

ある日突然，20代半ばで脳脊髄液減少症という脊髄のケガみたいな病気になりました。検査入院をして確定診断が出た時は，病名がわかったのだから，治療をすれば完治して，元の生活が戻ってくると期待していました。それから十数年，有効な治療法が見つからないまま，私は慢性疼痛と共に生きています。

美味しいものを食べているときも，親しい人たちと時間を過ごしているときも，プロジェクトが山場を迎えているときも，私は絶えず痛みを感じています。生活や仕事を続けるためにいつも平静を装い，結果的に自分の感覚や感情をなきものにしています。そのため物事を直に感じることができず，私と何かの間にはいつも痛みのフィルターが挟まっている感じがしています。

痛みでしんどい状況を表出し続けても，周囲にしんどい思いをさせてしまうと思うので，痛くても笑い，何ともないように振る舞う術を自然と身につけてきました。しかし当然，痛み自体に変化はないので，時間経過とともに心身が疲弊していきます。

痛みが強いと落ち着かず，じっくりと考えることが難しくなります。それでも対処が必要な時は，語弊や誤解を生むことがわかっていても，その場の思いつきや反射的な対応でしのぎ，後から残念な気持ちになることがままあります。

(2) 痛みを可視化する

私は，発症から長い年月が経過しても，痛みや苦労をわかって欲しいという思いがなかなか収まりませんでした。たまたま医師の勧めもあり，2009年から毎日欠かさず，痛みの記録をつけています。結果的にこれが，痛みの要因や影響を知るきっかけになりました。

まずは「痛みの可視化」をしようと朝昼晩の1日3回，首，肩，腰，背中の4か所を20段階評価で記録しています（図1）。あわせてこれまで利用した薬の種別と量，治療法や運動量，天候と一日の作業内容などもメモしています。

可視化により効果のある薬や治療を確認できたり，薬の種類によっては時間経過とともに効きが悪くなっていくのもわかりました。なんとなく感じていたことですが，一番影響があるのは定量化しづらい心身への負荷でした。仕事量が増えたタイミングなど，プレッシャーやストレスが蓄積しているであろう状況で疼痛が悪化します。

これまで経験した最も強い痛みを上限の100として記録をはじめましたが，想定した上限値を超える痛みが生じたり，盲腸炎や親知らずの抜歯などのイレギュラーな出来事もあったため，途中から120と150を追加（実質22段階評価）しました。

じつは盲腸炎の手術を受ける半年前，医師から「盲腸炎の疑いがあるのでこれ以上痛くなったら救急へ行くように」と言われました。しかし，日頃から痛み止めを常用し，持病の痛みもある私は「これ以上痛く」なっていることに気づかず，様子を見つづけました。結局，我慢しきれなくなり，救急で運ばれ緊急手術を受けたわけですが，長い時間経っていたため患部が癒着し，手術に通常の倍以上時間がかかることになりました。医師によると，もう少

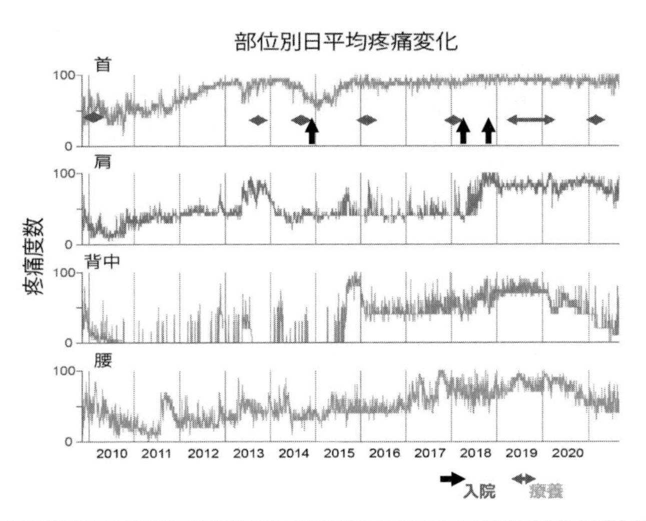

疼痛度数	評価基準	過去に経験した痛み
150	気絶の模索，希死念慮	
120	自暴自棄，破壊衝動	盲腸，親しらず抜歯後の麻酔切れ
100	起き上がっていられない，とてもイライラする トイレ以外は困難，入浴や食事もできない	脊椎穿刺，筋肉の断裂
95	基本生活困難，そわそわして落ち着かない 自信がなくなる，弱気になる 文章が頭に入らない，簡単な仕事もできない	腕の骨折
90	痛みで集中できない，頭の回転が低下，横になりたい	帯状疱疹
80	痛みでイライラし始める 仕事に支障をきたさないギリギリのライン	
70	日常生活に支障なし，穏やかな気持ち	

図１　痛みの可視化

しで破裂するところだったということです。

次に，「生活リズムや就労パターンとその充実度の可視化」に取り組みました。図２は，私の日々の稼働状況を縦軸に日にち，横軸に時間で可視化したものです。生活リズムや働き方のパターンを15分ごとに図示しています。生活（日常生活と余暇時間）・仕事（ライフワーク（人生を賭けて取り組みたい

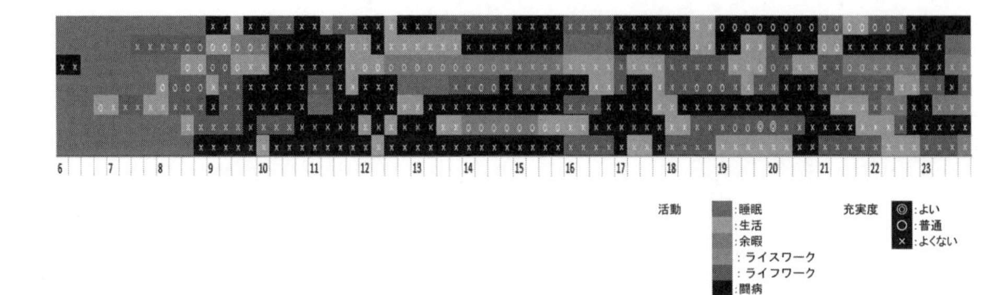

図２　日々の生活パターンの可視化

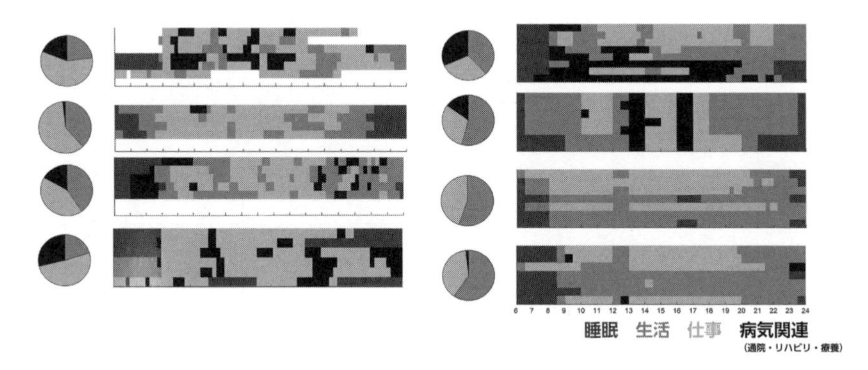

図３　難病者８名の生活パターンの可視化

こと）とライスワーク（食い扶持のための仕事））・病気関連（通院・リハビリ・療養等）・睡眠の４種６パターンに分類し，その時の充実度を３段階で表しています。

違う疾患の方にも，記録をしてもらいました。図３は，難病者８名の生活パターンです。病気とともに働いている人の生活は，大まかに３つのパターンがあるのがわかります。「就業時間通りに働く」（黒色がない，またはほぼない），「自主的に固定した休憩を取りながら働く」（黒色の時間帯にパターンがある），「予定に合わせて小まめに休んで働く」（黒色の時間帯に規則性がない）の３通りです。体調の波に合わせた時間の使い方という面では，病名や症状に関係なく，参考にできるのではと思います。

痛みを直接見ることはできませんが，私の場合は外見から判断することが

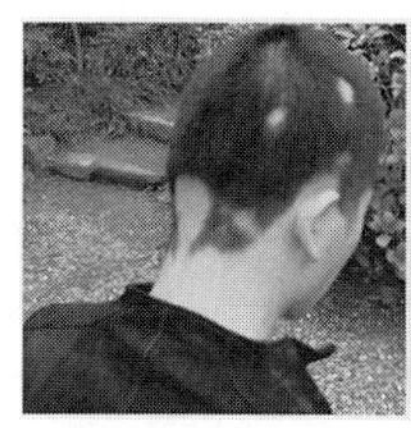 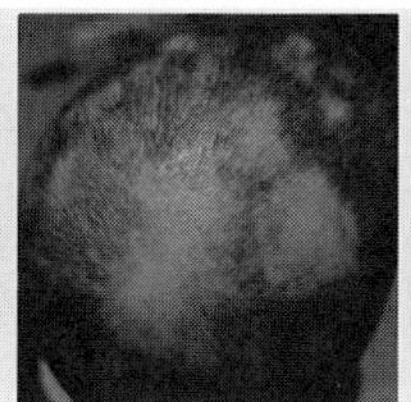 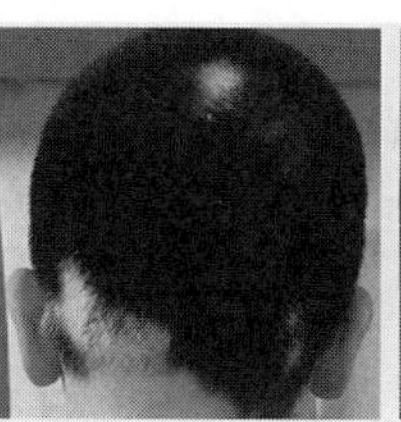 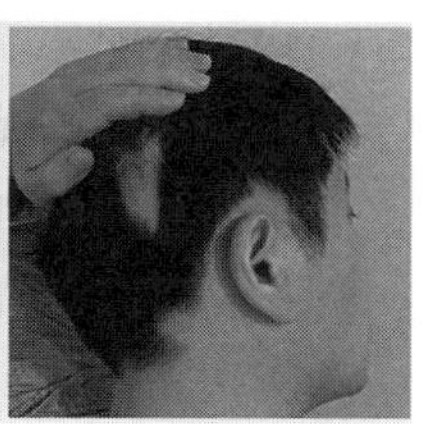

図４　疼痛により繰り返す円形脱毛症

できそうです。発症から数年後に再就職をし，痛みを押して働いていたところ，間もなく円形脱毛症が現れました。これまでに５回，長い時は２，３年ほどはげました。痛みを堪えて無理を続けると１，２か月ではげ始め，新しい治療や薬が効いたり，療養をすると早い時は１，２か月で解消します（図４）。

私にとって円形脱毛症は，痛みと痛みによる二次的なダメージの蓄積のバロメーターとなっています。当初は，髪が抜けることに抵抗感がありました。しばらくすると，痛みの苦労をわかってもらうよい機会になるかもしれないと，むしろ「痛みの表出」ができてちょっと嬉しいぐらいになりました。

⑶　痛みがもたらす葛藤と迷い

痛みで死ぬことは無く，まだまだ先が長いであろう人生で，患者として，療養を主体にする日々は私には退屈で前向きな気持になれません。仕事をすることで，痛みが悪化することもあります。それでも，長い人生の良い意味での暇つぶしとして働くことが，私には必要だなと最近思えるようになりました。仕事以外でもよいのですが，人と出会い，協働し，学べる手ごろな機会はなかなかないのかもしれません。

そう思いながらも他者や社会と関わり，相手に合わせようとすることは，痛みに打ちのめされている自分を無理して矯正することにもなります。結果的に症状は悪化し，しんどさが増します。しかし，１人で閉じこもっていても，痛みに苛まれます。他に刺激がなく時間が過ぎ去るのを待っていると，痛みばかりを意識する負のスパイラルに陥ります。すると気持ちは沈み，QOL（生活の質）は著しく低下します。こうなると横になる日々に意味を見出せず，自己肯定感も極端に下がります。

病気に苛まれて停止している限り，孤独感は解消しないように思いますが，痛みがあっても生きていけるのは他者や社会との関わりがあるからだと思います。痛みに捉われて内に籠ることと，外と関わり気が紛れることの行き来が，生きることなのではないかとこの原稿を機会に思い至りました。

痛み歴の積み重ねとともに，目標を低くして，ほどほどで休み休み働けるようになってきました。それでも，ワクワクしたり，チャンスが訪れると知らないうちに頑張り過ぎて，数日ダウンをしてしまうことが未だにあります。低いゴールを設定し，ブレーキを踏み続けることには，いつになっても慣れません。

また，痛み止めの利用にも迷いがあります。それは服用を続けて，そのうち効かなくなったらどうしようという迷いです。これまでもいくつかの薬は効かなくなり，その度に量を増やしたり，種類を変えてきました。量を増やすことで副作用が強くなりはしないか，次の効く薬が見つかるのだろうか，薬を止めると強い離脱症状がでたりしないかなどと，これまでの苦い経験を思い出し，悩みは尽きません。こういったことを考えていると，薬の服用頻度や量が多いと効かなくなるのではと心配になり，痛くても頓服の痛み止めの服用を控えがちになります。

⑷　私にとっての働くとは

コロナ禍を経て在宅は一般的になりましたが，ここ数年私はほぼ自室で過ごしています。自室で横になるか，起き上がってＰＣで仕事をするかで，家族以外とオフラインで顔を合わせることはほぼありません。図２の通り，私はオンラインでの打ち合わせや登壇に合わせて，休憩を時間配分し，仕事の直前まで横になり，終わったらそのまま横になり，残りの時間で生活をしています。空き時間に何か楽しいことができればいいのですが，毎日気力を振り絞って仕事に向き合っていると，それ以外の時間は横になっていると終わります。できることはスマホか動画視聴，たまに読書ぐらいです。最近，薬を変えたら少し楽になったので，1日6～8時間で生活・趣味・仕事ができるようになりました。

それでも今この瞬間も痛くて，たまに親知らずを抜いた時ぐらいの痛みを堪えながら仕事をし，月に何度かは盲腸炎で救急搬送された時ぐらいの痛みに襲われます。

オンラインのみですが，仕事を通して出会う人は1年に数十人でしょうか。この関わりがあることで，社会の中に自分を位置づけることができ，人として保てているのだろうと思います。仕事と言っても，関心があるライフワーク的なもので趣味に近いので，食い扶持としての仕事とは少し違うかもしれません。

1日2，3時間働ければ上々な私は，誰かに仕事を貰ったとして，激痛に耐えてそれが時給〇〇円かと考えると，痛みを堪えている自分に値段がつくようで，きっとそれを受け入れることができないでしょう。1日24時間のうちの1時間なのか，痛みを堪えながら使える1日6時間のうちの1時間なのか，同じ1時間でも私にとっては重みが違います。そのため単純に金額だけでは比較できず，そこに意義ややりがいを感じるかが，痛みを押して働けるかのポイントになっています。

一生遊んで暮らせるならそうしたいといった話を耳にすることがありますが，実際にやってみるとそれは遊びの才能がある一部の人にしかできないだろうし，私には無理だなと長い療養期間から悟りました。

今，もし仕事がなくなると，自宅での療養とたまの通院以外に役割やできることが減り，痛みと孤独感でおかしくなっていくことが容易に想像できます。療養なら休んだり，遊んだりすればよいのかもしれませんが，休むにも限度はありますし，痛みが強いと遊ぶのもしんどいものです。

まとめると，私は痛くても何かできることが欲しく，それに意義を感じながら，誰かの役に立って，学びや出会いも欲しい。そんなわがままを叶える手っ取り早い方法が働くことで，自室に居ながらにして私の社会参加になっているのです。

(5) 痛くても，人生は自分のもの

痛みを抱えてどう生きるのか，生きていくのか，この問いがいつも頭の中にあります。発症後の人生の大半は，痛みを耐え忍ぶことに気力と時間を使ってきました。この時間をいかに過ごすのかで，私のQOLが変わります。

30代は，仕事に生きがいや生きる理由を求めていました。しかしそれは結果的に自身も，周囲も疲弊させました。数々の失敗と長い年月からわかったことは，根を詰めてもよいことはなく，ほどほどで続けばラッキーということです。半分自分への言い聞かせでもありますが，ダメならダメで仕方ないし，誰に頼まれたわけではなく，自分で選択していることです。

それでも日々悩むのは，いつまで痛みを我慢しながらの取り組みを続けられるのだろうかということです。例えば，打ち合わせを終えて，充実感とともに前向きな気持ちになっていても，同時に痛みの悪化で心身ともに疲弊している自分にも気づきます。痛みを我慢しながら働くことは，呼吸を止めながら働いているような感覚です。長い時間息を止めてそろそろ限界かと思ったところから，「あと10秒」「もう10秒」といった中で仕事をしている感覚と言って伝わるでしょうか。

月日の経過とともに気力も低下し，病気になったことも休んでばかりの日々も仕方がないなとも思えるようになってきました。闘病とともに年齢を重ねる良さはこんなところでしょうか。

2 痛みとともに生きる私の3つの心がけ

ここまでは痛みともに生きる私の姿を書いてきました。ここで見方を変え，そんな私に対して，私自身がどのように対処しているかについて書きます。私は疼痛とともに生きるためには，次の3点を心がけています。(1)何事も取

捨選択を意識する，⑵しんどさをわかって欲しい欲求を認識する，⑶比較しない，の3つです。

⑴ 何事も取捨選択

私の場合，痛みによるダメージの総和は，「痛み×心身へのストレス×時間」で考えることができます。QOLの低下を防ぐには，《負荷を減らすか・時間を減らすか》です。表現を変えると《痛くなってもしたいことなのか・痛みが悪化してまでやりたいと思わないか》が，私の判断基準になっています。

《痛みが悪化しても働きたいのか・悪化するのが嫌だから休むのか》，《質を求めて悪化するのか・手早く終えて悪化を抑えるのか》，《痛くなっても友人との時間を過ごすのか・数日ダウンするのが嫌だから今会うのを諦めるのか》と日々，取捨選択の連続です。これを突き詰めると《痛くても生きたい・痛みで生きるのが困難》になります。そこでは選択による小さな希望と絶望が，絶えず行き来しているようです。

痛みと生きるためには，目的を明確にして選択を続けるという能動的な態度と，自分ではどうしようもできないので，時の流れに身を任せるという受動的な態度の両方が必要です。私も，この一見相反する2つの組み合わせで乗り越えてきたのだと思います。

もう少し深堀りすると，受動的といってもその中で痛みが悪化しない方を消極的に選択していると言えるかもしれません。痛みを無くそうとしても痛みは無くならず，好き好んで疼痛が悪化する選択をしているわけでもありません。気が進まなくても痛みを理由にあきらめ，まだ経験していない未来の疼痛と痛みがもたらすダメージを想定して，今現在の決断をします。こういった日々の選択は，受動的というよりもより中動態（國分 2017）が当てはまるのかもしれません。

⑵ しんどさをわかって欲しい欲求を認識する

20代で発症してから最近まで，私には自分の痛みや苦悩をわかって欲しいという思いが強くありました。「好きで横になっているのではない」「横になっても痛いので休まらない」「今の自分は痛みでおかしくなっているので本当の自分ではない」といった感じです。

私が突然名前も知らない病気になったことで，家族や近しい人たちも治って欲しいといろいろ考え，できることを探してくれました。当たり前のことですが月日の経過とともに，周囲の反応も次のように変わっていきました。「今も痛くてしんどいのだろうか」「何か困っていることはあるのだろうか」から，「病気でなかったら普通に働いていたはず」「いつもイライラしているのは病気のせいなのか，もともとの気質なのか」「休職や退職をし，長期の療養が続くのは，病気の影響なのか，それとも本人の意欲的な問題なのか」といった感じです。長患いでも一見健康そうにみえるので，周囲も反応や関係性に悩んでいるようでした。

今だからこそ，私もこうやって考えることもできますが，先の見えない闘病で自身にも周囲にも怒りを抱えた瞬間は数知れません。無限とも思える時間の中で，この現状は病気によるものではなく自分の精神的な問題なのかと悩んだり，周囲の言葉を必要以上に疑ったりと，頭の中はネガティブな思いでいっぱいでした。これは，近しい疾患や症状の方からよく聞く話でもあります。

この状況が変わってきたのは，「人は人，私は私」と徐々に認識できてきたからです。長い月日と，幾多の絶望を積み重ねたことで，少しずつ気づいてきたのだと思います。それまでは私は自分の痛みに耐えるのに精一杯で，周囲の痛みや苦悩を考えたことはありませんでした。

いまでこそ周囲や同病者からの安否確認やアドバイスを素直に受け取ることができますが，当時の私はその人たちが私のことを何もわかっていないと憤り，思いやりの言葉を受け取っていませんでした。本人が痛みや苦悩に捉われている限り，周囲の声は届かず，自分なりに落としどころを見つけて，ある程度納得することで，自身の現状も周囲からの声も受け入れられるのではないかと考えます。この経験から私は，「人は自分で体感し，納得することで，物事を自分事にできるのではないか，人は人を変えられない」といった信条が芽生えました。

このことに気づけたことで，わかって欲しい欲求が徐々に影を潜めていったように思います。一言でいえば，「病気になってしまったのだから，まぁ仕方がない」と思えるようになったことでしょうか。

(3) 過去の自分や他者と比較しない

上述のわかって欲しい欲求と似ているのですが，病気になると健康な時の自分と比較したり，周囲と比べてしまうものです。昔，どこどこに遊びに行っていたなとか，以前ならこの仕事は1時間で終わっていたなとか，友人のAは結婚したんだな，同僚のBさんは出世したんだなと，初めは何となく流していたとしても，気がつくと「今の自分との比較」が始まっています。過去の自分や他者と比べても気持ちが前向きになることはないと断言できるのですが，油断するといつの間にか比較しています。気質的なものがあると思いますが，私にとってはわかって欲しいと思う欲求以上に，こちらの方が厄介でした。

横になっていても頭は働いているので，気持ちを切り替えるのは至難の業です。私の中には，ひがみや妬みに似た感情が，今も心の奥底でその時を待っているはずです。

ここに対する対処も数多くの失敗と諦めと共に，月日の流れに身を委ねるしかありませんでした。

「まぁ仕方がない」と思えるようになってきた今だからこそ，今の自分は，今を生きていると思えるようになりました。

身体的苦痛	精神的苦痛	社会的苦痛	存在的苦痛※
痛み，かゆみ めまい，だるさ，吐き気 絶え間ない症状 日常生活が困難 思うように体が動かない	終わりのない闘病 怒りっぽくなってしまう 意欲の低下 孤独 理解してもらえない 頭が働かない	居場所がない 経済的に困窮する 就労が困難 医療が限られる 医療費が高い 社会保障制度が使えない 社会資源にたどり着けない	生きてていいのか 自問自答 人との絆が 経たれていく
医療	医療・ 支援機関	社会制度， 社会参加・就労	他項目の解消 により改善

図5　脳脊髄液減少症患者の痛みの4分類

3　難病者の社会参加を考える研究会と私の働き方

(1)　研究会の立ち上げ

これまでの取り組みを通して，病名や症状が違っても困っていることはだいたい同じということがわかってきました。例えば，家族や友人など，親しい人との付き合い方，職場や学校での振る舞い方，恋人との関係や結婚，経済的な不安，終わりの見えない闘病で生きる意味や未来が描けないことなどです。一方で同じ「働く」であっても，体調の波や稼働時間は十人十色です。人は，誰しも，何らかの制約を抱えています。それがたまたま難病の場合は，症状により稼働できる時間に限りがあります。

英国の医師が提唱した全人的苦痛（トータルペイン）という考え方があり，患者の痛みは身体的苦痛・精神的苦痛・社会的苦痛・スピリチュアルペイン(私はスピリチュアルという言葉に違和感があったので，生きるとは？といった哲学的な問いを意識して存在的苦痛としています）の4つに分類できるそうです。同病者とのやりとりやSNS上の声をこの分類に当てはめると図5のようになりました。

私は同病者や類似疾患の患者さんとのやりとりから，病名を越えて，社会的苦痛を「働く」ことや「社会参加」を通して緩和できないかと考えました。

2018年に有志の当事者，支援者，研究者，企業・団体と「難病者の社会参加を考える研究会」を立ち上げました。会の目的は，難病者の就労，社会参加の機会の拡大です。難病を取り巻く社会の課題としては，難病と就労課題に関する認知不足，定義や制度の抜け漏れ，企業に雇用メリットがないことです。そこで私たちは，難病者の就労相談に乗り，難病者の就労に関する調査を行い，白書を作りアドボカシー活動などを行っています。

活動から見えてきたことは，制度の狭間で孤立する当事者の姿です。就労に関しては，特筆するスキルがあるか障害者雇用に該当しない限り，難病者を雇用する理由はありません。難病法や障害者総合支援法の対象になる一部の難病以外は，根拠法がないため公的な調査はなく，実態がわかりづらいことも見えてきました。一方で物理的なハードルを解消し，時間的な柔軟性を担保できれば難病者の就労機会は増えそうなこともわかりました。例えば，オンラインでのショートタイムワークであったり，スーパーフレックスのように，体調に合わせて働ける環境があれば，稼働時間が限られ体調に波があっても調整しながら働くことができます。

また，病気のことをわかって欲しい被雇用者と，病気のことがわからず不安な雇用者のすれ違いも見えてきました。多くの人が難病者に抱いているであろうイメージに反し，実際は，当事者は日常生活を送ることができます。治療により症状が緩解した人や，病気を開示せずに働いている難病者は大勢います。病気のことを周囲に伝えないのは，採用や出世に響くと考えたり，実際に苦労した経験から躊躇したりといった心理のためです。以前協力した支援団体の難病者の就労満足調査[1]では，職場に病気のことを開示している人の方が，そうでない人に比べて幸福度が高いという結果がありました。被雇用者・雇用者双方がお試しの期間を設けたりすることで両者の接点が増えれば，疾患のある人の就労機会は自ずと増えていくと思います。

1　一般社団法人日本難病・疾病団体協議会（2022）難病患者向けの就業ニーズに関するアンケート

一時期，私はうつ病を併発したことがあり，その時の経験から，精神疾患のある人が働きやすい職場は，難病のある人にとっても働きやすい職場なのではないかと考えます。なぜなら，精神面なのか体調面なのかの違いはありますが，自分では予測しづらい波という意味では同じだからです。

私たちは，難病者の就労・社会参加の選択肢を増やすために取り組んでいますが，制約があるという意味では子育て中の会社員であったり，介護をしながら働いている人なども，近しい状況だと言えます。難病者の働きやすい社会を目指すことは，誰もが安心して暮らせる社会に繋がると実感しながら取り組んでいます。

⑵ エネルギー対効果を考える

長年，患った人は誰もが経験するであろうことですが，発症間もない頃，私も何でも自分でやりきろうと無理をして働いていました。結果的に症状が悪化したり，ダウンしたりで，「無理をしても仕方ない」と長い年月をかけて納得できるようになりました。

それでも仕事は続くので，自分の「できない」を徐々に受け入れ，手放すことで，出会いやご縁が広がり，仕事も進むようになりました。時に違う方に進むこともありますが，それはそれでよいなとも思えるようにもなりました。私が注力することは，なるべく痛みを増幅させずに，どこを目指して，何に気力と時間を使うのかという取捨選択です。できないことが増えたからこそ，人との協働を模索し，「だからこそできること」を意識するようにもなりました。

社会にオンラインが浸透したので移動が減り，いつでも横になれるので働くのはだいぶ楽になりました。ただ，オンラインでの打ち合わせ中も痛みはあるため，じっと座っているのが困難です。画面に写っている自分が痛そうにしているのが見えると，頭の中で痛みがハウリングするのか，疼痛が悪化していきます。最近は，アバターを使ってバーチャル背景を自室の写真にして打ち合わせをしています。私が横になったり体を伸ばしたり，部屋を歩き回ったりしても，相手にそれを知られることなく仕事ができます。

パソコン作業もしんどいので，横になってスマホで音声入力をして，その後パソコンで仕上げをしています。昨今の大規模言語モデルの急速な発展により，日本語の改善やアイデア出しを手伝ってもらっています。文章を考えるのは億劫なのでとても助かりますが，意図や想いが変わってしまうこともあるので，修正するのに余計な手間がかかることもあります。

また，自分でなんとかすることを放棄したので，依頼元や周囲へ気軽に相談するようになりました。できないからこそ，できる方法を模索する姿勢が身につき，何事も見方やアプローチを変えれば，何となることも経験してきました。この原稿も，多くの方のご助力で成り立っています。

4 私のこれからの「生きる」と「働く」

(1) 病気とどう向き合っていくのか

発症以来，慢性的な症状に悩まされ，病歴も長くなりました。発症当時は，完治に向けて積極的に情報を集めて動いていましたが，今はそういう期待はありません。この疾患に有効とされるブラッドパッチ治療を四度行い，一時的に改善した時期もありましたが，今はこれ以上受けようとは思っていません。

周囲から新しい治療や医師などを勧められるのはありがたいことですが，「きっとよくなって生活を取り戻せるよ」という相手の前向きなメッセージは時に重荷にもなります。発症前のようにあれもこれもできなくても，日々生活をしているので，私の現実は今ここにあります。周囲からの勧めは，極端な言い方をすると，病気とともに十数年を生きてきた私を見てもらっていないような気にさせます。まるで「発症から今までの私は病気を患っている仮の姿」といった感じです。

最近，痛みについて調べ物をしていると，慢性疼痛は認知の歪みや適応障害的なものとする論文を目にしました。以前であれば受け入れられなかったと思いますが，長い年月を経てそうかもしれないと思えるようになりました。医師からも「こういう話をすると患者さんは否定するが……」と言われたことがありますが，私はストレスで痛みが悪化するので，そういう面もあるだろうなと感じています。

(2) それでも私は働きたい

病気なら療養したらいい，治ってから働けばいい——そう思う方もいるかもしれません。具合が悪い時は，普通は休むのかもしれません。けれど私の場合は，横になっても痛みは収まらず，眠りから覚めると同時に痛みも感じます。何をしていたとしても，どう過ごしたとしても，痛みには終わりがなさそうです。

「療養」という明確な終わりが見えない月日に，一日中，休みながら天井を見つめていると，待ちの姿勢を続けることにいつまで耐えられるのかといった考えが浮かんできます。何もせずにしんどいより，何かをしてしんどい方が，私は生きている気がします。

闘病で多くのことを諦めてきた経験から，何よりも自身の健康が大切だと日々思います。しかし，病気で制約があるからこそ，好きなこと，大切なことを選べるようにもなりました。できないことが増えたことで，他者へ感謝する機会も増えました。

自分が目に見えない痛みで苦しんでいるからこそ，誰もが何かしら見えないことを抱えているだろうと想像できるようにもなりました。病気になってよかったと思えることはありませんが，病気になったからこそ気づけたことです。

(3) 京都大学バリアフリーフォーラムに参加してのこれからの取り組み

2022年の京都大学での展示発表に向けた1泊2日の遠出は私にはちょっと

した冒険でした。出会いや学びにワクワクしながらも，後々のダメージを考えると恐ろしい思いもありました。実際，帰宅してから3か月ほどはダウンしがちな生活でしたが，多くのご縁に繋がり，その価値はあったと今でも思います。

当日は，疼痛のある人や目に見えない症状がある方々とお話する機会が多かったように思います。痛みは主観的なもので，医療現場で真剣に向き合ってもらいづらいという声も度々耳にしました。痛みや活動状況の可視化の活用を模索していた私は，図らずも皆さまに応援してもらった気がします。

印象的だったのは，物理的な制約や目に見える症状などは，他者からの意識を集めやすいが，実は目に見えない痛みや疲労感の方に困っているといった話を複数の方から聞きました。私はこれまで，外見からわかるか・わからないか，でしか捉えていませんでした。両方を持ち合わせている人もいて，その人たちは2つの葛藤を抱えていることに気づかされました。また，プレゼンティズム（何らかの疾病や症状を抱えながら出勤し，業務遂行能力や生産性が低下している状態）という企業の生産性を測る指標を教えてもらいました。長患いで，痛みや極度の疲労などがある当事者だからこその知恵や工夫が，多くの人の働き方や就労環境の改善に活きるのでないかと考えています。

これまでの自身の闘病経験や近しい疾患の人たちとのやりとりから，患者同士が直接関わるのはよいことばかりではないと実感してきました。なぜなら，家族にも理解されないからこそ，似たような苦悩や葛藤を抱えているであろう同病者へ期待し過ぎてしまうからです。似た状況であっても医師や治療との相性，家族との関係や経済状況の違いなどから，期待し過ぎた分その差異を許容できず，関係が悪化することもあるでしょう。また，病気を発症して現実を受け止められずにもがいているのか，現状を受け止めて納得しているのかと，病気との向き合い方の段階も違い，それぞれに必要とすることも変わってきます。そのため，一概に交流することがよいとは言えないと考えます。

私は，テキストや動画などのエピソードを通して，他者の存在を感じるぐらいの緩やかなコミュニティがあればと考えてきました。今回のフォーラムでの学びも活かしながら，改めて難病者の生き方・働き方のエピソードを蓄積して，そこに集まった知恵を社会に提供し，その対価を当事者に還元できるような仕組みを作ろうと動き出したところです。

注

京都大学バリアフリーフォーラム2022の当日に展示発表したポスターや難病者の社会参加白書[2]，研究会の活動概要や各種調査報告は，以下の QR コードからご覧になれます。インターネットで「難病　白書」で検索してもご覧いただけます。展示ポスターでは，疾患を進行性・慢性化・緩解と，類似症状でグループ分けし，就業環境や満足度などを比較しています。特筆すべきは，進行・慢性・緩解で分けても，患者の満足度に有意な差が見られなかったことです。また，白書には当事者のエピソードや就労事例，政策提言などをまとめています。

展示ポスター
https：//ryoiku. org / wp-content/uploads/2022/11/221112_kyoto_poster.pdf

難病者の社会参加白書
https：//ryoiku. org / wp-content/uploads/2021/09/2021_white_paper.pdf

活動概要と各種調査報告
https : //ryoiku.org/

参考文献

國分功一郎（2017）『中動態の世界――意志と責任の考古学』医学書院.

2　難病者の社会参加を考える会（2021）『難病者の社会参加白書』

なっつ

「障害」について考えることの学問的楽しさ

京大バリアフリーフォーラムに参加して

こんにちは。はじめまして。「『障害』者のリアルを語り合う京大ゼミ」運営のなっつと申します。我々，「『障害』者のリアルを語り合う京大ゼミ」は，2022年11月12日に開催された京大バリアフリーフォーラムに参加させていただきました。本章では，私たちのゼミについて簡単に紹介したあと，フォーラム参加の報告と個人的にいろいろ感じたことを書いていければと思います。

1 「障害」者のリアルを語り合う京大ゼミとは？

私たち「『障害』者のリアルを語り合う京大ゼミ」（＝「リアルゼミ」，「京大リアルゼミ」）は，障害のある当事者やマイノリティの方をゲスト講師としてお呼びし，生の声を語っていただいて，参加者同士で感想を語り合うというイベントを運営しています。

どんなテーマにするか，誰をお呼びするかという基本的なところから，当日の司会進行や広報など，運営の大部分を学生が担っています。「京大ゼミ」と銘打っていますが，私自身がそうであったように，京大以外の学生も運営メンバーになることができます。

私たちの前身は，東京大学で2013年にスタートした「障害者のリアルに迫るゼミ」というゼミです。東大のリアルゼミでは，授業の一環として，学生主導で障害当事者の方を講師としてお招きし，お話を聞くという取り組みを行っていました。そんな東大リアルゼミに参加したある京大生が，「京大でもこれをやりたい！」と思い立ち，周囲に声をかけ，運営メンバーを集めて2019年に立ち上がったのが，「障害者のリアルに迫る京大ゼミ」（現「『障害』者のリアルを語り合う京大ゼミ」）です。

東大リアルゼミとの大きな違いは，単位が出ないという点と，参加者に制限を設けていないという点です。運営は学生のみであるという部分は東大と同じなのですが，参加者に関しては社会人，中高生，無職の方など，当事者／非当事者問わず，どんな人でも歓迎しています。途中参加・退出が自由な，ゆるい自主ゼミをイメージしていただいたら良いかと思います。

これまでに扱ってきたテーマは以下の通りです（表１）。

イベントの本編は大体２時間程度で，その後30分～１時間前後の交流会を行うことが通例になっています。

スタートした2019年度は「脳性まひ」「依存症」などのテーマで，ガイダンスとディスカッションを含めた全８回を京都大学で開催し，各回20人ほどが参加してくれました。

2020年度に入ってから，「“リアルに迫る”っていう感じじゃないよな

表１　これまでに扱ったテーマ

2019年度	2020年度	2021年度	2022年度
ガイダンス	ガイダンス	吃音と当事者研究	発達障害×宗教二世 ～水中という感覚～
脳性麻痺	障害と映画 （きょうだい児）	学校の中の障害者	＊ハイブリットで実施
薬物依存症	うつ病	＊オンラインで実施	
ろう	盲ろう		
自閉症	障害と笑い		
障害と映画	＊オンラインで実施		
セクシャルマイノリティ			
優生思想 （ディスカッション）			

……」という話になり，ゼミの名称変更を行いました。合宿で，宿の畳に座って夜中まで話し合ったり，京大のラーニングコモンズで付箋に案を書き出してまとめたり……。「生きづらさゼミ？」「人間を考える，とか？」「“モヤモヤしようぜ”って良くないですか」などなどさまざまな意見が出ましたが，最終的に現在の「『障害』者のリアルを語り合う京大ゼミ」という名称に落ち着きました。その年はコロナもあり，「盲ろう」「障害と笑い」などのテーマで，全5回をオンラインで開催しました。

2021年度は，夏季休暇／春季休暇を使って，全2回をオンラインで実施しました。

2022年度は，11月に京大バリアフリーフォーラムに参加させていただき，また3月に大阪で開催された「フェスタマイノリティ」という発達障害関連のイベントにブースを出展させていただきました。さらに，「発達障害×宗教二世～水中という感覚～」というテーマで，2年ぶりの対面イベント（オンラインとのハイブリット開催）を実施しました。

運営メンバーが卒業していき，立ち上げ当初と比較するとなかなかイベントが打てない厳しい状況ではありますが，今後もなんとか年1回以上の開催を目指して，細々とでも頑張っていけたら良いな……と思っています。

もしこのコラムを読んで興味を持ってくださった方がいらっしゃれば，ぜひ「『障害』者のリアルを語り合う京大ゼミ」に遊びに来てください（学生の方であれば，運営メンバーも募集しております）。各種SNSもやっておりますので是非に。いつも応援してくださる皆様も，本当にありがとうございます。

2 バリアフリーフォーラム：ブース発表

(1) 概要

さて，以上のような活動をふまえて，私たちはバリアフリーフォーラムに参加し，ブースを出展しました。私たちのブースでは，ポスター発表を2回

図１　リアルゼミの名札

と，「座談会」と称した語り合い体験を２回行いました。パワーポイントでポチポチと資料を作り，Ａ３の紙に印刷して，マスキングテープでパーテーションに貼り付けるという，何とも学生らしい手作り感あふれるブースになりました。綺麗にセッティングされていたほかのブースとは一線を画すような空気感だったため，（思ったよりもちゃんとしてる……。大丈夫かな……）と少しそわそわしてしまいました。

また，メンバーの一人が可愛い名札を作ってくれたので，毛糸を通して首からぶら下げ，一目で誰が運営なのかわかるような工夫もしました（図１）。

⑵　ポスター発表の内容

ポスター発表では，20分ほどの説明を２回行いました（図２）。ポスターの内容は以下の通りです。

・ゼミの概要
　障害当事者をゲストに呼ぶ，ゲストの話を聴く，障害について考える
・京大リアルゼミとは？
　ゲストのライフヒストリー，学生が運営，参加者同士のディスカッション（誰でも参加 OK!）
・当日の動き（例）

図2　ブースでのポスター発表の様子

14:00～　ゲストのトーク①

14:30～　参加者の感想共有

15:00～　感想の発表，ゲストからのフィードバック

15:15～　ゲストのトーク②，ゲストへの質問

16:00～　自由参加の交流会

・「障害」とは？

障害者って言われるけどよく分かんない…，何となく生きづらいな…

・これまでの歩み

2013年　『障害者のリアルに迫る』ゼミ」スタート@東京大学

2019年　「『障害者のリアルに迫る』京大ゼミ」スタート

全8回を京大で開催しました！

2020年　「『障害』者のリアルを語り合う京大ゼミ」へ

全5回をオンラインで開催しました！

2021年　全2回の特別講義（夏季／春季）

オンラインで開催しました！

・これまでのテーマ

脳性まひ，依存症，ろう，自閉症，セクシャルマイノリティ，障害と映画（きょうだい児），うつ病，盲ろう，障害と笑い，吃音と当事者研究，学校教育と障害者

⑶ イベント参加者の感想

さらに，これまで京大リアルゼミのイベントに参加してくださった方の感想も，抜粋して紹介しました。フォーラムでは，立ち止まって感想のポスターをご覧になる方が特に多かったため，一部ここでも紹介させていただきます。なお，下線部はポスター制作の際に運営側で引いたものです。

⒜ 当事者に出会うことにより，刺激を受けた・興味を持った・理解を深めた

- これまで当事者（自分がろうである人）の話は聞いたことがなく，とても刺激的でした。手話をひとつの言語として捉える考え方は，手話だけでなく色んなところにいかしたい，と思いました。
- 今まで，手話での発話をテレビでしか見たことがありませんでした。今回，生で初めて見たのですが，想像以上に表情豊かで，衝撃を受けました。それと共に，ろう者のコミュニティの多種多様性も非常に興味深かったです。私は現在，手話を全く使えないのですが，ぜひ学び，通訳を介さずに少しでもそのコミュニティに触れたいと思います。
- 登壇者の方がどのような人生を歩み，どのような経験をしてきたかを知り，いろいろな視覚障害の人がいることを改めて認識できた。私も視覚障害があり，途中から急激に視力が低下した経験があるので，共感できる部分と新たな発見の部分があり，勉強になった。

⒝ 障害そのものについて，知識を得た・考えを深めた

- 医学モデル，社会モデルという考え方を初めて知りました。本人のみに改

善の余地があり社会環境の側で変える余地がないというのは，自分にはとても思いもよらなかったもので，自分が今まで触れてきた情報は過去の方々の苦労の末に広まった考え方であったのだと，再認識させていただきました。

- 障害って，じっくり考えても「これだ！」といったみたいにまとまらない概念だなと改めて思いました。障害を考えるにあたっていろんな側面からアプローチするけど，たぶんどの視点から考えてもはっきりと答えは出ないんだろうなと感じました。それくらいあいまいな概念だと思います。

(c) 障害のことを，自分事として捉える

- とても，率直に，これまでどんな経緯をたどってここにいるのかを語っていただき依存症の人々に対して持っていたイメージが変わりました。「全く違う世界の人」ではなく，「自分の身近な人や，自分自身がそうであったかもしれない人」なのだ，と強く感じました。ただ，反対運動参加者もそうなのかもしれないのですが，自分の子どもなどが依存症になったらなど，身近なこととして起こった際，自分は本当に「待つ」ことができるのか，まだ自信が持てない感じもしました。
- 「ろう者は言語的少数者である」という視点がとても驚きでしたが，お話をきいてとても納得しました。マイノリティをマジョリティに「同化」するのも差別の一形態というのは知っていたつもりでしたが，今日このゼミでお話をきかなければ人工内耳などの「ろうを治す」という考え方に疑問をもつことはなかっただろうと思い，自分の意識を見つめ直す必要があると感じました。

(d) ゼミでの語り合いそのものに価値を感じた

- 今まで自分の中にあったものを初めて人と共有する機会となりました。似たような意見や考え方に触れることもできたので驚きもあれば，少し勇気をいただくこともありました。さまざまな背景を持ちつつも交流できた時間は，上手く表現はできませんが，「ひと」という関わり合いが実感でき

た貴重なものでした。

- 今日のゼミでは，障害の有無にかかわらず，年齢や立場も越えて，いろんな人とフラットに兄弟姉妹や家族の話をすることができとてもよかったです。「きょうだい」という言葉があるからこそ，このようなテーマで人が集まって考えることができること，障害の有無にかかわらずそれぞれの兄弟姉妹や家族について考えを巡らす，だれにとっても関わりのあるテーマだということに気づくことができました。

当事者の人に出会うこと，生の声を聞くこと，みんなで語り合うことの意義が，これらの感想に詰まっているような気がします。フォーラム参加者の方からは，「ご自身で特に印象に残った回はありますか？」「○○というテーマでは，例えばどんな感想が出てきましたか？」など，たくさん質問をいただきました。興味を持ってくださったようで，本当にありがとうございました。

また，ゼミで扱ってほしいテーマを募集するコーナーも設けました。付箋とペンを置いておき，来た人が自由に貼り付けられるという形式です（図3）。数名の参加者さんがさまざまなアイデアを残してくれました。書いてくださった方，本当にありがとうございました！

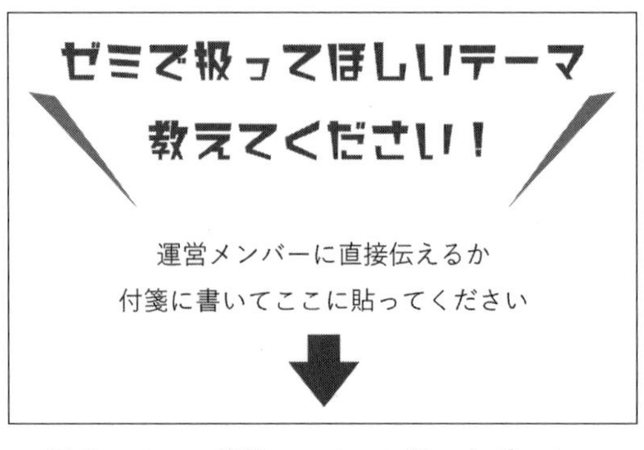

図3　テーマ募集コーナーに貼ったポスター

3 バリアフリーフォーラム：座談会

(1) リアルゼミの「語り合い」

ポスター発表の後は，「語り合い」と称した座談会を行いました。リアルゼミの醍醐味は皆であれこれ語り合うところにあるので，それを少しでも体験してもらおう！というねらいです。

本来であればゲスト講師の方の話を聞いたうえで感想を述べあうのですが，フォーラムではミニチュア版ということで，こちらでテーマを決めさせていただきました。テーマはズバリ，「障害とは何か？」です。……なんと広いテーマでしょう！　ミニチュア版とは思えないほど広く深いテーマですが，リアルゼミの本質はこのテーマを考え続けることにあるのではないか，というメンバー達の意見を踏まえて設定してみました。

リアルゼミの特徴として，一般的にイメージされるような「障害者」というカテゴリーには当てはまらない人もゲストとしてお呼びしている，という点が挙げられます。例えば薬物依存の当事者の方や，性的マイノリティの当事者の方など，社会的障壁に困難さを覚えた方々をお呼びしてきたという背景があるのです。このスタンスは，私たちは社会モデルを基本としつつ，常に曖昧で範囲が広いものとして障害を捉えている，という点に依拠しています。

私たちは，世間一般の「障害者」というイメージを，もう少し緩やかに，曖昧に捉えなおすことで，「障害ってなんなんだろう」「自分と何が違う（同じ）なんだろう」と存分にモヤモヤしていただきたい，と思っています。少し立派な言い方をすれば，リアルゼミでは常に「障害者／健常者」という枠組みを問い直すことを志向しているのです。「障害者のリアルを語り合う京大ゼミ」ではなく，「『障害』者のリアルを語り合う京大ゼミ」とわざわざカッコつきで「障害」と表記しているように，その部分はずっとずっとこだわり続けている大事なポイントです。

ただ，そうはいっても，「障害」という言葉の意味を本当にどこまでも拡大させてしまって良いのだろうか，どこかで線引きは必要なのではないか，という議論もあります。世の中には「生きづらさ」という言葉もありますが，すべての障害を「生きづらさ」に集約させてしまうことで，何か失われてしまうものがある気もします。そんなわけで，「障害とは何か？」ということを，参加者の皆さんと一緒に考えてみたいと思いました。

⑵ 座談会１回目——障害の線引きって？

座談会の時間になり，「始めます！」と声をかけると，６名程度の参加者さんが集まってくださいました。(中には私たちよりも大きな声で「座談会始まりますよ～！」と宣伝してくださった参加者さんもいらっしゃいました！)。椅子を数個持ってきて，みんなで向かい合うように輪になって座り，30分ほど語り合いました。車椅子に乗っておられる方，当事者の方，支援者の方，学生の方など，さまざまな属性を持つ方が参加してくださいました。

１回目の座談会では，「障害の線引きって必要なのか？」という問いから話が始まりました。「やりにくさ，生きづらさを障害と言ってしまうことに抵抗感があって……」という語りや，「“生きづらさ”にとどめておけば良いんじゃないですかね……。そういう言葉があるのなら，あえて障害という必要もないのかも」という意見，「障害という名前をつけないと，サポートする制度が使えないから，という現状があるので……。そこからスタートするんじゃなくて，サポートが要るからサポートする，という形じゃダメなのかな」といった疑問など，それぞれが「障害」に対して思うところを率直に出し合いました。

そんな中で，あるひとつの意見が出てきました。それは「障害の線引きがあることで，健常者側もしんどいのでは？」という参加者からの疑問です。その方は，世間一般で言うところの健常者に位置する人間で，今のところ支援を必要としなくても社会で生きていくことができるそうです。ただ，学校やバイトに行くことにしんどさを感じたり，人間関係に悩んだり，就活が辛くて逃げ出したくなったりすることは，わりと日常茶飯事だとおっしゃっていました。「でも私は障害者ではないし，この辛さはみんなが感じているものなので，自分で耐えるしかないのかも，と思って耐えてきました。それで何とかなってきましたし，正直特に困ったことは起きていないので，やっぱり自分は社会のマジョリティ側の人間なんだと思います。だけど，自分で頑張ればなんとかなると知っているからこそ，頑張りすぎて苦しくなって誰にも助けを求められなくなってしまう，ということがこれまでたびたびありました」と率直な思いを語ってくれました。

「詮無い考えですが，もし私が障害者だったら，もっと気軽に人に頼ったり助けを求めたりしやすくなるのかも，と思ったり……。障害／健常の線引きは，助けを求められる人／求めにくい人の線引きにも繋がっているのでは？と思うこともあって……」という疑問から，いろいろと話が膨らみます。少しの沈黙の後，当事者の方から「線引きがあることで，健常者側もしんどいというのは，自分は気づいていなくて……。確かに言われてみるとそんな感じもある気がするし，あーそうなんや！と思いましたね」と反応が返ってきます。なんとなく，（なるほど……）という雰囲気が漂います。

「でも支援のためには線引きが必要ですよね」「そうやって仮に引いている線が，本当に実在する線のように感じられるってことですかね」「線が意図しない形で機能することがあるのかも」「線引きが必要なのかそうでないのかを知ることが“学び”な気がします」「社会には前提条件があって，適合できない人が障害になっている。どこかにふるいがあって，そこに引っかかった人が障害者になっているのかも」などなど，さまざまな意見が出てきました。

議論は尽きないままあっという間に30分が過ぎ，1回目の座談会はお開きとなりました。（正直，もっともっと語り合いたかったです……）。

「健常者もしんどい」なんてことは，普通は当事者の方に言うのは憚られるのかもしれません。当事者が言う「しんどい」と非当事者が言う「しんどい」は，大きく質の異なる非対称なものです。非当事者が「私たちもしんどい」と当事者に言ってしまうことには，ある種の暴力性のようなものが潜んでいる気がします。だけどこのリアルゼミは，自分の思ったことを率直に出せる場です。「障害」にまつわる話を，タブー視することなく率直に語り合うことができ，どんな意見でも否定せず，一緒にあれこれ考えて，一緒にモヤモヤできる場です。誰かの語りから問いが生まれ，みんなであれこれ考えて，また別の語りから問いが生まれ……という風に，どんどん問いが生まれていくのがリアルゼミの一番の良さだと感じます。普段はなかなか言えない話をタブー視せずに率直に語り合い，答えが出ない問いをみんなで考え続ける楽しさを改めて実感した時間になりました。

(3) 座談会２回目――障害をポジティブに捉えるには？

２回目の座談会では，「障害をポジティブに捉えるには？」という切り口から話が始まりました。１回目の座談会に参加した当事者の方から，「こんなテーマはどうか？」という提案があり，ありがたく乗っからせていただきました。こんな柔軟性があるのもリアルゼミの良いところです。またまた６人ほどがぐるっと円形になって座り，30分ほど語り合いました。

「まあ障害があるからって落ち込んでばかりもいられないよね」という当事者の方の発言から，あちこち話が膨らんでいきます。

「障害に対する反応って『そうなんだ！わかる！』ってめっちゃ共感してくれることもあれば，わりと『ふーん』って感じで流してもらえるときもあるよね」「やっぱり人によってけっこう分かれちゃいますよね～」「共感してもらうと『この人理解者だな』って思えるかも。理解者だと思うと助けを頼めるって感じかな……」と，障害に対する周囲の反応について，さまざまな発言が出てきました。中には「何となく助けてもらえそうな人を見分ける嗅覚は育ってると思う（笑）」との発言も。なるほど，確かに人の良さそうな雰囲気を纏ってる方っていらっしゃいますよね。道に迷った時，教えてくれそうな人に助けを求めた経験は何度かありますが，障害という文脈においてもそれは有効なんだな……と新鮮に聞いていました。

特に印象に残ったエピソードとして，駅での出来事を挙げてくれた方がいらっしゃいました。その方は車椅子ユーザーで，ある駅を頻繁に利用していたのですが，そこにはエレベーターが無かったそうです。「その辺の人に手伝ってくれないか声をかけてたら，いつも会ってるから『やろうか？』って言ってくれる人もでてきて，『頼むわー』とか言ったりして……」と当時のことを語ってくれました。

「経験上かなりの確率でOKしてくれますね」「案外成功率は高い」と，ポジティブな話を聞くうちに，何だか私まで楽しくなってきました。皆さんの語り口がとっても軽やかで，何気ない日常の一場面としてサラッと話していることが，とても素朴で良いな……とほっとしたのです。「困難にめげず前を向く」といったような，少々力の入った無理やりなポジティブさではなく，生きていれば誰しも経験するさりげない優しさに目を向けて，自然な語り口でポジティブな話を聞けたのが，なんだかとても心地よかったです。

世の中には，障害者を差別する風潮と同じくらい，障害者を過剰に持ち上げて美化する風潮があるような気がします。こんなにハンディキャップを背負っているのに頑張ってて偉い，障害を乗り越えて大学に行くなんて素晴らしい，諦めず努力している姿を見ると応援したくなる，などなど。その言葉とセットになって出てくるのが，「困っている人に手を差し伸べましょう」という態度です。「障害者は大変で可哀そうなのに頑張っているんだから，私たちにできることがあったらサポートしましょうね」という文脈，けっこう目にするような気がします。

この，障害を乗り越えて頑張る人は尊いものであり，助けなければならない存在だとする風潮が，私は本当に苦手です。そういう話を聞くたび，モヤモヤとムカムカが一緒くたになって胸をふさぎ，息苦しくなってしまいます。障害者を過剰に持ち上げて褒めたたえたり，「手を差し伸べるべき存在」として扱うのは，結局のところその人の「障害」の部分にだけしか目を向けておらず，その人自身を対等な人間として見ていないのでは？と思ってしまいます。一見親切なように見えますが，かなり上から目線のまなざしを当事者の方に投げかけているのではないでしょうか。善意である分マシかもしれませんが，その人の「障害」のところだけピックアップして反応するという意味では，障害者差別をする人と変わりないのでは？とさえ思えてしまうのです。

余談ですが，先日似たようなモヤモヤを運営メンバーの一人が感じたそうです。そのメンバーは新歓でリアルゼミのビラを配ってくれたのですが，何人かに「ボランティアサークルですか？」と声をかけられたそうです。声をかけてきた人は無意識だったとはいえ，「障害者とボランティアを結びつけるってことは，『障害者＝親切心で助けてあげるべき存在』という意識が根底にあるのでは？」とモヤモヤしたそうで，その気持ちをリアルゼミのnoteに書いてくれました。ボランティア自体は良いことなのですが，だからといって障害者を無償で奉仕しなければならない存在として捉えてしまうことは，なんか間違っているんじゃないか，という記事を読んで，私も「本当にそうだな……」と深い共感を覚えました。

日頃からそんなモヤモヤを抱えていた私にとって，フォーラムで「助けてくれた」とサラッと語られた話は，とても自然なやり取りのように感じられました。エレベーターがない駅で助けてくれた方は，おそらく「助けなきゃ……！」という使命感に燃えていたわけではなく，いつのまにか手伝うのが普通になっていたから，日常の一コマとして手伝ってくれたのだと思います。もちろん本当のところはわかりませんが，少なくとも，そのエピソードを話されている方からは「いつものこと」であるかのような雰囲気が漂っていました。

障害があろうとなかろうと，困っている人を助けるというのは自然なことです。座談会で話を聞きながら，道に迷った人を助けるくらいの気軽さで障害のある人を助けるのが自然なことになれば良いな，逆にうまくいっているんだったら放っておいてもらえる環境になれば良いな……という感情が生まれてきました。

障害をポジティブに語るには，きっとその話を受け止める人が「障害」に慣れておく必要があるのだと思います。駅でのエピソードを，私たちは日常の一コマとしての“あるある”の類だと捉えましたが，人によっては大げさな美談にしてしまうのかもしれません。そうなると，「ポジティブな話をする当事者」は「困難にめげず前を向く人」に変換され，「助けてあげる存在」になっていき……という悪循環が起こるような気がします。蔑んだり差別したり，あるいは過剰に褒めたたえるのではなく，同じ時代を生きている同じ人間として，障害者と関わる人が増えれば良いなと思っています。そんなことを考えてこなかった人たちに向けて，私たちは，当事者と出会い，生の声を聞いて，みんなで語り合えるこのゼミを運営しているのです。

4 リアルゼミの楽しさとは？

フォーラム終了後に，２回の座談会の両方に参加してくださった当事者の方から，「面白いことしてるね～！」と声をかけていただきました。そうなんです，リアルゼミって本当に面白いんです！　やっていてとっても楽しいんです。私たちはずっと楽しいな～と思いながら運営しているのですが，フォーラムで初めてリアルゼミを知ってくださった方にも，その面白さが伝わったんだなと嬉しくなりました。

これは勉強系っぽい団体を運営している学生あるあるかもしれませんが，「大学で何かサークル入ってるの？」と聞かれたとき，「障害やマイノリティの当事者をお呼びして，話を聞いて，みんなで感想言い合うっていうことをしていて～」と説明すると，決まって「偉いね」と言われてしまいます。もちろん誉め言葉であることは理解しているんですが，私としては楽しいからやっているわけであって，別にそんなに褒められることではないよな……と何とも言えない気持ちになってしまうのです。（ここでまた「障害者＝支援の対象という図式があるから，私が立派なことをしているように映るのでは？」という疑問が出てきたりもするのですが，長くなるので割愛します。）

私が４年以上リアルゼミの運営を続けている最大の理由は，単純に楽しいからです。当事者，他大学の学生，社会人など，普段はあまり出会うことのない人たちと一緒になって，あーでもないこーでもないと結論の出ないまま語り合うのが，本当に楽しいんです。

ではなぜこんなに楽しいのでしょうか？　「楽しい」と一口に言っても，その質感はさまざまです。遊園地に遊びに行くときの「楽しい」と，友人と公園でのんびりするときの「楽しい」と，一人で夜に映画を堪能するときの「楽しい」と，興味深い本を読んだ時の「楽しい」とでは，言葉が表すニュアンスが微妙に異なっているのではないでしょうか。そんな中でもリアルゼミの楽しさは，学問の本質的と地続きなところに位置している「楽しい」に起因しているのではないかと思います。

そもそも，「学問」って一体何なのでしょうか。学ぶことには，どんな楽しさがあるのでしょうか。人それぞれ色んな意見があると思いますが，私は「当たり前だと思っていたことを別の視点で捉えなおせること」が学問の一番の醍醐味だと考えています。自分の中にある常識，知っていたつもりの現象，疑うことのなかった真実。そういったものはもしかすると一面的なものにしか過ぎず，世の中には自分が考えたこともなかった見方があるのだと気付ける瞬間，これこそが学問の本質的な「楽しい」なのではないでしょうか。

振り返ってみると，私がリアルゼミの運営を続けている理由に，この楽しさが詰まっているような気がします。ここで少し，リアルゼミに携わるきっかけの話をさせてください。

2019年某日，私は友人に誘われて，リアルゼミの運営募集の説明会に参加しました。当時の私は他大学の学部１回生。京大にも障害にもそこまで縁がない生活を送っていました。説明会に足を運んだ理由は「なんとなく」，ただそれだけです。もしその日に友人に誘われなかったら，あるいは他の予定が入っていたら，恐らく説明会には行かなかったでしょう。「こんな機会でもないと京大に行かないだろな～ちょっと覗いてみるか～」という軽い気持ちで参加を決めました。すると説明会の場に，視覚障害の当事者の学生さんがいらっしゃったのです（その方を仮にＡさんとしておきます）。18年間，「障害者」と呼ばれる人と出会ってこなかった（と思っていた）当時の私にとって，目の前に白杖を持った人がいるというのはかなり衝撃的な体験でした。しかも，説明会はいくつかのグループに分かれて話し合う時間があったのですが，私はそのＡさんと同じグループになってしまったのです。「なってしまった」という表現に凝縮されていますが，正直，「ど，どうしよう……」という戸惑いがかなりありました。「不用意な発言したらダメだよな……。でもそう思うこと自体が差別なのかな……」とドキドキしながらAさんに恐る恐る話しかけたことを今でも覚えています。道徳の時間に「白い杖をついて歩いている人がいたら声をかけて助けてあげましょう」と話していた小学校の先生の顔を思い出して，「何か手伝った方が良いのかな……」とソワソワしたりもしました。今振り返ってみると，18歳の私自身が「障害がその人の全てであるかのように」考えていたんだな，と思います。

ただ，話してみると，Aさんはとても普通の方でした。いや，普通というとかなり語弊がありますね。とても明るくて話が面白くて，一緒に話しているとこちらまで楽しくなってくるようなポジティブな魅力を持った学生さんでした。説明会の後，自転車で帰路につきながら「あの人めっちゃ明るかったな……」と思い出したりもしました。その時点で，Aさんの印象が「障害のある人」から「なんかめっちゃ明るい人」へと変わっていったわけです。

それから数日たち，結局，私もAさんもリアルゼミの立ち上げメンバーとして運営に携わることになりました。一緒にミーティングで話したり，企画を考えたり，雑談したり，東京まで行ったり，大原の三千院にお参りしたり，そういうごく一般的な先輩後輩の付き合いを続けていく中で，いつのまにか「視覚障害者のAさん」ではなく「明るくて話が面白くて，△△というミュージシャンが好きで，××で一緒に遊んで，今は□□を頑張っているAさん」になっていました。もちろん，どこか移動するときに手引きをしたり，ごはん屋さんでメニューを読み上げたり，いわゆる支援っぽい関わり方をする場面もあるにはありましたが，それも道徳の授業で習ったような「助けてあげよう！」というマインドではなく，「あ，メニュー見えないのか。じゃあ読み上げますね」というようなサラリとした関わり方だったように思います。Aさんがリアルゼミを卒業された今も，美味しいごはん屋さんを紹介したり，「最近どうですか？」と連絡を取り合ったりと，大切な先輩として関係が続いています。

こんなフラットな関係性をAさんと築けるなんて，リアルゼミに参加する以前の私にとっては考えられなかったことです。そして，Aさんに限らず，リアルゼミで当事者の方のお話を聞くたびに，「自分と重なる部分があるな……」と共感したり，「この人の行動力は凄いな……」と尊敬したり，「この人の考え方は自分とは違うな……」と差異を感じる部分も含めて，「○○さん」という視点で当事者の方を捉えられるようになっていきました。何の違和感もなく「障害がある人＝助けてあげるべき存在」と認識していた私が，「当事者だって同じ人間である」「自分も環境が変われば障害者になりうる」という見方を獲得できるようになったのです。

その「当たり前だと思っていたことを別の視点で捉えなおす」という行為が，私にとってはとても楽しく面白いものでした。実際に当事者の方に出会って，お話を聞いて，自分なりに咀嚼して，参加者と感想を語り合って……というプロセスを経ることで，どんどん自分の中の常識が常識でなくなっていく楽しさは，学問を学ぶ楽しさと地続きであるように思います。もちろん，ゼミを通じて「障害とは何か？」といった終わりのない問いや，「自分は本当に差別していないのか？」といった自身を顧みる問いに真剣に向き合うことも多いので，苦しくなるときもあります。しかし，終わりのない問いに悩み苦しむということもまた学問の醍醐味なのではないしょうか。そんな学問との親和性が高い「楽しい」に魅せられて，私はリアルゼミの運営を未だに続けているのです。

そして，リアルゼミがやっていることは，この学問の醍醐味を存分に味わうための入り口を，幅広い人に開いているということなのかもしれません。これまで「障害」というものに触れてこなかった学生が，当事者の方に出会い，語りを聞き，内省したり自分に引き付けて考えたりすることで，何か変化が起こるかもしれない。あるいは参加者が当事者の場合であっても，自分とは異なるライフストーリーを聞き，語り合うことで，新たな視点を得ることに繋がるかもしれない。そうした気づきや発見が，参加してくださった方々に何かをもたらしてくれたら良いな，というささやかな願いを持って，我々は場を運営しています。（ただし，そうした発見や気付きは，参加してからすぐに現れない場合もあると思います。「何かよくわかんなかったけど楽しかったな～」というゆるい感想も咎められない場を作ることで，後々にでも，参加者に何かしらの学びが生まれれば嬉しいなというのが私たちの願いです。）

勉強会という形ではなく，誰でも気軽に参加できて，手作り感に溢れていて，学生たちが毎回手探りであたふたしながら運営しているリアルゼミだからこそ，当事者や他の参加者，そして自分自身とじっくり向き合えるのではないかと思います。答えのない問いをぐるぐる考えて，一緒にモヤモヤすることそれ自体が，単に「勉強する」以上の学びをもたらしているのではないでしょうか。

＊　＊　＊

バリアフリーフォーラムを通して，自分たちがやっていることはどんな価値があるのか，何を大切にしたいのかといった根幹を見つめ直すことができました。参加者の方とお話したり，声をかけていただいたり，他のブースの方々の先進的な取り組みに感心したりと，とても楽しく意義ある時間を過ごせました。大変貴重な機会をいただき，本当にありがとうございました。

それでは，このあたりで筆をおきたいと思います。拙い文章でしたが，最後まで読んでくださりありがとうございました。目を通してくださった皆様が心穏やかに過ごせますように。

綾屋紗月

仲間・自己・責任

自己権利擁護の前提条件についての覚書

私が自閉症[1]の診断を得てから，本稿執筆時点で17年になる。自閉症を定義する現在の医学的記述については，診断前から疑念を抱いており，いまなお，受け入れたとは言えない。しかしこの診断をきっかけに，私は同時代を生きる仲間や先ゆく仲間とのつながりを得ることができ，また，彼らとのやりとりによって等身大の自分を把握し，生き延びることができた。そして今の私には，私たち自閉症者が直面する差別や偏見といった社会課題に応答する責任を引き受ける覚悟ができつつある。こうした経緯をたどるべく，本稿では，この17年を仲間・自己・責任といった観点から振り返る。

1 同時代の仲間と等身大の自分

(1) カテゴリーとコミュニティ

私は物心ついた頃から，自分と周囲の人々との間に日々，ズレを感じていた。身体感覚で言えば，周囲の人よりもうまく話せない／うまく聞き取れない／うまく文字が読めない／うまく食べ物が呑み込めない／食道・胃・腸が締まりがち／自分が空腹だと気づきづらい，などのズレに直面した。世界の

1　小児自閉症，カナー症候群，高機能自閉症，アスペルガー症候群，広汎性発達障害，自閉スペクトラム症などを総称して，本稿では自閉症と記載する。

認識の仕方という面では，人が注目しない些細な部分を覚えている／左右が覚えられない／ＡとＢが似ているか否かの判断が周囲の人たちと一致しない／同級生の会話の意味やルールがわからない，といったズレを突きつけられた。行為の面においては，周囲の人たちがすぐに決定できるような場面ではなかなか決められず，周囲の人たちが躊躇するような場面では迷わず決められる／工作や料理など手先を使う所作から体全体を動かすスポーツまで，周囲の人たちよりも著しく不器用で全くできないのかと思いきや，ある時に突然スッとできる／ひどく疲れやすい，といったズレが到来した。そうしたさまざまなズレに気づくたびに驚きと恐怖にさらされてきた私は，「どうやら何かがみんなと同じではないらしい」という自認を早くから持たざるを得なかった。自分の感覚・認識・行為が周囲と一致しないことが多いということは，自分の「聞こえる」という感覚，自分が「見たもの」の実在性，自分の行為の妥当性といった事柄が承認されない日々をもたらすことになる。その結果，私は自分の身の回りにある事物についても，自身に生じる心身の変化についても，意味を把握しづらく，不安と混乱の世界に閉じ込められてきた。

小学生の間は孤立を抱えながらもなんとか学校生活をやり過ごしていたが，中高生になると日々著しい疲労を抱えるようになり，学習面でも「自分だけがぽっかりと何かをわかっていない／できない」という焦りと疎外感にさいなまれるようになった。そして16歳のときに体を壊し，私は自分を取り巻く「普通」から決定的に外れることになった（綾屋 2023a）。

自分の困難を伝えようとして思いつく言葉は我ながら嘘っぽく，勇気を出して他者に話しても，まともにとりあってもらえなかった。原因不明の疲労と孤立を抱え続けている私の中には，「自分は一体何者なんだろう」という問いが常にあった。やがて30歳を過ぎた頃，ある自閉症者の手記に出会った。それまで専門家による自閉症の診断基準や言説を読んでも「これは自分ではない」と感じていたが，当事者が「外側からはこのように見えるかもしれないが，内側の感覚や考え方としてはこうなっている」と，自らの経験を語った言葉は，これまでになく自分の経験と一致した。それを機に，私は自閉症の診断を2006年に得ることになった（綾屋 2022）。

このとき私は2つのものを受け取った。1つは自閉症という「カテゴリー」である。ここで診断名ではなくカテゴリーという言葉を使うのは，そこに障害や病気といった医学的分類ではなく，「普通」とされる多数派社会と単に一線を画すだけの，どちらかと言うと文化的分類のような意味で記述したいからである。当時の私に必要だったのは，これまで感じてきた周囲とのズレが，気のせいではなく確かにあるものとして承認されること，そして，「私たちと同じようにふるまえ」という多数派社会からの同化的圧力を押し返すことであり，私は自閉症というカテゴリーにそうした効力を期待した（綾屋 2022）。

もう1つは，自閉症者を含む発達障害者の「コミュニティ」である。大学時代に聞こえない学生たちと共に過ごし，彼らが大学における情報保障（手話通訳やノートテイクなど）を制度化することを目標に活動する様子を目の当たりにしてきた経験から，私の中には，少数派の身体的特徴を持った仲間同士で集まる，活気あふれるコミュニティへの具体的なイメージと憧れがあった。学生だった当時の私には，自分のマイノリティ性を表すカテゴリーがなく，障害のある学生との対比として自嘲的に「できそこないの健常者」と，誰に言うでもなく自らを定義するくらいしか言葉がなかった。しかしようやく私も，同じカテゴリーを持った仲間と出会えることになったのである。彼らは自分と似ているのだろうか，それとも全く異なっているのだろうか……。複数の仲間たちと直接会って交流することで，一人の当事者の手記からだけでは得られない，言語的および非言語的な生身の情報を得ることを切望していた私は，期待と不安が入り混じった気持ちで発達障害者コミュニティに参加した（綾屋 2022）。

仲間の語りを聞き，動き（所作・ふるまい）を見ることで，私はこれまでの苦労や感覚を初めて他者と共有することができた。スピーカーのハウリングが起きたとき，私だけが耳をふさいでいるのではなく，その場にいる仲間たちが一斉に大声をあげたりしゃがみこんだりと大騒ぎしている光景は，この場が自分の居場所であることを雄弁に物語っていた。しかし，それらはあくまでも部分的な一致であり，私の抱えてきた困難のすべてを承認するものではなかった。むしろ，同じ診断を持っている仲間とは思えないほど，仲間たちの特徴や来歴は多様であった（綾屋 2022）。それでも私は，「普通」から疎外されたという寂しさや苦労を共有でき，「普通のフリ」をせずに居られる新しいコミュニティに魅力を感じていた。

⑵ 診断基準への疑念

以上のように，私は診断を得た際に，自閉症というカテゴリーとそのコミュニティを受け取った。一方で私は，自閉症の医学的な診断基準に対して，診断を得る前から懐疑的だった。

自閉スペクトラム症は，国際的な診断基準であるDSM-5によって，⑴さまざまな文脈を超えて，全般的な発達の遅れでは説明のつかない，社会的コミュニケーションと社会的相互作用における持続的な欠損（persistent deficits in social communication and social interaction across multiple contexts）があり，⑵行動，興味，活動の限局的かつ反復的なパターン（restricted, repetitive patterns of behavior, interests, or activities）が認められる，という2つの特徴で定義されている（APA 2013）。しかし，この定義に対し，「確かに私はこれに当てはまるが，こうした現象は，あくまでも結果であり，その手前には別の原因がある」としか思えなかったのである。当時，コミュニティの中で，私と同様の疑念を抱いている仲間の声を聴くことはなく，むしろ仲間たちは，この診断基準に自分の経験が当てはまるように，思い思いの解釈で語っているように見受けられた。

このような私の納得のいかなさを解決してくれたのが，学生時代からつながりがあり，障害者の欠格条項改正のための運動に関わっていた身体障害を持つ仲間からの「自閉症の診断基準には障害の社会モデル（以下，社会モデル）がない」という指摘だった（綾屋 2023b）。

社会モデルとは，1970年代のイギリスで活躍していたThe Union of the Physically Impaired Against Segregation（隔離に反対する身体障害者連盟：以下，UPIAS）という身体障害者の当事者団体が提唱した考え方から始まったものであり，「障害を生み出しているのは，少数派一人一人がもつ身体的特徴に対する配慮がない多数派社会なので，社会環境としての建物・交通機関・法律などを変革する必要がある」と捉えるモデルである。このモデルを提唱することでUPIASは，「障害は個人的な異常であり，医療によって治す対象である」とする従来の考え方を「障害の個人モデル（以下，個人モデル）」として批判してきた（綾屋 2022）。またUPIASは，障害概念を，一人一人の少数派がもつそれぞれの身体的特徴である「インペアメント（impairment）」と，多数派向けの社会によってインペアメントをもつ人々が無力化されている状況を意味する「ディスアビリティ（disability）」という2つの概念に区別した（綾屋 2023b）（図1）。

この社会モデルの考え方をふまえると，自閉症の診断基準の問題点は，「社会的コミュニケーション障害」なるものが個人の「中」にあるインペアメントであるかのように記述していることにあると考えられる。あくまでも「社会的コミュニケーション障害」とは，多数派向けのコミュニケーション様式が主流化した社会の中で，それに合わない人々が無力化されている「現象」のはずであり，ディスアビリティだと言えるだろう（綾屋 2022）（図2）。そして，こうした論理的な問題が原因となって，「診断（ディスアビリティ）が同じでも，一人一人の具体的な特徴（インペアメント）が著しく多様にな

障害の個人モデル

「障害」とは医学的な治療対象となる
個人的な異常であるとするモデル

障害の社会モデル

「障害」とは社会政策によって生み出されており、
社会を変えるべきだとするモデル

障害の社会モデル：1970年代のイギリスで活躍していた身体障害者の当事者団体（UPIAS）が提唱した考え方をもとに、イギリスで最初の障害学の教授となったマイケル・オリバーが1983年にそれを概念化した。

図1　障害のとらえ方についての2つのモデル

障害の個人モデル

「障害」とは医学的な治療対象となる
個人的な異常であるとするモデル

障害の社会モデル

「障害」とは社会政策によって生み出されており、
社会を変えるべきだとするモデル

「社会的コミュニケーション障害の人」と
「普通の人」がいるのではなく、

社会的多数派と少数派のあいだに生じる現象として
「社会的コミュニケーション障害」があるはず。

図２　社会的コミュニケーション障害のとらえ方

る」という結果が生じている可能性も見えてくる。

以上のことから，自閉症概念は，少なくとも２つの限界を抱えていることがわかる。１つは，教育・就労・司法・家庭など社会のいろいろな領域でさまざまな少数派の身体的特徴を持つ人々を，一律に「社会性」や「コミュニケーション」の障害という名目で排除することを可能にし，本来ならば社会側も負うべきはずの責任を追及しづらくしている点であり，もう１つは，ディスアビリティとしての記述を含む診断だけでは，自分の身体的特徴（インペアメント）を把握できないという点である（綾屋 2022）。

さらに，この診断基準によってもたらされるスティグマに対しても，私は怯えていた。スティグマとは，権力関係の作用する条件下で，さまざまな属性を使って人々を分類する「ラベリング」，一人一人の個性を無視して属性全体を一括りにした典型的なイメージを持つ「ステレオタイプ」，その人たちを地域社会から隔離したり，社会的ステイタスを奪ったりといったかたちで扱う「差別」が起きる現象のことである（綾屋 2023c）。「孤立から抜け出したい」「仲間とつながりたい」という思いが先んじていた私は，診断後に自閉症概念にまつわるスティグマを目にしたり，実際に自分が攻撃されたりするようになり，「しまった」と焦ることになった。「社会的コミュニケーションの障害」という定義は，特に犯罪や暴力といった反社会的な行為をした者に対して，事後的に，都合よく，自閉症の診断を付与することを可能にしており，その現実に恐怖を抱いた。こうした危険性をはらんだ診断ではなく，私の幼少期からの感覚体験に該当する正確な診断を探す必要があると思うものの，これまでの経緯を振り返っても，自分の困難のすべてを一言で表す新たな診断が見つかるとは思えず，私は途方に暮れた（綾屋 2022）。

当時の私は世の中に蔓延するスティグマを直視するには脆弱過ぎた。少しスティグマに触れるだけで容易に傷つき，世界中から自分の存在を否定された気がして生きていく自信を失った。そのような私が生き延びるためには，まず，スティグマとの距離を置いて，私が私のままでいても認められる人的・物的環境を自分の周りに配置し，安全な自分の基盤を固める必要があった。しかし，私が私のままでいるとはどういう状態なのか，ありのままの私はどのように「普通」と異なるのか……そうした問いについて，正確に説明してくれるような自閉症言説は，残念ながら見当たらなかったのである（綾屋 2022）。

(3) 当事者研究に取り組む

そんなときに巡り合ったのが，外側からは見えにくい経験を内側から記述し，仲間と共に自らの特徴を探っていく「当事者研究」という営みだった。私は診断基準を一度脇に置き，当事者研究に取り組むことで，私の個人的な身体的特徴（インペアメント）を誤解なく他者に伝えるための言葉をゼロから作り上げていくことにした。それは自分の特徴を解明したいという個人的な探求心に基づくものであったが，自分の身体的特徴を把握していなければ自分のニーズも正確に把握できず，支援制度を適切に利用したり，社会環境の変化を要求したりすることができないからでもあった（綾屋 2022）。

当事者研究の結果，私は自身の身体的特徴について，「身体内外からの情報を，多くの人よりも細かく，たくさん，等価に受け取っているため，それらを絞り込み，意味や行動にまとめあげることがゆっくりである。また，パターンからのズレ（予測誤差）に気づきやすいために，一度できた意味や行動のまとめあげパターンも容易にほどけやすい」とする仮説を言語化し，日常生活の中で検証した（綾屋 2023a)。そうして自分を把握していくうちに，徐々に自分の中にある闇雲でバラバラな経験に意味や見通しを持てるようになり，自分の身体を乗りこなせるようになっていった。すると「正確な診断」を求める焦りからも，やや解放され始め，自分のニーズを伝えて社会環境が変化する機会も増えた（綾屋 2022)。とはいえ，ニーズもまた簡単に言語化できるものではなく，中にはニーズとして表現できるようになるまでに10年近くかかった身体的特徴もあった（綾屋 2023a)。

こうして2012年になると，当事者研究によって独自に言語化した自らの身体的特徴（インペアメント）の範囲については「自分にとって自然な状態」として受け入れられるようになった。そして自閉症の診断に対して正確なインペアメントの記述を期待するのではなく，「あくまでも，似た苦労を抱える多くの仲間とつながるための切符に過ぎない」という捉え方をするようになった（綾屋 2022)。しかしディスアビリティである「社会的コミュニケーション障害」をインペアメント化するという自閉症の診断基準については，なお，納得できないまま，現在に至っている。

自分の身体に見通しがつき，現在の自分が安定すれば，あとは楽に生きていけそうなものだが，残念ながらそうではなかった。安全な日常との引き換えであるかのように，普通のレールから外れた高校時代の記憶がひどく疼くようになったのである。身体的特徴に関する当事者研究が一段落した後に待ち受けていたのは，人生の断絶という傷と向き合う当事者研究だった。私は依存症自助グループ[2]の仲間たちと彼らの知恵の蓄積に助けられながら，引き続き当事者研究に取り組んだが，その傷の記憶と和解し，ふりまわされずに済むようになるまでには，10年以上の長く苦しい年月を要することになった（綾屋 2023b)。

2　ダルク女性ハウスのこと（第Ⅱ部第４章の前文参照）

2 先ゆく仲間とのつながり

(1) 自閉症者の運動史

2016年頃から，私は当事者研究のルーツをたどる研究を始めた。それが一段落した2020年頃には，当事者研究の理念的支柱を得たような感覚や，当事者研究にまつわる多くの仲間に背後を支えられているような感覚が生まれており，それらの感覚が，向かい風に抗って私たちの尊厳を守らねばならない責任のようなものを，私にもたらすようになっていた（綾屋 2023b）。仲間の尊厳を守る責任は，「同時代の仲間」との共感的な横のつながりと，「等身大の自分」の把握，そして「先ゆく仲間」との歴史的な縦のつながりの３つが揃ったときに立ち上がることを，このとき私は実感した。

この頃になると私はスティグマに触れても，ある程度耐えられるようになっており，ようやく世界の自閉症者たちが歩んできた集合的な歴史に目を向けられるようになった。文献を読み進めると，自閉症者が運営する歴史上最初の自助および擁護組織と言われるAutism Network International（ANI：国際自閉ネットワーク・1992年設立）の共同設立者の一人であり，自閉症の権利運動活動家のジム・シンクレア（Jim Sinclair），1990年代後半にニューロダイバーシティ（neurodiversity：神経多様性）という言葉を生み出した自閉症スペクトラムの社会学者であるジュディー・シンガー（Judy Singer），自閉症コミュニティから生まれた明確な政治活動の嚆矢として多くの人に認識されているウェブサイトautistics.org（1998年設立）の創設者であるローラ・A・ティソンシク（Laura A. Tisoncik），自閉症者が運営する権利擁護団体であるAutistic Self Advocacy Network（ASAN：自閉症自立支援ネットワーク・2006年設立）の共同設立者の一人であり，障害者権利活動家および研究者のアリ・ネーマン（Ari Ne'eman）など，1993年から始まったとされる自閉症者の権利運動の初期の活動家たちはそれぞれに，自閉症者による運動のモデルがない中で，マーティン・ルーサー・キング・ジュニアによる黒人公民権運動，フェミニズム，ゲイ解放運動，身体障害者運動，デフ・コミュニティなど，他のマイノリティ運動を参照して部分的に取り込み，自閉症者にふさわしいかたちの運動へと応用させてきたことが見えてきた(Silberman 2016；Tisoncik 2020)。彼らが他のマイノリティ運動から理念と実践を受け継ぎ，試行錯誤しながら自閉症の当事者運動を立ち上げたプロセスは，日本における自閉症者の運動の歴史がまだ乏しい中で，ろう者の運動，フェミニズム，身体障害者運動，依存症，といった先ゆく仲間の知恵と歴史に支えられながら生き延び，当事者研究を継続してきた私自身の状況と重なるものであった。社会運動としての取り組みを保留にしてきたことに対して私はいくらかの引け目を感じてきたが，もしかしたらこれまで取り組んできた自閉症者の当事者研究は，既存の自己権利擁護運動とは異なるスタイルで日本独自に展開した，世界中で同時多発的に始まった自閉症者の社会運動のひとつとしての意義があるのかもしれない。

⑵　海外の仲間との共著論文

2020年はコロナ禍に突入した時期でもあった。ある日突然，命を守る方法が全くわからない不安と恐怖の世界に突き落とされ，私もまた大きな環境の変化に飲み込まれた。オンライン上でのミーティングやデータ共有の方法をなかなか覚えられず，職場では落ちこぼれ組の一人だった。こうした変化に耐えきれなかった私の身体は，これまでに経験したことのない類の不調に陥った。10年続けてきた発達障害の仲間との当事者研究会も2020年10月を最後に休会せざるを得なくなり，今後の活動を見直さねばならなくなった。

自閉症者の運動史に関する知識を得た私は，日本国内に閉じた活動の限界を痛感し，2021年９月になると，今後は自閉症者の自己権利擁護も視野に入れ，世界に広がる自閉症者の同時代の仲間，および先ゆく仲間とつながる必要があると感じていた。そして，若い世代も巻き込みながら，運動的な要素を含む自閉症当事者の拠点づくりを構想した。

そんなことを考えていた矢先，2022年を迎える頃に突然，ヨーロッパの自閉症者団体 European Council of Autistic People（EUCAP）の代表である Heta Pukki から，「私たちは，自閉症当事者であり，かつ，自閉症者の権利擁護運動を行っている者，研究者，自閉症者による自閉症者のための組織を代表する者からなる委員会として，Global Autistic Task Force on Autism Research（自閉症研究に関する世界自閉症者タスクフォース：以下，GAT-FAR）を立ち上げた。私たちが現在取り組んでいる活動に賛同し，協力してくれる日本の自閉症者グループを探している」といった内容の連絡がきた。

その活動とは，自閉症ケアの未来と臨床研究に関するランセット委員会（The Lancet Commission on the Future of Care and Clinical Research in Autism）が2021年12月に発表した，自閉症者とその家族のニーズに応えるために今後5年間に為すべきことをまとめた提言（Lord et al. 2022）への意見書を，世界各国にある約20の自閉症の当事者グループが協力し，各団体のウェブサイトで一斉公開するというものだった。私は当事者研究会の常連メンバーに確認し承諾を得て，2022年2月，当事者研究会のホームページで公開した。

ランセットの論文は，自閉症のケアと臨床研究の将来に関する指針を示すものだったが，自閉症者にとっていくつかの画期的な記述が見られる一方で，望ましくない方向に進む可能性も見られ，世界の自閉症者や当事者団体の一部から懸念されるものであった。意見書の中で自閉症者たちは，薬物治療や行動療法といった介入に偏った記載への懸念，社会制度の見直しや支援の改善といった研究をもっと推奨すべきだという提案，そして，多様な当事者たちと議論を継続して共同関係を構築する場の提案などを表明した。

さらにこの意見書に基づき，2022年6月に GATFAR メンバーの有志が，ランセット委員会の指針に対する国際共著のポジションペーパーを投稿し，私も共著者に名を連ねた（Pukki et al. 2022）。しかし残念ながらランセット側は「自分たちに落ち度はない」と，十分な理解を示さなかった。その後，2023年5月，ネイチャー誌が GATFAR の活動や論文を取り上げ，自閉症に関する研究が長らく当事者の意を組んだものではないことへの批判をおこなった（Rodríguez Mega 2023）。

このような一連の経緯を通じて，当事者が国際的に団結する意義を実感する一方で，国内で経験してきた以上に，背景や価値観に違いがあることも突きつけられている。能力主義の強さ，主流の介入方法，親の会との関係性，福祉サービスの充実度，権利意識の有無，当事者が主導する研究の実践度などが，国ごと，個人ごとに違い，目指しているゴールもそれぞれ異なっているのである。当事者と言っても一枚岩ではない中で，どこまで連帯できるのか，共有できる課題は何かを問われる難しさを痛感している。

⑶ 韓国の仲間との交流

2023年２月，韓国の成人自閉症者団体「estas」(2013年設立)，神経多様性者団体「セバダ」(2021年活動開始)，および「韓国後見・信託研究センター」(当時) の三者が共催した神経多様性フォーラムにて，私はオンラインで当事者研究について講演した。そして同年５月にはセバダの活動拠点である「回復の場ナンダ」を訪れ，メンバーたちと一緒に当事者研究をおこなった。彼らの雰囲気は，私がこれまで関わってきた日本の発達障害成人コミュニティとよく似ていた。

estasの調整者（モデレーター）であり，GATFARの論文の共著者の一人でもある研究者のユン・ウンホ（尹恩鎬：当時，韓国後見人・信託研究センター）は，こちらからの突然の訪韓依頼にもかかわらず，丁寧なやりとりで準備を進めてくれ，当事者団体だけでなく，発達障害者にとってわかりやすい情報を提供する企業である「소소한소통（小さなコミュニケーション)」，政府機関から受託して障害児・発達障害児へのサービス促進と権利保障事業を支援している「中央障害児童・発達障害人支援センター」にも，日韓通訳をしながら案内してくれた。

移動中のタクシーが夕方の渋滞にはまると，私たちはスマホの翻訳アプリを使いながら会話し，徐々に打ち解けていった。セバダ代表のジョ・ミジョン（趙美正）は，「韓国は能力主義が激しく，私たちが運動をする際にも，『当事者ならではの理念』と『非当事者と同等の能力』の両方が求められる」「スティグマも強く，自閉症者は感情がないからロボットのようにいくらでも働けると思われている」といった愚痴を，ため息をつきながら話してくれた。

特に印象深かったのは，韓国の男性には徴兵制があり，それが，女性よりも男性の自閉症者の人数が多い理由のひとつになっているという話を，肉厚のサムギョプサルを一緒に食べているときに聞いたことである。その真偽を確認できたわけではないが，「この男児／男性は兵役が務まるだろうか」という視点が多かれ少なかれ日常生活の中に存在している社会（韓国）と，そうした視点がない社会（日本）では，自閉症だと診断される人物像が一致しない可能性があることは想像に難くない。診断基準にディスアビリティが含まれるために，自閉症の表象が国ごとの社会制度や文化の違いに左右され得ることを，ここでも再確認することになった。

＊　＊　＊

estas とセバダは共に自己権利擁護運動を精力的におこなっており，日本の状況についても，「自閉症者はどんな制度を利用できますか」「どのような差別がありますか」「あなたたちは知的障害のある自閉症者と連携していますか」「私たちと似たような活動が，日本でも国からの資金援助を受けて行われていますか」と数多くの質問を投げかけてきた。しかし先述したように，これまで日本の自閉症者の社会課題を直視しきれずにきた私は，そのたびに憶測で返事をするしかなく，「自信がないので宿題にさせて下さい」と伝えねばならなかった。

こうして，スティグマに立ち向かって行動している世界の仲間たちの姿勢に背中を押された私は帰国後，山積した国内の自閉症をめぐる社会課題に意識を向け始めた。これまで取り組んできた当事者研究を足場にしながら，今後，自分に何ができるのか，模索中である。

謝辞
　本稿執筆のもととなった研究は，文部科学省科学研究費補助金・学術変革領域研究（A）「当事者化の過程における法則性／物語性の解明と共同創造の行動基盤解明」（課題番号：No.21H05175），JST CREST「知覚と感情を媒介する認知フィーリングの原理解明」（課題番号：JPMJCR21P4），および，内閣府ムーンショット型研究開発事業「多様なこころを脳と身体性機能に基づいてつなぐ『自在ホンヤク機』の開発」（課題番号：JPMJMS2292）の支援を受けた。

参考文献

APA（American Psychiatric Association）（2013）*Diagnostic and Statistical Manual of Mental Disorders*, 5th ed. APA.（日本精神神経学会日本語版用語監修，髙橋三郎・大野裕監訳，染矢俊幸・神庭重信・尾崎紀夫・三村將・村井俊哉訳『DSM-5　精神疾患の分類と診断の手引』医学書院，2014年）

Lord, C., Charman, T., Havdahl, A. et al.（2022）“The Lancet Commission on the future of care and clinical research in autism,” *Lancet*,399（10321）, 271–334.

Pukki, H., Bettin, J., Outlaw, A. G. et al.（2022）“Autistic perspectives on the future of clinical autism research,” *Autism in Adulthood : Challenges and Management*, 4 (2), 93–101.

Rodríguez Mega E.（2023）“The best way to get it right is to listen to us : autistic people argue for a stronger voice in research,” *Nature*, 617（7960）, 238–241.

Silberman, S. (2016) *Neurotribes : the Legacy of Autism and the Future of Neurodiversity*. Penguin Random House.（スティーブ・シルバーマン／正高信男・入口真夕子訳『自閉症の世界――多様性に満ちた内面の真実』講談社，2017年）

Tisoncik, L. A.（2020）“Autistics. Org and Finding Our Voices as an Activist

Movement," In： Kapp, S. (eds.) *Autistic Community and the Neurodiversity Movement*. Palgrave Macmillan.
綾屋紗月（2022）診断の限界を乗り越えるために――ある自閉スペクトラム当事者の経験から．臨床心理学，22（1），pp.55–59.
綾屋紗月（2023a）自分と出逢い，社会とつながる――ニーズを明確化し社会変革に至るまでのプロセス．総合リハビリテーション51（1）．pp.25–31.
綾屋紗月（2023b）『当事者研究の誕生』東京大学出版会.
綾屋紗月（2023c）共同創造に向けた精神医療・精神医学のパラダイムシフト．精神医学65（2）. pp.155–161.

上岡陽江
さち

関係性とことば

上岡陽江さんはダルク女性ハウス[1]の施設長，さちさんはその利用者です。ダルク女性ハウスとは，薬物依存症からの回復を望む女性たちのための日本で最初の民間施設です。薬物依存症という問題を抱えながらも，社会の中でなんとか今日一日を生きている方々が安心して暮らせるように願って開設されました。本章ではその二人が，関係性，ことば，回復について対話します。

1 不思議なことば

上岡　今日のテーマは「関係性とことば」でよろしいでしょうか。

さち　はい，難しそうなテーマだなって思ったけど……。

上岡　関係性が先にあって，それで人間ができていくらしい，ということ。びっくりだね。

でも女性ハウスでは，信頼の関係性があり，それが人をつくっている，今日はそういうお話。

よく，ダルク女性ハウスだと，みんなが不思議なことばを使うことが多くて，日常的に。

1　https://womensdarc.org/

例えば，「『疲れた』ということと『さみしい』ということの違いがわからない」と，りえちゃんがよく言ってた。「なんで？」と聞くと，例えば，遊びに行って，旅から帰ってくる，すごく疲れているはずなんだけど，「さみしい」と思ってでかけてしまって，へろへろになってしまう。そういう風に，「疲れて」いるんだけど，それがわからなくて，「さみしい」と思ってしまって，人に会って，ますます疲れてしまうということを繰り返していた。でも，だんだん「疲れ」という感覚がわかるようになって，そういうことが無くなってよかった，と言っていた。それを聴いて私も，「ものすごく面白いことを言うなぁ」と思った。

それからゆいさんという人，一緒にどこかに行ってその帰り道，駅からの帰りに私が「安全な道で帰ってね」と言ったら，

「えっ，なんで安全な道なの？　暗い道でどきどきしたいのに」(笑)

「ちょっと待ってね，暗い道のどきどきと，ジェットコースタのどきどきとは違うんだから，お願いだから，こっちの明るい方から帰って」

「え～～っ，どうして？　どきどき，嬉しいじゃん！」

「嬉しくないよ！」

どうも「嬉しいどきどき」と，「怖いどきどき」が違うことがわからないらしい。また，「疲れた」ということと，「さみしい」というのが同じ，と感じちゃっているらしい。みんながそんなずれた話をしていた。

それから，みんながよく言っていた。依存症の女性たち，「痛み」を持っていることが多いんだけど，それで「どこが痛いの？」と聞くと，「おなかが痛い」とか「胃が痛い」とか「腸が痛い」とかではなくて「なんとなく痛い」と答える。「どこがいたいのか，わからない」と。

〔そういえば〕[2]「左側が痛い」と言う人もいた。10人くらいで話していて，3人くらい「左側が痛い」と言う人がいた。

「なんで左側が痛いの？　意味がわからない！　どういうことなの？」

じつは彼女たちにとっては，「痛み」がわかりにくいらしい。私はいつも

2　本文中の亀甲括弧〔…〕は編者によることばの補足を表す

不思議でした。
そのあと，熊谷さん[3]に
「一体，さみしいからだと疲れたからだの違いってどうなの？」
と聞いてみた。
「恋するどきどきと危ないときを通るどきどきと，同じか，違うか。からだにとってどうなの？」
そうしているうちに，どうやら依存症の人は，からだの感覚とことばとがずれているみたい，ということがわかってきた。
痛みに対しても同じで，回復して初めてだんだん痛みがわかっていく。「おなかが痛い」と言ってた人が，「今日は胃の調子が悪い」と言えるようになる。
「左が痛い」といってた人がいた。〔ふと私の昔の体験を思い出した。〕山にハイキングにいって，その次の朝のこと，目覚めたときに，全身が痛いから「もう死のう」「死にたい」と思った。でもそのときは，やめてもう10年くらいたっていたから，ふと「今日は死にたいわけないな，おかしいな」と思ってふとんの中で考え直してみた。「もしかしてこれは筋肉痛というものかもしれない」「とりあえず，今朝死ぬのは止めよう」と思った(笑)。
そんな風にみんなにいうと，「たかだか筋肉痛で死ぬのかよ」と……。
そういう風に，依存症の人はからだの感覚とことばとがずれている。それが熊谷さんとの話し合いの中でわかってきた。
〔熊谷さんによると〕疲れたからだとさみしいからだと，じつはあまり変わらない。でも小さいころに，お昼寝の時間とかに寝れなくて泣いているこどもをとんとんしながら，「寝なさい，疲れたんだよ，寝なさい」と〔言われ〕，喉が渇いているときに汗とかふきながらとんとんして，「おまえ，喉渇いているんだね，泣くんじゃないよ」と〔言われ〕，おながかすいているときに，「ごはんたべていないからでしょう，先に食べなさい」

3　編者の一人で第1部第1章の著者，熊谷晋一郎氏のことと言われてきた。このように，育てるなかで，まず飲ませる，汗をふく，「おなかすいているでしょう」「もうこんなに疲れているんだから」と言われてきた。こうして人は，からだの感覚とことばが結びついてくる。すなわちそれは「後付け」であることがだんだんわかってきた。
ところが，うちを利用するような人たちは，みんなそこを全然教わってきていないので，そのたびごとにパニクってしまう。あるメンバーは，こどもの遠足にいったときに，途中で帰ってきちゃった。〔私は〕びっくりして，「なんで？」と訊いたら，
「帰ってきてからわかったんだけど，どうも喉が渇いていたらしい。」
「えっ，こどもの遠足につきあって，わけがわかんなくって帰ってきちゃったら，大騒ぎになるんじゃないの？」
「そのときはパニクっていてわかりませんでした。でも帰ってから，考えてみて，急いで水を飲みました」
「え～～？　公園の中に自販機はなかったの？」
「ありました（笑）。でもわかんなかったです，パニクっちゃっていて。」
だから，みんなで話をするときに，いつも，まずからだの話をしておかないといけない。そうしないと，パニクったときにどうしてよいのか，わからなくなるので。絶えず，よくこういう話をしている。ことばとからだがずれちゃっている，それを「後付け」で覚えていくことを絶えずしていく。依存症で一番大切な「飲みたい」とかいうとき，まず水を飲むことです。そして「おなかをへらさないこと」「休むこと」「怒りがでたら，とりあえずその場を離れなさい」と。〔大切なことは〕４つくらいある。「怒っちゃたときも危ない，だからそのときもさっとその場を離れなさい」「疲れないこと」「喉を渇かさないこと」「おなかをすかせないこと」。それが，依存症であろうとなかろうと，ハウスのみんな，わかりにくいので，みんなの中ですることと，覚えているようにしている。

2 孤独と孤立

上岡　さちは今，どんな感じなの？　さちと世界の関係は？

さち　世界との関係？　やっぱり冬はまだ苦手。からだの感覚が刺される，というか，冬の気温の冷たさに刺される感じで，攻撃されている感じは今でもする。でもそれをことばに出して，「地球から攻撃されている」と，ミーティングで言ったり仲間に言ったりすると，笑ってもらったり，「そんなわけないでしょう？」と言ってもらったり，「わかる」と言う人もいたりした。

〔攻撃されているときは〕ひゅーっと孤独だった。でも，そこに同じように感じている仲間もいるから，登場人物が増えて，ちょっと寂しくなくなった。というか，同じ攻撃されている感じはするんだけど，「でも一人ではないぞ」という感じがして，ちょっと楽になった（笑）。でも，苦手は苦手なの，冬は。

上岡　冬の寒さは苦手？　で，いろいろな不具合が起こる感じ？

さち　うん，そう。

上岡　でも，その話をしていくと，わかってくれる人たちがいて，登場人物が増えているわけ？

さち　私も攻撃されているんだけど，こっちのほうで，仲間も，地球から攻撃されている仲間がいる，だから一人で耐えているんじゃない，と〔わかってきた〕。

上岡　それは，わかってくれるんじゃなくって，一緒に攻撃されている仲間がいるんだから（笑）

さち　それもそうだし，自分の感覚とか気持ちを共有してくれるっていうのが，今までの自分になかったから〔うれしい〕。さみしいは，さみしいんだけど，孤立していない感じがする。

上岡　それはすごい，おもしろい，「さみしいけど孤立していない！」いいことばだ。

さち　昔，私は孤立していたんです，離れ小島に一人住んでいた感じで。今でも，もちろん孤独は感じるけど，孤立感は無くなったです。

上岡　すごーい！　おもしろーい。さみしさって，やっぱり，わかんないとまずいんじゃない。さみしさがわかんないとするとしたら，よっぽど食べているか，飲んでるか，ゲームしているとか，みたいな。でもね，さみしいんだけど，孤立していない！

さち　私の中ではそれが「新しい世界」。

上岡　その前はどうだった？

さち　その前は，人と自分とは，テレビもそうだけど，すごく遠いんです。自分と周囲の何かとが〔遠い〕。同じ日本に住んでいて，同じ言語を話しているんだけど，「自分のこういう感覚とかは，人にはわかってもらえないんだろうな」という気持ちが，いつもどこかにあったんです。

それは，こどものころからのいろいろな体験もあったりとかするんだけど。

上岡　「自分と何か，わかってもらえない」という気持ち？

さち　うん，「わかってくれない」という気がしていた。人とか，出来事とか，いつも遠巻きに見ていた。どこか遠くの方，テレビをみている感じで。〔当時〕私が得意なのは「透明になること」〔だった〕。人の中にいるし，人と会話し一緒に笑うことはできるんだけど，透明なんですよね。それが，自分を守るため，自分がその中でやっていくために身につけた技なんだけど。だからこそ，「孤立」ということがあった。

上岡　ハウスで，ことばとからだが一致していく。

3　時間が動き始める

〔ハウスにくると，まず上岡さんから「デロデロ」[4]に扱われる。ハウスでは信頼関係が先だから。〕

さち　うん。〔今は「デロデロ」という感じはよくわかるけど，〕でも当時は，それまでそういうことをされたことがなかったから，逆に「怖い」と思った。「なんで，そんなこと……？」と。
〔というのも〕「もっともっと頑張れ」というのが，自分の中で，自分に対して言っていることばだし，それまでそうやってきた。できたことは誉められなくて，「もっともっと」みたいな感じだった……。
最初に陽江さんに提案されたことは，「休息入院しておいで」「休みな！」だった。
「冬は調子が悪いから，さちはそのときに，ちょっと避難する，休憩するのを覚えたらいいよ。」
〔これが〕，一番最初に教えてもらった（シラフで生き抜く）知恵だった。
〔私は〕めっちゃ，気合いを入れて，ハウスに来て，
「よし，やんなきゃいけない」「頑張るぞ！」
だったんだけど，それが〔いきなり〕
「休んでおいで」
と〔言われてしまった〕。〔今，思うと〕，自分がこれから生きていくときに，「休むことは大事」と言ってくれていたと，わかるけど，当時の自分は，「なんで？」と思った，ほんとに。
「頑張ってやっているのに，なんで入院なの？」
と思ったから，「デロデロ」って思えるようになるのに，少し時間がかかったと思う。
「頭で考え過ぎるのではなくて，歩いてからだを動かしておいで」
と言われても
「そんなことして何になるんだろう？」
とよく思った。
からだをゆるめる，結局は運動したらからだもゆるまったり，ちょっと呼吸が整ったりするんだけど，自分自身はそういうことをしたことがないか

4　ことばで表現するのが難しいのですが，最初は全方位の人にたいして警戒心バリバリで内心恐れていたのが，ハウスに繋がって時間の経過とともに骨抜きにされちゃう（安心する，牙をぬかれた虎みたいな感じ）ということです。今まで出会ってきたどの人とも違う，新しい人種がフリッカ（ダルク女性ハウス）の人達でした（さちさん談）。

ら，〔当時〕，とにかく自分に起きていることがいろいろたくさん〔あって〕，どうすればいいのか，〔いつも〕考えていないと解決できない気がしていた。だから，一所懸命，いろんな本を読んだり，こうしてああして，と〔悪戦苦闘していた〕。そのままではダメな気がしていたから，それまでずーっと，そう生きていたから。
でもそうじゃなくって，
「あなたはもう本を読むの，止めなさい」
と言われて，めっちゃびっくりした。プログラムしに来ているのに，
「ちゃんと毎日ご飯食べて，夜はお風呂に浸かって，からだをちょっと動かしてみるって，何それ？」
と思っていた。

4 からだの感覚と時間の流れ

上岡　「考えないと解決できない」というのは，昔は時間がずーっと止まっていたということだよね。
昔のこと，〔それも〕ある時のことを繰り返し考えている，フラッシュバックしている。一人でなんとかしようとしている。そのとき，からだの感覚，「暑い」とか「疲れた」とかの感覚が失われている。

さち　うん，なんか，一人なんですよね。今の自分ならこう思うんですけど，〔当時〕一人ですべてなんとかしようかとしていて，一人でどうしようか，あぁしようかうかと思っているだけ〔だった〕。
でも陽江さんが言ってくれたことは，「からだの感覚」〔を大事にしなさい，ということ〕。歩いたら，からだの感覚も，暑いとか，汗かいたとか，疲れたとか，出るじゃないですか，ミーティングに行く，というのも，そこには人も登場するし，また実際，自分の足で歩いているから，家の中にこもってないから，時間も流れている感じがする。家の中に閉じこもっているだけだと，無意識のうちに何時間も過ぎていたり，昼夜逆転していたり

した。時間の流れ方が〔今と〕違っていた。

上岡　流れ方が違うんだ。

さち　うん，〔それまで〕季節を感じる，というのもなかった，春夏秋冬というのも〔なかった〕。

でも今，そういう風に一日，いろんな体験をしている，それも一人ではなくて，いろんな仲間がいる。〔すると〕時間の流れ方が，なんかちょっと違う。

だからね，回復し始めたとき，そういう意味でいろいろな疲れがあった。いっぱい五感を感じていて。何だろう，頭も心もからだも，皮膚の感覚も，音も匂いも色も，いろんなことを感じ出したから，すごく大変だった，最初のうちは，それに慣れるまで大変だった。

上岡　だから最初は混乱するよね？

さち　する！〔それまでずっと〕部屋の中だったから。あるいは夜，外を歩くとき，音も匂いも皮膚の感覚もなく……空気感。今だったらじりじりするような暑さとか湿度とかも感じるけど，当時はすべて一定だった（部屋の中にいるだけだったから）。〔今〕，季節の移り変わりの感覚というのも初めて，ちゃんと感じられるようになった。

だから「歩いておいで」と言われたときに，歩いたら，

「あっ，こんな花が咲いているんだな」

「緑がきれいだな」

と，すごく感動した。

「そういえば，自分はずっと下を向いて歩いていたな」

「そうやって外の匂いを感じて，緑をみあげて見ていなかったな」

と思って感動した。

〔あまりにも〕自分の中で感動したので

「自分って，ちゃんと地球の中に生きているんだよな」

という感じたことを，すごくよく覚えています。それは入寮して1年くらい〔のこと〕。

それこそゆいちゃんが一緒に歩いてくれて……

上岡　そのときに，一緒に歩いてくれる人がいたのがよかったね。

さち　そうですね。そのとき，「頭の疲れ」と，「からだの疲れ」が違うって初めてわかった。

からだが疲れると，どうやら，頭の中がぐるぐる回っている感覚が減るって初めて知った。

上岡　〔知り合いの話。〕裁判にかかるようなメンバーがいて，施設のスタッフが迎えにいった。〔そして〕裁判所からずっと歩いて帰ってきた，11km くらいあるんだけど，施設まで一緒に歩いてくれた。裁判所で初めて知り合い，一緒に11km 歩いてみる。するとお互いのことがだんだんわかってくる。途中で，「冗談じゃない」とか，いろいろな気持ちが出てくる，歩いてくると，仲間意識じゃないけど，スタッフも「なんでこんなことしているんだろう」と思いながら，「いつもこうしている」といった説明もなく……。

でも，わかるんだよね，一緒に歩いていると。歩くって，いろいろなものを見たりするじゃない，それこそ喉も渇くし，疲れるし，おなかもすくし。それを一緒に味わっていく。そうすると，おおよそ初めて会う人とどう付き合うか，決まる，ということ。怖いと思ったけど，それは親切でもあるんだよね。最初にこうって決めつけちゃうんじゃなくて。

さち　うん，うれしい。絶対嬉しい。

上岡　これ，嬉しいよね，きっと。「人として扱われている」ということ。この話を聴いたとき，「それはすごい，素敵だな」と思った。「若者の自立援助ホーム」という施設。そこがそういう風にしている。それと，話し合いをよくしている。ミーティングをよくしている。みんなでミーティングしている。

けどさ，さちが言うとおり，依存症があってつかまっているような人も，季節が動いていない，時間が止まっているような中にいるじゃない？　それがだんだん感じるようになる。

でもね，これって第一段階。それからだんだん，みんなのことばを使って話せるようになる。みんなの力を借りて話せるようになる。そうやって，

コラム4 関係性とことば――ゆっくり考える人

「フリッカ[1]戦線異常なし」。私たちはダルク女性ハウスを1991年に開所しました。1990年代，ハウスは野戦場でした。そしてまた，今年も野戦場になると思いませんでした。地域に住んでいる，仲間の自殺未遂や15年ぶりくらいの重いフラッシュバックに灼熱の中で身動きが取れなかったり，10代前半の子どもの違法薬の使用の相談や，重い鬱を持っている仲間の定期的な多量服薬，生活保護を受けていて単独で暮らしていたら，おやつ，クーラーも，どこかに出かけることもできないと悲しむ友人の話を聞いたりしながら……。刑務所を出てきたばかりの障害を持っているメンバーが，フリッカで美味しいおやつと仲間達から洋服をもらって……。フリッカってお金持ちなんですね，いつも美味しい食べ物といい洋服がある。だからさ，何を大切にするのかでお金をどこに使うのかが変わる。

フリッカは普通のマンションの部屋を二つ借りているだけだ。みんな「なんだ，普通の家じゃん」とガッカリする。わざわざ，小さいままでいる，ネットワークにお金をかけたいから。それには，ひとりひとりのスタッフに小さい裁量権や，危機的な時に使える少額の活動費とそれを支えてくれる理事会が重要だ。なんとか部屋数を増やしたくて，引っ越しもしたいのだが，探しても探しても，ダルクと関わりがあるとわかると貸して貰えない。だから私の部屋も机もない。この対談も熊谷研究室を借りて行った。文章化することを手伝って下さったのは嶺重先生でした。まったく違う角度から見ているように見えて，私たちが一番大切にしていることを言葉にして下さった。

また30年ぶりに野戦病院にいながら，この文章を考えている。

［上岡陽江］

1　フリッカとはダルク女性ハウスのデイケアの名称

それからだんだん自分から話ができるように変わっていく。これで3年くらい。3年くらいすると，また変わっていく。

5 関係性が人をつくる

上岡　どう変わっていった？　そのころの自分？

さち　「どうしたいか」って，きいてくれた人に初めて会った，女性ハウスで。「こういう風に言って欲しいんだろうな」とか，「いいか」「悪いか」とか，「正しいか」「正しくないか」で，私はものごとをずっと考えていた。……「こういう風に言って欲しいんだな」とか，「これを求められているんだな」と察してそれを言う，という感じでものごとを決めていた。〔だから〕ハウスの人に，
「さちはどうしたいの？」
と訊かれて，びっくりして，そのときは何もでてこなかった。それを言うのがめちゃめちゃ大変だった。それに何年もかかった。ハウスは，「こうすればいいよ」って決めてくれるところではなかったので。「こうしろ」「あぁしろ」って言ってくれたほうが楽だった。でも〔それがないから〕，「自分はどうしていきたいんだろう〔と考え，そしてそれを〕言うのに，めちゃめちゃ時間かかりました。

上岡　〔ハウスにやってきた人は〕みんなそういう風に言う。気が長い人っているんだよね。りえちゃんも……。

さち　うん，言ってくれる。だから探した，「自分はどうしたいか」と。何年も。今も探していると思う。

上岡　この基準ってどういう基準なの？　からだの調子がいいとか悪いとか，やってみて失敗するとか，あるいはやらずにとか……，いろいろあるじゃん？

さち　からだの感覚も，もちろん大事だなと思う。

上岡　からだが楽だとか，わかるよね，疲れるとか。最初の頃は全然わから

なかった，例えば，喉が渇いているとか，〔今は〕わかるよね。いろーんなことがわかるようになってきて，反対にからだがわかるようになってくると，しんどい時期があるよね。

さち　そう，選択，なにかを選ぶときに，今，自分は調子の悪い時期なのか，いい時期なのか，考えられるようになった。みんなの知恵のおかげで1年の中でペース配分を考えながら動くことができるようになった。〔私は〕1年の中で，冬はあんまり得意じゃないんですけど，春も調子悪いし，かといって夏は調子はいいんだけど，その調子のいいままのテンションでやり過ぎるとあとで冬に〔反動が〕来るよ，と。いつでもやり過ぎないように，というのがあったりした。

また，一人で決めないで，何人かに話をして，「決める」というのに時間をかけている。〔また，〕失敗しながら学んでいる〔という〕のもある。自分が「調子のいいときにできる」ではなくて，「調子の悪いときでもできる」ことを〔いつも考えている〕。〔これは〕前の働く経験をしてすごく思ったこと。自分の調子が悪いときにもできるぐらいのことを，という感じで〔判断している〕。

だから私，いっぱい知恵があるんですよ。何かを選択するにも，今はいろんな人のいろんな知恵がつまっているから。

上岡　具体的には？

さち　陽江さんもそうだし，りえさんも……。まわりのなかまの経験，子育てもそうだし。

上岡　あと，それなりのおばさんの知恵も，ふつうのおばさんの知恵も。

〔ところで〕「みんなの知恵」というとき，具体的に何か想い出すこととかある？

トラブっているな，とか，誰かが言ってたな，とか。

さち　あります。ミーティングで，自分と似たような話をしていた人がいるな，みたいに，ぱっと想い出すことがある。何かにぶちあたっているときに。

「あれっ，あの人がこういう話してたな」

「そういえば，こんな風にして解決したんだっけかな」

とか。ふだん忘れていても，ぱっと出てくることがある。出てこないことは，自分の周りの人に連絡することが，今ではできる環境にいる。だから去年も大変なことがあったときに，すぐに電話することができた……。

上岡　すぐにしたね。

さち　今，一人で何かをすることはない。最終的に実行するのは私だけど，それまでに一人ではないから。それが，昔と違うこと。

上岡　それに10年かかった？

さち　そう思います。

上岡　最後の実行は自分で，だよね。

さち　はい，そこまでにいろんな登場人物がいるから。すぐに人の顔が浮かぶようになったのが，嬉しい。助かっている。

上岡　追い込まれているときに，ぱっと思い浮かぶかどうかが大切だね。

「みんなの顔が思い浮かぶようになる」のには時間がかかる。

〔ハウスに来た〕初めの頃，そう言われるんだけど，本当にそうなるのに時間がかかる。でも〔初めてきた人は〕だいたいは〔自分〕一人で実行する，なんとかしようとする。だけど，「どうしたいの」と言って，〔試行錯誤しているうちに〕だんだんわかるようになる。

さち　ほんとにそれは，「関係性」ということだと思う。

上岡　「関係性で自分ができる」ということだね。

6　プログラムありきではなく

上岡　よく「プログラムありき」でやっている人がいるんだけど，ことばだけはうまいんだけど，ことばだけが先にいっているから，関係性がついていかない。「プログラム」を先にやろうとすると，ことばが先行し，ひとりになってしまう。

さち　でも，〔プログラムの話を聞くと〕一瞬，圧倒される，というか。すごいプログラムの専門用語を使っていて，こういうときにはこうであぁで，と言っている。

「すごい，わかっているんだな」

と思うけど，でもハウスのみんなは「そうじゃないよ」って，言ってくれた。

上岡　ハウスでは，なるべく肩書きをつけないようにしてきた。「本部長」とかの肩書きをつけないできた。それは，そのほうが話しやすいから。何かトラブルがあっても動けるから。

ところが，みんながね，「肩書きがあるほうが，なんか，偉いんじゃないか」と思うかもしれない。

さち　そう，劣等感が刺激されちゃって。「なんか，すごい人なんだ」「頭いいんだ」みたいな感じになっちゃって。

上岡　それで私もちょっとトラブっちゃって。利用されちゃって。なるべく，みんなと横にいたほうが話しやすいし，みんなの経験を面白くきけるじゃない？　学びに深みができるじゃない？〔だから私は〕そういう話し方をしている。すると，勘違いしている人もいる。権威的に見えないらしく……（でも，上岡，ちゃんと勉強していますよ）。

ハウスのちょっとした問題は，「肩書きがある人が出てきたときに，どう判断するのか」「その人を見極めること」「肩書きにだまされたらいけない」……

りえちゃんとわかちゃんと私と，３人でダルク女性ハウスを運営してきた。そこに上下関係はなく，どっちかというと３人が得意なことをやっている。それを理事会が支援している，という形。

〔昔,〕肩書きをつけるかどうかの話し合いを随分したんだけど，りえさまとわかさまが「あまりつけたくない」と言って，〔結局，今も〕肩書きをつけていない。２人とももう20年もやっているスタッフなので（こんな難しい施設で20年もやっている施設はそうない），10年くらいやったら「統括」とか肩書きをつけたくなる。でもりえちゃんもわかちゃんも，〔20年間〕同じように働いている，当たり前のように。だから経験知がある。トラブルとか，何かわからないことがあっても動けるわけ。上から指示されなくても。

そこに，わかさまやりえさまの半分くらいの経験しかない人が「センター長」の肩書きでくると，「なんか，あの人，偉いんじゃないか」と思う人が出てくる（かも)。だけど，そういうとき，どう思う？　初めのうちは，だまされる？

さち　いや，でも今は……。私は近くでみて感じて……。

上岡　わかっちゃう？

さち　というか，いっぱい肩書きがついている人は自信がない，だから鎧をかぶっているのかな？と思う。

上岡　すばらしい！　不安っていうのが，よくわかっているんだよね。鎧のように肩書きをたくさんつけている……。途中でみな，気づく。「何か，おかしいな」と気づく。「なんか，変だよね」と思うじゃない。

格好つけなくても一緒に難しい話が話せる人，綾屋さん[5]とかと付き合っているじゃない。

だから，格好つけて難しく話す人が〔いると，すぐ〕わかってしまう。聴いていると「つまんないな」と思っちゃう。

さち　〔格好つけている人の話を聞いていると〕眠くなっちゃう……（笑)。

5　第Ⅱ部第３章の著者，綾屋紗月氏のこと

瀬戸山陽子

障害のある人のナラティヴから見えてくるもの

当事者の語りデータベースを通じて考える

私は2022年秋のバリアフリーフォーラムに，審査員のひとりとして参加させて頂きました。声をかけて頂いたきっかけは，当事者の語りのデータベース DIPEx（ディペックス）の「障害学生の語り」のプロジェクトだと思っています。これは，障害があり高等教育機関で学んだ体験をもつ37名にインタビューをして，1つのテーマにつき複数人の語りが視聴できるデータベースの形にして，映像と音声・テキストを用いてウェブ上に公開する取り組みです。本章では，当事者の語りのデータベース作成の取り組みと私が担当している「障害学生の語り」をご紹介した上で，なぜ障害のある人のナラティヴが重要であるのかを考えてみたいと思います。

1　DIPEx-Japan の当事者の語りのデータベースとは

DIPEx は，Database of Individual Patient Experiences（一人一人の患者体験のデータベース）の略で，もともとは医療の文脈で始まった取り組みでした。医療では1970～80年代から，客観的なデータを一定の科学的な方法論で分析した結果に基づき治療方針を決める考えが重視され始めます。90年代に入ってガイヤット氏がそれを「科学的根拠に基づく医療（Evidence Based Medicine, 以下 EBM）」と呼んだこと（Guyatt et al. 1992）で，この考え方が一気に広まりました。医師個人の勘や経験に頼っていた医療から，決まった方法論で得られた根拠（エビデンス）を重視する医療へと変わり，医療の質の向上が目指されました。

EBM 自体は今も尚，医療における非常に重要な考え方です。しかし EBM で「根拠」とされるデータは，データを扱う方法論の特性によって，価値観や好み，体験への意味づけなど，個人による違いが表れにくいものになっています。例えば統計処理をした際に標準的な値より大きく外れたものは「外れ値」として扱われ，確実に存在する一人の人のデータだったとしても，分析から取り除かれることがあります。また研究対象とされる方々は，予め定められた「包含基準」「除外基準」によって厳格にその基準が管理され，当てはまらない人は研究の対象にはなりません。医療において「根拠」とされるエビデンスは集団における代表値や標準値で表され，「一般化可能性」が問われるもので，より多数の人たちに役立つことが医療の質保証であるという考え方があるのです。

EBM は現代医療を発展させました。しかし，代表値で表されたエビデンスに生身の人間を感じることはできず，治療内容に高いエビデンスがあっても，医療を受ける当事者の好みや価値観と一致しない場合もあります。このようななか生まれたのが，実際に体験をしたその人の価値観や好みを医療に活かす「物語に基づく医療（Narrative Based Medicine，以下 NBM）」の考え方です。ナラティヴは「語り」や「物語」と訳され，「広義の言語によって語る行為と語られたもの」と説明されます。ナラティヴは語り手と聞き手の存在を前提にして共同生成されたものであり，同じ語り手でも，聞き手により語られる内容は変わってきます。またナラティヴは「体験」というより「語り」で，個人が単に何を体験したかよりも，自らの体験をどう感じ意味づけているのかが重視されます。さらに語られた内容もさることながら，語りには言葉のリズムやその人ならでは言葉づかい，言い回しがあり，語りはその人自身が丸ごと表されるものです（やまだ 2021）。病いを体験した患者が紡ぐナラティヴは，患者の置かれている状況を意味づけ，文脈を示し，展望をもたらします。ナラティヴは，その患者がどのように，どんな理由で，どんな風に病んでいるのかを示すもので，聞き手に対して，他の手段では決して到達し得ない理解への可能性を提供してくれると言われます（グリーンハル 2001）。

この患者の病いの語りをデータベースの形でウェブ上に公開し一般に広く役立つ形にしようとしたのが，DIPEx です。DIPEx は，EBM が医療の主流になった90年代のイギリスで，EBM に不足があると感じた二人の医療者の発案で生まれました。一人は薬理学者のアンドリュー・ヘルクスハイマー氏です。ヘルクスハイマー氏は，医学文献におけるランダム化比較試験の体系的なレビューや，臨床試験の数学的統合であるメタアナリシス活用を牽引してきた EBM のインフラであるコクランレビューに長年携わってきました。もう一人は家庭医のアン・マクファーソン氏です。マクファーソン氏も長く家庭医としてエビデンスに基づいた医療を実践してきた医師でした。晩年，ヘルクスハイマー氏は膝関節の置換術を受け，マクファーソン氏は乳がんを患います。二人は自らの病い体験を通じて，自分たちは長く EBM の実践者であったが，「当事者の体験」に無知だったことを痛感しました。そして患者には，集合的・統計学的なエビデンスと共に，実際に体験をした人が体験や思いを自分の言葉で語ったナラティヴが必要であり，ナラティヴは，医療者にとっても相手をよく知り相手を尊重した医療を行うために重要であることを感じました。

二人はオックスフォード大学の社会学者ジブランド氏らと協働して，実際に病いを体験した当事者に自分のことを語ってもらい，映像で記録をして，ひとつのテーマについて複数人のナラティヴを視聴できるデータベースの形にして，ウェブ上に公開しました。これが，「一人一人の患者のデータベース」である DIPEx です。現在イギリスでは100以上の疾患や健康状態に関して，各30～50名の当事者のナラティヴが映像などで公開され，いつでもどこからでもアクセスできます[1]。EBM と NBM は車の両輪と言われますが，統計的・集合的なエビデンスを社会が活用するためのインフラがコクランレビューなのに対して，DIPEx は当事者の病い体験のナラティヴを社会が活

1　DIPEx Charity, healthtalk.org, https : //healthtalk.org/, 2023年12月28日アクセス

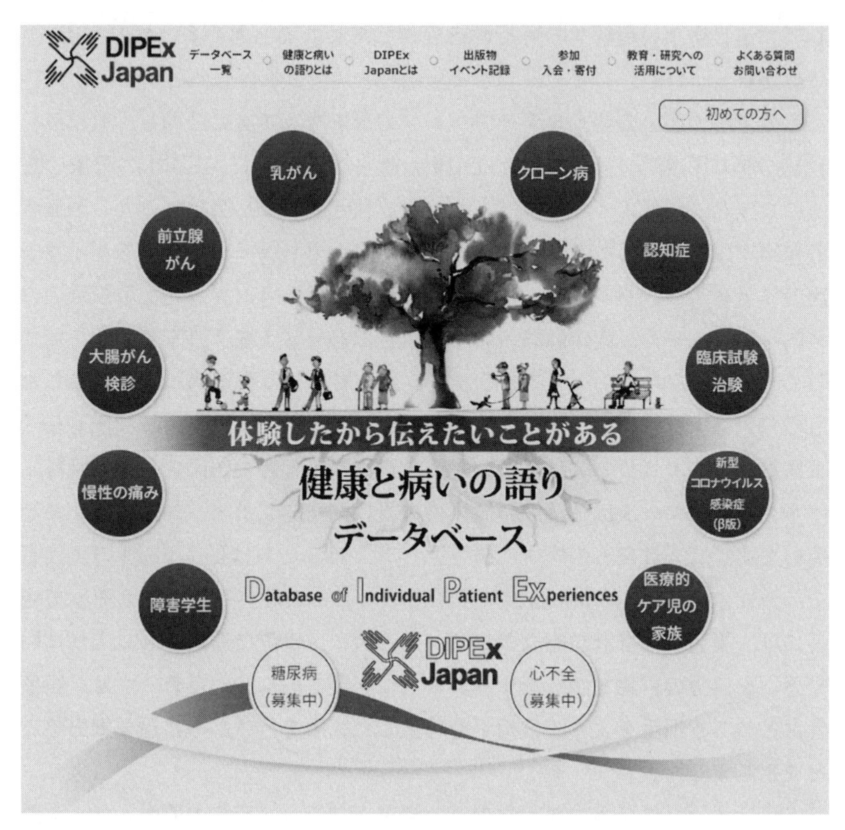

図１　DIPEx-Japanのウェブサイト（2023年６月閲覧）

用するためのインフラとなりました。

2001年にイギリスでDIPExの取り組みが始まった後，日本でも当事者の体験を医療に活かす仕組みが必要だとして，2009年認定NPO法人DIPEx-Japanがイギリスと同じ方法論を踏襲した患者の語りデータベースを作成します。日本での最初のウェブページは「乳がんの語り」で，乳がんを体験した約50名の方々のナラティヴが公開されました。その後「前立腺がん」や「認知症」，「大腸がん検診」などさまざまな疾患や健康状態について，体験者のナラティヴがDIPEx-Japanのウェブサイト（図１）上に公開されてき

ました[2]。現在この取り組みは世界14カ国に広がっています[3]。医療において
エビデンスと共にナラティヴが重要であるという思いは，世界共通のようで
す。

2 「障害学生の語り」

当事者のナラティヴを社会に活かすDIPExの方法論を医療ではなく「障害学生」に使えないかと思ったきっかけは，私自身が障害学生だった体験にあります。私は看護大学在学中に脳外科の手術を受け，歩行障害の後遺症が残りました。日常では肘にカフがついたタイプのロフストランド杖を使っていますが，看護学生を続ける際，杖歩行でどのように実習を行うのか，壁にぶつかりました。そんななか大きく世界を開いてくれたのは，当事者団体を通じて出会った他の障害学生の存在です。中には，車椅子を使い大学で学ぶ人や，盲導犬を連れて教育実習へ行った人がいました。他の障害学生に会うまで私は先が見えない状況に一人でいるような思いがあったのですが，それは自分が「井の中の蛙」だっただけで，障害のある先輩学生の存在は，私を大きく変えました。

まず障害に関係なく学びたいことを学んでいる人々から，私は自分が一人ではないと，大きな「勇気」をもらいました。同時に，大学にどうやって自分のニーズを伝え，どのように交渉するか，具体的にどんな支援を得て，介助者をつける際に必要な資金をどうしているか，また友人や親との関係や卒後に関することなど，非常に具体的で体験した人にしか話せない豊かな「知恵」を，障害のある先輩から沢山受け取りました。

また面白いことに，私は障害学生の先輩・仲間と交流するようになり，勇

---

2 DIPEx-Japan，健康と病いの語りデータベース，https://www.dipex-j.org/，2023年12月28日アクセス

3 DIPEx International, Home, https://dipexinternational.org/，2023年12月28日アクセス

気と知恵を受け取っただけでなく，彼ら彼女らの体験の数々に触れることによって，自分の思いが意識化・言語化される体験をしています。他者の体験と全く同じでなくても似た体験をした人に会い語りを聞くことによって，今度は自分の体験をもとに自分自身を表す言葉が紡げるようになるという体験です。振り返るとこれはまさに，他者のナラティヴに触れることで自分にもたらされた効果のひとつでした。

歩行障害になった当時は「ナラティヴ」という言葉は知りませんでしたが，後に，イギリスと日本でのDIPExの取り組みを知って，障害学生のナラティヴを社会に活かしたいと思うようになりました。それほど，自分自身にとって障害学生の先輩たちのナラティヴはインパクトが大きいものだったと記憶しています。

私自身が障害学生の先輩や仲間から勇気や知恵をもらったのが2006年ごろですが，そこからDIPExの手法を用いて「障害学生の語り」を構築するまでの間，障害のある学生にまつわる社会の変化もありました。

日本は2014年に国連の障害者権利条約に批准しています。それに向けた国内法整備として2016年に障害者差別解消法が施行され，高等教育機関においても障害者に対する差別的取り扱いの禁止及び合理的配慮の提供が求められるようになりました。日本学生支援機構が毎年公表している障害学生の修学に関する調査結果では，障害者権利条約批准の後で，各大学の障害学生の把握数が大きく上昇していることがわかります。大学等の障害学生数は2006年に4937名だったのが2022年には４万9672名と，16年で10.1倍になりました。2022年度は全学生に占める障害学生の割合は，1.53％です[4]。また2021年には改正障害者差別解消法が成立し，2024年４月から私立でも合理的配慮の提供が義務化されます[5]。

---

4 DIPEx International, Home, https : //dipexinternational.org/, 2023年６月５日アクセス

5 日本学生支援機構，令和４年度（2022年度）障害のある学生の修学支援に関する実態調査, https : //www.jasso.go.jp/statistics/gakusei_shogai_syugaku/index.html, 2023年12月28日アクセス

このようななか，私は2018年から障害学生として学んだ体験をもつ方々にインタビューを行い，2021年１月にDIPExのひとつとして「障害学生の語り」がウェブ上に公開されました[6]。このウェブサイトでは，障害があり高等教育機関で学んだ経験のある37名の方々のナラティヴを映像と音声，テキストで知ることができます。後に，STEM（Science, Technology, Engineering, Math，いわゆる理系領域）で学んだ方々のインタビューを追加して，2023年６月現在「障害学生の語り」では，49名の当事者のナラティヴを視聴することができます。語り手の年齢は20歳代～50歳代で，障害区分は，視覚障害や聴覚障害，肢体障害，内部障害，発達障害，精神障害で，重複している方もいます。

DIPExのインタビューは，最初に「障害があり高等教育機関で学んだ体験について」自由に語ってもらい，その後補足的に質問をする形式で，構造化と半構造化インタビューの両方の手法を用います。インタビューは許可を得て映像で記録されますが，逐語録を意味の取れる範囲でコード化して，コードとコードの内容の類似性から帰納的に「何が語られているか」を分析していきます。今回49名の方々の語りのデータについてこのプロセスを経て見いだされたテーマは，「入学準備」「大学での学び」「キャンパスライフ」「人間関係」「大学生活の振り返り」「理工系領域の人々の語り」と大きく６つのテーマに分けられました。またその中にいくつも細かいテーマが見いだされています。１つのテーマにつき，実際に障害をもちながら高等教育機関で学ぶ体験をした複数の当事者のナラティヴを映像や音声で視聴することができるというのが，「障害学生の語り」です。

6　DIPEx-Japan, 障害学生の語り，https://www.dipex-j.org/shougai/, 2023年12月28日アクセス

3 なぜ当事者の語りなのか：語りから，社会課題に気づくということ

ここでは，改めて障害のある当事者の語り（ナラティヴ）の意義は何かを考えてみたいと思います。ひとつは，たった一人でも確かに体験している人の語りから，私たちは社会の課題に気づかされるということです。例えば「障害学生の語り」で語っている人の中には，重度の肢体障害があり学習や通学に介助が必要で，それを母親が担っていた体験を話してくれた人がいました。

授業のときは母親が大体ノートテイクとか，代筆とか，試験の代筆もしてくれた……　していましたね，ずっと母が。入学するときに大学側から，そういう大学側からヘルパーは出せませんよと，万が一のことがあったら大変ですし，責任はちょっと取れないのでということで，ずっと母がノートテイクしたり，僕の身の回りの介助だったりをやってくれました。

――（聞き手）ご自身としては，大学側から，万が一のことがあるかもしれないからヘルパーは付けられないというふうに言われたときに，どんなふうに思われるんですか。

うーん，そうですね。何で付けられないのかなと思ったし，それでは母が大変，大変……，大変だなというのはちょっと感じましたね。

――（聞き手）ずっと一緒に通学をして，一緒に授業を受けていらしたお母さんに対して，どんなふうに今思われますか。

本当に，僕なんかのために学校にずっと付いて来てくれてありがと

うという気持ちと，本当に何か申し訳ないなというか，申し訳ない気持ちと感謝の気持ちが，半々ぐらいですかね。

（「障害学生の語り」より引用）

この語り手は別のところで，入学してから１年ほどは母親がいつも傍にいることもあって友人ができにくかったことを話しています。大学にいる18歳を過ぎた学生の隣に親がずっといることは，通常では考えられないことです。それが障害のために当たり前のように起きてしまっている理不尽さが，この語りからは伝わってきます。障害や病気のために自由な学びが制限されることは，「仕方ない」といった言葉で済ませられるものではありません。

たった一人の語りから気づかされることがあるのと同時に，複数の当事者から語られることにより，現象が立ち上がってくることもあります。哲学者の三木那由他氏は，次のように説明しています（三木 2022)。

どのような言葉や概念がつくられ，蓄積されるかは社会的な営みの問題だが，ときに一部のグループがそもそもそうした営みへの参加を制限されてしまい，そのためにそのグループにとって大事な言葉や概念が提案されなかったり，されても蓄積されることなく消えるがままにされていたりすることがある。これをフリッカーは「解釈的周縁化」と呼ぶのだが，解釈的周縁化を受けているグループは結果的に自身の経験を語る言葉や概念を見出せず，それを自分でうまく理解したり，他人に伝達したりする際に困難を経験することになる。これが「解釈的不正義」と呼ばれる現象だ。

つまり社会的な営みへの参加を制限されてしまうグループは，その言葉を発する機会が制限されていたり，発してもなかったものにされてしまうということです。障害のある学生数は近年増えてきていますが，依然として各大学の中ではマイノリティで，それぞれの体験がまだ十分に明らかにされているとは言えません。また集団の全体像を明らかにするような統計を用いた調査方法では，障害のある人の個別性は「外れ値」であり，「一般化可能性」に乏しいという理由で周縁化され，「消えるがままにされ」てしまう可能性もあります。ここから，障害のある人のナラティヴにじっくり向き合い紐解くことによって，健常者優位な社会や大学のなかではまだ知られていない現象が見いだされる可能性が，大いにあると考えられるのです。

社会学者の上野千鶴子氏は，社会的に抑圧されて今まで語ることがなかった人々が語るようになったことについて，次のように述べています（上野 2023)。

> 最近出てきた新しい変化は，見える化されなかったもの，語られなかった体験がようやく語られるようになってきたということです。体験は，ただそれを実際に味わったというだけでは十分ではありません。言語化されることを通じて初めてリアリティを獲得し，体験は経験になります。語られなかった体験とは，もやもやとしたさまざまなノイズが残ったとしてもなかったことになります。あのもやもやは一体何だったのか，あれはセクハラというものだったのだ，*DV* というものだったのだ，という経験の再定義を通じて初めて，体験は経験になっていきます。とりわけトラウマ的な体験やスティグマ的な体験には言語化が追いつきませんでしたが，誰も聞こうとしなかったためになかったことになった体験に耳を傾ける人々が登場してきました。そのための条件は，語られる場が安全な場であり，語る相手が安心な相手であるということです。

このように上野氏は，抑圧された状態にある人々が語れなかったことが，近年徐々に語られるようになり，その現象に名前が付けられ再定義されることによって社会の課題として認識されてきた過程を説明しています。これらは，言葉が社会に認識されるずっと以前から個人の体験としては存在していたのに，語られず，「もやもやとしたさまざまなノイズ」として，なかったものにされてきたことがらです。

私たちが生きているこの社会は，マジョリティ仕様になっています。障害の有無でいうと，健常者仕様になっているので，街に階段があることが当たり前であり，駅で電車がやってきたことは音で知らせるのが当たり前です。飲食店のメニューは目で見て声で注文することになっており，相手の目を見て挨拶することが礼儀正しいとされています。大学内では，授業の一コマの長さや時間割も，より多くの人が便利で心地よく過ごせるように設計されてきました。しかし，そういった健常者が作った社会の仕様や文化に生きづらさを感じる人々もまた，社会には確実に存在します。しかしその人たちの体験は，社会に認識されにくいのです。

社会的公正や優位集団の特権について研究する出口真紀子氏は，マジョリティとは単に人口が多いだけでなく，その社会集団に属していることによって「労なくして得る」特権がある集団としています（出口 2021）。またマジョリティ集団に属して優位に立っている側が，自らの特権に気づきにくい背景や原因を，3点説明しています。1つ目は，マジョリティ集団は，安定した居心地のいい環境が当たり前に保証されているため，「特権」と捉えられるべきものを「普通」だと解釈しがちだということです。街に階段があってそれを使って上下移動ができるのは，気づかれにくい特権のひとつです。階段がなければ上下移動はできません。また2つ目は，例えば男性の俳優は「俳優」だが女性の俳優は「女優」と呼ぶこと，また男性の医者は「医者」だが女性の医者は「女医」と言うなど，優位集団は規範的とされるために「無標」になりがちということがあります。障害のない学生を「学生」と呼び，障害のある学生を「障害学生」と呼ぶことも，この無標化が当てはまります。さらに3点目として，マイノリティで権力を持たない側は，権力を持つ側の仕様に合わせ相手の考え方を熟知することなしには生き残れないが，逆にマジョリティで権力を持つ者は自分の下にいる弱者について知ろうとしない（知らなくても生きていける）と指摘しています。

マジョリティ優位な社会で当たり前として気づかれにくい社会の仕組みやあり方が，マイノリティには生きづらさとになるとしたら，マイノリティの人々の体験を丁寧に聞いて紐解き，それを社会課題として捉え直すことは，多様な人が共に生きる社会のために必要不可欠です。

4 違いを意識した新たな価値の創生へ

「解決すべき社会課題」の同定とは別の文脈で，当事者のナラティヴには，マジョリティ仕様の社会で見えにくい新たな価値が内包されています。「障害学生の語り」では，在学中に病気を発症し休学を挟みながら学んだ内部障害のある人が，自分が病気になったことについて次のように話しています。

> もう社会の皆さんや両親が考えてるような既存のレール，大学に4年間通って卒業するっていう既存のレールからもう自分は外れた存在だから，既存のレールに乗ってる人が何言おうと私の人生には関係ないし，その人たちに何言われようが，私は私の病気と向き合うって決めたら関係ないしっていうふうに，うまく線引きするようには……，うまく線引きするというか，そういうふうに自分の中でこう切り分けて考えるようにはしてました。
>
> 自分はもうイレギュラーな存在だから，ほかの人と一緒になりたいって気持ちが自分の中ではありつつも，ほかの人と一緒になれないっていう今の現状があるから，もうそれはしょうがない。自分は自分のやり方で自分の目指してるものに向かってやってくしかないってふうにはもう，切り替えるようにはしてました。うまくできてたか分かんないんですけど。
>
> 個としての自分っていうのをもっと打ち出していいんだなっていうのも，ひとつ病気になって分かったことかな。やっぱ今までずっと，結構みんなと一緒でいなきゃっていう強迫観念じみた思いってのがあって，みんなと一緒であることが自分の行動の原理の一つだったんですけど，病気になってみんなと一緒ができなくなった今，もうみんなと一緒やんなくてよくなった，みんなと一緒ができない

からみんなと一緒やんなくてよくなったら，逆に楽になったし。
　それで理解してくれる人もいれば，理解してくれない人もいるし。自分がどんなに誠実に対応しようとしても，理解できなくて吐き捨てられちゃうこともあるし，かといって，理解してくれる人も確実にいるので。なるべく，うまくいかないなと思って理解してもらえない人ばっかりだしって閉じこもるんじゃなくて，自分なりにこう理解してくれる人を探す，探して，頑張って踏ん張ってやってくしかないなってふうに，自分の人生に関してはそういうふうに思えるようになったのが，病気になって得たこととかなのかなと思います。
（「障害学生の語り」より引用）

　このように，「病気になる」という一般的に避けることが望ましいと思われがちな出来事について，当事者の語りからは，違う側面が見えてくることがわかります。
　伊藤亜紗氏の『目の見えない人は世界をどう見ているのか』[7]は，空間，感覚，運動，言葉という4テーマについて，それぞれ視覚障害のある人が世界をどのように捉えているのかを当事者のインタビューをもとに記したものです。伊藤氏は，今の社会は見えないことが「欠如」として捉えられ，見えていない人に福祉的な態度が生まれて，「見えない人はどうやったら見える人と同じように生活していくことができるか」ということに関心が向かいがちだと言います。しかし，見える人と見えない人が，差異を面白がる対等な関係の中お互いの世界に好奇の目を向けることで，お互いが生きている世界がこんなにも違うことに気づかされることがあります。この気づきは，マイノリティをマジョリティに合わせようとしているだけでは見えてこないことで，この違いを意識することこそ，社会でまだ言語化されていない新たな価値につながるのではないかと思われます。
　先の病気になって得たことがあったと話した語り手は，コロナ流行の以前

7　伊藤亜紗（2015）『目の見えない人は世界をどう見ているのか』光文社新書。

でしたが，症状のために通学ができない期間オンラインで授業を受けていました。そのことについてこのように話しています。

大学に関する要望としては，やっぱりもっとオンラインでの授業を当たり前のものとして学生が受けられるようにしてほしいっていうのは一番ありますね。やっぱり私自身も体調悪くて大学通えないっていう体験をしてるので。でも，そのときにオンラインで授業を受けられて，本当だったら多分もらえなかった単位だと思うんですけど，オンラインだったら，例えば具合悪くて横になっててでも講義には参加できるし，ちょっと家の外に行くことができない体調であっても，家の中だったら受講できるっていう体の状態の方もいると思うんですよ。

今までだったら通学がメインの大学の教育システムだったら大学に行くことを諦めていた人たちでも，オンラインで講義が，講義とかゼミに出るってことが当たり前になってる世の中だったら，そういう人たちに対する学習の門戸って絶対開かれると思うし。場所にとらわれない学習のあり方っていうのを，今コロナ禍でそういうのってすごく進んでると思うんですけど，やっぱりまだまだだなって思うので，大学，教育を提供する人たちは，やっぱりオンラインでも対面でも授業が受けられるようにっていうふうにしてもらえるといいかなって思います。

社会に関する要望は，やっぱりオンラインでいろんなことできるようにもっと進めてほしいっていうのはありますね。私自身，自分で体調をコントロールできる間は，結構普通の人と同じようなことはできるので，ときどき人よりも多く休んだりだとか，ストレッチの休憩が必要だとかってのはあるんですけど，休み休みだったら多分普通の人と同じように仕事したりとかも多分できるんだろうし，なので，もっとオンラインでフレキシブルに働ける環境づくりとかはしてほしいです。

全員が通学できるならオンラインという手段は必要ないかもしれません。しかし，違う仕様の生き方をしている人がいることで，社会は手段を増やすことができます。それは新たな価値を生むものです。ヒーラット・ヴァーメイさんという目の見えない進化生物学の研究者は，小学校 4 年生の時の担任が彼に貝殻を渡したことで貝類への興味が芽生えて，その後進化生物学の研究者の道を選びました。見える人が視覚を使って観察する貝殻を，ヴァーメイさんは指先の触覚で「観察」します。触覚で観察するからこその鋭い気づきは，その後の進化生物学上，非常に重要な発見につながりました。一般的に，見える人は視覚を使って二次元で物を見るが，見えない人は触覚によって形を三次元で経験するそうです（ヴァーメイ2000）。このように，違う感覚や仕様で生きている人の体験世界は，マジョリティがまだ知らない世界を教えてくれると思うのです。

＊　＊　＊

障害のある人のナラティヴを紐解くことは，社会的公正の観点から，健常者仕様の社会において障害のある人が体験している解決すべき社会課題に気づくことにつながります。同時に障害のある人のナラティヴは，お互いの体験世界の違いに気づき社会における新たな価値を生み出す可能性を内包しています。そのどちらにしても当事者のナラティヴをしっかり聞くには，上野氏が言うように，一人一人にとって安心で安全な雰囲気の中で対等に体験を話せる環境が確保されていることが欠かせません。

ただ，障害のある人の語りを伺う中で，私自身どう考えたら良いかまだ整理がつかないことがあります。それは障害のある人の体験世界を教えてほしいと思いながら，現状では障害が重いために既存の方法では語りを伺いにくい人がいることです。「障害学生の語り」プロジェクトでは，手話や筆談，50音の文字盤を想定した方法，慣れた介助者が発話を補う方法など，多様な形式で語りを聞かせて頂きました。いずれも，多数派が使用するコミュニケーション手段ではない方法です。新しいコミュニケーション手段に出会う度に，自分の無知を痛感しました。

先にも触れましたが，違う仕様の生き方をしている人がいることは，社会における手段を増やすことになります。この先，語りの内容そのものもさることながら，どんな手段で一人一人の体験世界を聞かせてもらえるか，まだ自分にもわかりません。ひとつ，聞き手自身が多様になり，聞き手のコミュニケーション手段が多様になることはとても重要だと感じることです。試行錯誤しながら，生身の人間が紡ぐ「語り」と，向き合っていきたいと思っています。

参考文献

Guyatt, G. et al.（1992）“Evidence-based medicine : a new approach to teaching the practice of medicine,” *JAMA*, 268（17）: 2420–2425.

ヴァーメイ，G.／羽田裕子訳（2000）『盲目の科学者――指先でとらえた進化の謎』講談社.

上野千鶴子（2023）Local knowledge の生まれる場所～当事者研究がもたらしたもの～．大学地域連携学研究 Vol.2, pp.54–64.

グリーンハル，T.／斎藤清二他監訳（2001）『ナラティブ・ベイスト・メディスン――臨床における物語と対話』金剛出版.

出口真紀子（2021）「見えない「特権」を可視化するダイバーシティ教育とは？」岩渕功一編著『多様性との対話ダイバーシティ推進が見えなくするもの』青弓社.

三木那由他（2022）『言葉の展望台』講談社，pp.54–55.

やまだようこ（2021）「第４章　ナラティブとは何か」『ナラティヴ研究――語りの共同生成（やまだようこ著作集　第５巻）』新曜社.

山根耕平

第6章 精神障害者の当事者研究

自己紹介

私の自己病名は「統合失調症五感がつながっている型」です。

自己病名とは，北海道のえりも岬に近い浦河町にある「日本キリスト教団浦河教会」や「浦河べてるの家」で，「私はこんな人間です。よろしくお願いします」という自己紹介の挨拶がわりに使う，自分でつけた病名です。

どんなことを表現しているかと言うと，私の場合は，物心ついた時からきれいな音楽を聴くときれいな景色が見えたり，いい匂いを嗅ぐとすてきな音楽が聞こえてきたりしていますが，そんな状態を短い言葉で伝え合います。

家族について考えると，祖父は書家でしたが，明治生まれの人なので自動車などはない時代，移動手段は乗馬だったそうで，若い頃には馬にまたがって野山を散策しながら，大空に手綱で文字を書いて書を楽しんでいたと聞いていました。また母も同じように空中に指で文字を書き，納得できてから紙に書く姿を見ていましたので，私も同じように幼稚園に入る前から空中に文字を書いたり，空中に書いた文字に色をつけて楽しんだりしていました。

その他にも私は見たり聞いたりしたことを，写真や録音機のように記憶することも得意でした。

異変が起きたのは近所にあった3年保育の幼稚園に入園した時です。家族以外の世界に初めて独りでデビューした時，上記のようなことを友達に話したら「バカ，アホ，お化け！」と言われて仲間はずれにされました。家に帰って「バライロー！」と楽しそうに叫びながら遊んでいる姿を見た母は「きっと『馬鹿野郎』と言う言葉を生まれて初めて聞いたのだろう。薔薇色で幸せな子だわ」と思ったそうです。

その近所の幼稚園は１年でやめて少し遠方にある教会付属の幼稚園に入園し直すまでには「私の家の人たちの見え方・聞こえ方を正直に話すと仲間はずれにされる」と幼心にも気づき，以来，私の見え方・聞こえ方は「浦河べてるの家」に来るまで25年間，家族にも知人にも誰にも話さないで生きてきました。

学生時代

小学校への入学を機に神奈川県川崎市に新しく造成された街に引っ越しました。そこは本当に草深く自然に恵まれた場所で，日本キリスト教団のまぶね教会という小さな教会へ，毎週日曜日には，家族４人で歩いて通う生活が始まりました。

ここには懇談礼拝という信徒同士が語り合う礼拝があったり，礼拝後にもわいわい議論をしている人たちがいて，大学のような雰囲気の楽しい教会でした。日曜日に子供礼拝に出た後は，私はその大人の礼拝に親にくっついて座っていたり，礼拝堂のとなりの部屋で大人たちの礼拝の内容が流れてくるスピーカーに耳を傾けて，聖書の世界の話に夢を膨らませていたものです。

家でも幼稚園でも本はたくさん読んでもらっていましたが，「文字を覚えろとか書く練習をするように」とは誰にも言われたことがなかったので，小学校入学とともに勉強開始の周囲とはスタートラインがだいぶ異なって戸惑いましたが，間もなく慣れて地域のサッカーチームにも入り，大学院卒業まで日が暮れてもグランドを走り回るような毎日が続いたものでした。

社会人になって

理系の大学院を卒業しSE（システムエンジニア）として大手企業で働き始めましたが，20世紀から21世紀への転換期に「コンピューター2000年問題」に遭遇。国内のコンピューターの修正作業は連日の徹夜・泊まり込みの連続の末片付きましたが，お手上げの国もあり「直るまで戻ってくるな」との命令で，片道切符で単身ドバイに飛び立ったこともありました。

やがて21世紀も軌道に乗った頃，その一部上場の会社で問題が発覚！　若手の仲間が集い「安全な車づくり」を提唱してメールマガジンなどを発行していたところ，まさかの強烈なパワハラを受け，ボロボロになって30歳の時に北海道の浦河にたどりつきました。

「浦河べてるの家」との出会い

東京で病院探しをする余裕も無く，体調を崩して間もなく知人が連れて来てくださったのが浦河の「べてるの家」でした。ちょうど一部屋空いていたグループホーム「元祖べてるの家」に入居でき，今までとはまったく異なる環境での日々が始まりました。

浦河赤十字病院の精神科医師・川村敏明先生の外来受診と「元祖べてる」の住民との共同生活。「べてるの家」のメンバーとの交流。体験したことのない過疎の街の生活の始まりです。耐えられずに一度は逃げ帰りましたが，自宅に一泊のみですぐ母に付き添われて浦河に戻ったものでした。

やむをえず浦河での生活になれ始めてみると，その「べてるの家」ではどうも私のように目の前にないものが見えたり聞こえたりしている人がたくさんいるのではと気づき，恐る恐る私の見え方・聞こえ方を，隣の部屋に住んでいる早坂潔さんに話すと，「なんだ，おまえもいろいろ見えたり聞こえたりする人だったか。ここ『べてるの家』では本当のことを話すといいぞ。日本の他の地域では，本当のことを話すと，薬をどかっと増やされたり，無理やり入院させられたりするが，浦河では逆に本当の見え方・聞こえ方を話すと，似たような経験をした仲間が助けてくれるぞ」というので，自分の警戒心が根底から崩れたことを昨日のように思い出します。

「浦河べてるの家」とは

今の「べてるの家」には安心して本当のことを語れる文化が根づいていますが，その「自己病名」など独特な語り合いの始まりは，1978年に浦河赤十字病院の精神科を退院した人たちが浦河教会の旧会堂で共同生活を始めた，回復者クラブ「どんぐりの会」に遡ることができます。「どんぐりの会」は変遷を重ね「浦河べてるの家」として活動するようになりました。

「スタッフもメンバーも全員で経営する（全員経営）」という原則を掲げての昆布の販売が軌道に乗り，さまざまな活動が今に至っています。前述の早坂潔さんは「山根，いま浦河に来るお前たちは幸せだぞ。なぜなら苦しみや悩みを正直に言葉で語る方法を俺らが編み出してお前たちに伝えてあげているから，お前たちは回復がとても早い。始まりのころの『べてるの家』は，統合失調症などに対する対応方法がまったくわからずに大変だったんだ」と教えてくれました。

浦河での活動

浦河は何かと出会いの多い町ですが，落ちつき始めた頃の初めての出会いの話です。国立リハビリテーション協会の河村宏先生が，過疎の町での防災の研究のために浦河町の視察に来られて「ホクレンで，浦河でやっている防災の発表をしないか？」と誘ってくださいました。「「ホクレン」は北海道でもかなり大きなスーパーマーケットの団体！　そんな所で話をするなんてとんでもない！」と思ったら大間違いで「国連」だとのこと！　スイスとチュニジア２回の会議に参加して，分科会で世界の障害を持つ方達の実情を知る機会になりました。一般人（ましてや障害を持った方達）の参加は初めてのことだったそうで，どこの会場設定にも配慮が足りません。例えば演者は歩行が不自由な方なのに車椅子で演壇に上がるためのスロープの設置がないなど，いちいちその場で折衝しければならない係の方のご苦労は大変なものだと思ったものでした。

その他にも浦河には多彩な見学の方々がおいでになるので，居ながらにして日本中，世界中の方々と繋がる機会があります。特にコロナに閉じ込められてからは，オンラインでいとも簡単に世界中と繋がれるようになりました。一昔前に体験した僻地の悲壮感は今はなく，国立公園の中に暮らしているような大自然に抱かれた心安らぐ毎日を享受する日々となっています（図１）。

図１　浦河町の隣の様似町にある花の名山アポイ岳に友人と登山した時に，八号目付近で撮った写真

子育て Zoom 会議

先日たまたま参加した，浦河の活動拠点を結ぶ「子育て Zoom 会議」において，私の主治医である「ひがし町診療所」の川村敏明先生（浦河赤十字病院退職後開院）も，面白いことを話されていました。

「かつて精神障害の治療は医者や看護師などの治療者側に委ねられていて，当事者本人は不在でありました。統合失調症の患者さんは，自分で意見を言えるような人ではないから，医者や看護師がなんでも手取り足取りやってやろうという時代ですね。でもそういう時代には治療成績はまったく上がりませんでした。そして当事者性が重要であることが，40年間の浦河でのみんなの当事者活動によってわかってきています。」

統合失調症の主な症状は幻聴や幻視ですが，浦河では幻聴や幻視に「さん」づけをしています。これは幻聴や幻視を症状として消し去ろうとして戦えば戦うほど消えないことを多くの仲間が経験し，どうすれば幻聴や幻視とうまくやっていけるのだろうかと試行錯誤を繰り返した結果なのです。つまり幻聴や幻視と他人行儀になるのではなく，身近なパートナーとして付き合っていくために「幻聴さん，幻視さん」と呼びかけて接することで，幻聴や幻視との間に新しい人間関係が生まれるのです。そして大事なことは，この幻聴さんや幻視さんとのさんづけによる付き合い方は個人的な発見ではなく，浦河の多くの仲間の経験の中から見出されてきたところにあります。幻聴さんや幻視さんを現実と区別するには，当事者性を持って見極めることが大切であることが浦河ではこのように徐々に明らかになってきています。自分の苦労をお医者さんやソーシャルワーカーだけに丸投げしないで，自分のこととして捉えて当事者性を持って生きていくことが，幻聴さんや幻視さんとうまくやっていくコツだと私の浦河の仲間たちも言っています。

最後に……いま思うこと

前述のように私は子ども時代に小さな教会に家族で通っていました。今でも鮮明に覚えているのは，その時の聖書の話の数々です。

既存の聖書だけにとどまらない膨大な資料の中から浮かび上がる，その当時としては最新の聖書学をワクワクしながら私は聞いていました。

特に当時東京大学の教授だった荒井献さんや大貫隆さんという学者さんたちから聞いた「トマスによる福音書」（荒井ほか2022）の100節の話を私は今でも鮮烈に覚えています。

> 100節　人々がイエスに金（貨）を示し，そして彼に言った。「カイザルの人々が私たちから貢を要求します」。彼が彼らに言った。「カイザルのものはカイザルに，神のものは神に渡しなさい。そして，私のものは私に渡しなさい」。

荒井献さんは言っていました。

> トマスによる福音書ではルカによる福音書本文によりながら，最後の「そして，私のものは私に渡しなさい」という一句を加筆したということになります。この一句が加えられることによって，それに先立つ「神」と「カイザル」は「私」（イエス）によって相対化されています。実際，「神」はトマスによる福音書によっては消極的にしか評価されていません。「カイザル」については，この語録以外に言及されていないので正確なことは分かりませんが，富や権力，とりわけ高官は否定の対象にされていました。いずれにしても，「私のものは私に返しなさい」の「私のもの」とは，人間に内在している本来的な自己のことでしょう。

当時，私は小学生でしたが「人間に内在している本来的な自己」ってなんだろう？と思いました。しかし「人間に内在している本来的な自己」は今の聖書には都合が悪いから削除されたんだろうなぁと考えて，それ以上深追いしませんでした。

時が過ぎて縁あって2001年に浦河に辿り着き，当事者研究なるものに出会ったときにハッとしました。「人間に内在している本来的な自己」とはつまりここ浦河でやっている当事者研究という，本人が自分に向き合う研究のことではないか，と思ったのです。そうか，約2000年前に都合が悪くて一度は葬り去られたけれども「人間に内在している本来的な自己」として現代に当事者研究はよみがえったんだな，と思いました。当事者研究はなんてしぶといんだ。そんな当事者研究に幸あれ！

参考文献

荒井献・大貫隆・小林稔・筒井賢治編訳（2022）『新約聖書外典　ナグ・ハマディ文書抄』岩波書店（岩波文庫825-1 p.295）.

油田優衣

第7章 自立生活，その後試論

1 「私って，自立生活，向いてないな……」

自立生活——それは，障害のある人が親元や施設，病院を離れて，他人による介助を受けながら地域で生活することをいう。障害のある人は，長年，親元や施設，病院での生活を強いられてきた。そのような状況に対して，半世紀以上にわたって，障害のある先人たちが培い，獲得してきたのが「地域で生きる権利」である。障害のある先人たちは，文字通りその命をかけて，地域に飛び出し，国や地方自治体の行政，自分の暮らす地域社会と交渉しながら，自立生活を実践し，その道を切り拓いてきた。

重度の身体障害がある私も，高校を卒業して大学に入学した2016年に，24時間の公的な介助サービス（重度訪問介護）を使いながら自立生活を始めた一人である。はたから見ると私は，自立生活をうまく「こなして」いるように見える部類の障害者だと思う。介助体制も比較的安定しているし，介助者に自分のやってほしいことを伝える「指示出し」も上手な方だと言われるし，介助サービスを活用してあちこち外に出回っていたりと，充実した生活を送っていると思う。しかし，そんな私は，少し前まで，こんなことで思い悩み，落ち込んでいた。

「私って，自立生活，向いてないな……」

これは，１ヶ月に２，３回くらいのペースで，夜中にベッドで横になっている私の頭のなかにポッと現れ，反芻されていた言葉である。この言葉が現れるときはだいたい決まっていて，長時間一緒に過ごすのがしんどいと感じてしまう介助者が介助に入っている日か，もしくは，自分の気持ちを置き去りにして，介助者の状態や機嫌，介助者側の「こうしてくれたら楽」という都合に合わせすぎて，後からしんどくなってしまった日のどちらかだった。介助者との関係のなかで湧き起こるそのようなモヤモヤした思いやしんどさは，グチャっと，ドロっとしていて，私の心を巣食う。そんな言葉にならない思いを，とりあえず，「私って，自立生活，向いてない」という非常に粗い言葉にぶつけて，自分の気持ちを落ち着かせようとしていたのかもしれない（ちなみに，その数日後，私にとって一緒にいて心地良い介助者が長時間の介助に入る日には，数日前に深刻に悩んでいたことが嘘だったかのように，すっかり元気になってケロッとしていて，「やっぱり自立生活はいいなぁ～」なんて思ったりしていた。なんと私は単純で，人に影響されやすいことか……）。

もうひとつ，「私って，自立生活，向いてないな」という思いがハッキリとした輪郭を帯びて私自身に迫るようになったのは，故・海老原宏美さんのあるお話を聞いてからである。海老原宏美さんは，自立生活運動を牽引してきたリーダーの一人である。海老原さんは生前，こんなことをおっしゃっていた。

> 突きつけ続けられる精神力を持った障害者がすごく少ない。結局は自分の体が人質になっていて，その介助者に嫌われて，次の週から来なくなったら，自分の生活が立ち行かなくなるわけです。やっぱりそれが怖いから，どこかで良い顔しちゃうんですよ。「いいよ，いいよ，大丈夫だよ」って，「やらなくていいよ」っていうふうに言ってしまうんですね。そういう妥協をしながら生きている障害者の方が圧倒的に多いと思います。
>
> （一般社団法人わをん 2023）

海老原さんがここで言っている「突きつける」という言葉には複数の意味が込められている。それは，自分の望む介助のあり方やクレイムを伝えることも含まれるし，マジョリティである健常者とマイノリティである障害者という非対称的な関係のなかで健常者であるあなたはどう振る舞うのかという問いを突きつけるという意味も含まれている。海老原さんのこの言葉に私はハッとさせられ，痛感した。「あぁ，私はまさに『突きつけられない』障害者だな……」と。そして，介助者に対して「突きつけ」続けてきた海老原さんに尊敬と憧れの念を抱くとともに，「じゃあ，『突きつける』ことのできない私はどうやって生きていったらいいのよ……」と，劣等感と少々の反感も覚えた。が，海老原さんにその感情をぶつけることは，お門違いである。だから，自分で考えてみることにした。というか，「突きつけ」られない，ナヨナヨした，弱さをもった私，いや，私たちだからこそ，海老原さんが差し示してくれている自立生活が残した課題，つまり，「自立生活，その後」の課題について考えられるのではないか。

「強い障害者」に憧れつつも，そうはなりきれない「弱さ」をもち，葛藤する私が本稿で呼びかけるのは，まさに，なぜ「私って，自立生活，向いてない」と思ってしまうのか，なぜ私は，介助者に「突きつけ」られないのかを考えてみようということである。

2 「自立生活，その後」を語る必要性

本章のテーマは，「自立生活，その後」を考えてみること，語ってみることである。私がこれまで見聞きしてきた限り，自立生活を始めた後の話というのは，自立生活を始めるまでの話と比べると，その数は少なく，それを語るための言葉もまだまだ不足しているように思われる。

自立生活を始めるまでの話というのは，（残念ながらいまだに）自立生活に至るまでにどのような社会的障壁や困難があって，どのようにそれを乗り越えたのかという話になる場合が多いだろう。そして，さまざまな関係機関や

関係する人と交渉を行い，必要な人的資源や物的資源を確保し，自立生活が達成できた際には，「ようやく『自由』な生活を手に入れることができた」というように，「自由」を獲得した物語として，それは語られる（「自由」という言葉が，自立生活を始めた障害当事者によって，しばしば使用され，強調されるのは，それだけ，それまでの生活で「自由」を奪われていたということでもある）。

自立生活に至るまでの実例やそれに基づく当事者からの発信が増えることは，本当に喜ばしいことだし，私はまだその数は全然少ない，もっともっと増えてほしいと思っている。法律や制度が整ってきたとはいえ，まだまだ障害者の地域生活への理解が十分ではない日本において，障害者が介助を使いながら地域で暮らすことには，依然として，大きな社会的障壁が存在する。自立生活に関する情報が届いていない場所は，まだまだたくさんあるのだ。このような状況において，自立生活を実践している障害当事者の言葉は，親元や施設，病院を出ることなんて考えてもみなかった人たちに，介助を使いながら地域で暮らすという新たな選択肢と，「私にもできるかもしれない」という勇気や活力を与えるものになる（実際に私も，先輩の障害当事者のそのような話にエンパワーされ，人生を切り開く力をもらった一人である）。私たちは，これからも自立生活に至るまでの実例を増やし，その情報をくまなく広めていき，障害者の自立生活を阻む社会的障壁をなくしていくために，動き続けなければならない。

一方で，障害者が生きるということを考えるうえでは，自立生活に至るまでの話だけでは不十分である。自立生活を「自由」を手に入れた物語として語るだけでは不十分なのである。自立生活はゴールではない。当たり前のことだが，私たちの生活や人生は，自立生活という生活様式を手に入れた後も続く。むしろ，そこからがスタートである。「必要な時間数介助がついて，自立生活を始めることができました！　めでたしめでたし」ではない。

私たちは自立生活を始めた後も，その生活のなかで，「不自由さ」とともに生きていかねばならない。そのような「自立生活，その後の不自由」について考えていく必要性を指摘しているのが，自立生活センター（Center for Independent Living：以下，CIL）[1]で介助コーディネーターとして働いている渡邉琢さんである。なお，本章のタイトルに含まれる「自立生活，その後」という言葉は，渡邉さんの書かれた「自立生活，その後の不自由：障害者自立生活運動の現在地から」という論考から拝借した言葉だ。その論考のなかで，渡邉さんは次のように述べる。自立生活運動は，社会が障害者を家庭や施設，病院に強制的に押し込めることに対して強烈な否を突きつけ，そこからの「解放」や「自由」を求める運動であった。しかし，「解放の先にもまだ課題はあった」。自立生活を始めた後も，障害者は，ままならない身体や思い通りに動いてくれない介助者に囲まれ，「不自由」とともに生きていかねばならない。現在，障害者介助の現場では，「慢性的な不自由，生きづらさのなかで，どう生きて行くかを考える，そうした技法なり，考え方，言説が新たに求められている」。渡邉さんは，「自由」を求める運動を引き続き展開していく必要性とともに，これからは「不自由とともに生きること」，つまり，「自立生活，その後の不自由」という課題に向き合っていく必要があると述べる（渡邉 2021）。

さらに，渡邉さんが指摘しているのは，自立生活における「不自由さ」を扱うための言説の乏しさである。これまで自立生活運動のなかでは，「介助者に適切に指示を出し，自分で自分の生活をコントロールできる障害者の姿が一つの理想とされ」，自己決定や当事者主体[2]，介助者手足論[3]が理念として語られてきた（渡邉 2021）。それらは，障害者が自身の尊厳や主体性を踏みにじる社会と切り結びながら，自分の人生を切り拓いていくうえで，非常に大きな意味と力を持った言説である。しかし，そうした「不自由を克服するための運動の言説」だけでは，生活のなかの「不自由さ」を解きほぐすことはできない。渡邉さんは，介助者の当事者研究と障害者の当事者研究，両方が補い合いながら，介助現場での辛さや痛みと向き合い，それについて言葉を紡いでいく必要があると指摘している[4]（渡邉 2020）。本稿は，以上のような渡邉さんの問題意識に大いに刺激を受けて書き始められたものであり，私

1　障害当事者が中心となって，障害者の権利擁護や地域生活の支援をする団体。
2　第Ⅰ部第２章（安井氏の文章）および第３章（熊谷氏と安井氏の対談）を参照のこと。

なりにそれに取り組んでみようとするものである。

では，そもそもなぜ，自立生活における不自由さやしんどさといった事柄は，語られてこなかったのだろうか。私が思うに，その理由としては，まず，当事者に自立生活の不自由さやしんどさを語るのをはばからせるような社会的な圧力があった／あるからではないか。「障害者は，家族で面倒を見るのが当たり前で，家族介護が難しければ，施設で暮らすのがふつう」，「障害者一人のためだけに，一人（ないし二人の）介助者を長時間つけるなんてありえない」，「どうしてそこまでして地域で生きたいの？　親元や施設の暮らしでもいいじゃない」――障害者はこのような言葉やメッセージを幾度となく浴びせられ，地域で暮らすことを阻まれてきた。自立生活を阻む社会的障壁が大きいゆえに，それらを乗り越え，やっとの思いで自立生活を始められた人々にとっては，自立生活のしんどさを語ることは，ある種の困難を抱えることになる。なぜなら，障害者が自立生活のしんどさを語れば，「そんなにしんどいなら，自立生活をやめて，親元や施設に戻ればいいじゃない」とか，「本人もしんどいと言ってる自立生活のために，なぜ税金を使うんだ」などといったように，自立生活を否定し，親元や施設，病院での暮らしを肯定するような隙を与えることになりかねないからだ。そうなれば，せっかく手に入れた自立生活の基盤や支持を失い，逆戻りすることになる（正直，私も，

3　介助者手足論は，介助者を（心身二元論的な）「手足」として使う（べき）という考え方を指す言葉としてしばしば用いられる。この主張の中では，「障害者こそが介助関係における主体＝主権者であ」り，「その主体に介助者は手段として仕えること」（後藤 2009）が求められ，「介助者は勝手な判断を働かせてはならない」（究極 1998）とされる。このような主張がなされた背景には，親元や施設という抑圧的・支配的な場を脱し地域で生活を始めた障害者が，今度は介助者によって新たに抑圧や支配を被るという状況があったことが挙げられる。つまり，介助者手足論とは，「介助関係の中で，障害者の自己決定権が侵害されることへのアンチテーゼとして，1970年代以降の障害者運動から生まれた主張」（後藤 2009）なのである。なお，介助者手足論は，障害者の日常生活の行動についての主義主張に関わるものとしてしばしば言及されるが，もともとは社会運動を誰が主導するかに関わる主義主張であった（立岩 2021）。介助者手足論の使われ方の変遷についてわかりやすく整理されたものとして石島（2021）がある。

4　その試みとして，渡邉さんは，例えば，ケアの倫理やトラウマ論を手掛かりにして，「自立生活，その後」を試論されている。

本稿で自立生活のしんどさを語ることについて，これを読んだ人が「じゃあ，自立生活なんてやめればいいじゃないか」とならないか，不安をもっている。でも，この本の読者の方は，少なくともそうはならないだろうという期待を込めて，私は本稿を書いている）。

私は，この「語りにくさ」自体がディスアビリティの現れのひとつであると思う。そもそも，「自立生活」という言葉を使ってはいるものの，私たちにとってみれば，それはただの「生活」である。生活におけるしんどさというのは誰にでもあって，それを誰かに話すことは自然なことであるはずなのに，介助を使いながら地域で暮らす重度の障害者が生活の悩みや愚痴（私たちの場合，その話題のひとつが「介助者との関係性」になるわけだが）をポロッと言うと，なぜか容易に「じゃあ，実家に帰ればいいじゃない」とか「施設に入ればいいじゃない」となってしまう。障害のない人は，自身の生活の大変さや生きづらさを言っても，そんなこと言われないのに。この違いこそが，障害者が置かれている抑圧的な状況を示していると言えよう。

自立生活を阻む社会的障壁と，（それゆえに存在する）障害当事者に自立生活のしんどさを語ることをはばからせる社会的な圧力は，現在よりも昔の方がはるかに強かっただろう。障害者の地域生活への理解もそのための制度もなかった時代のなかで，地域で生きる権利を獲得するために，力強く声を上げ，命をかけて運動してきた世代は，自立生活のしんどさを語るような余地すらなかったのではないかと想像する。それに比べると，現在は，まだまだ不十分な点は山ほどあるものの，建前としては障害者の地域生活が権利として認められてきた。だから，「自立生活，その後」を考えるという課題は，渡邉さんも「制度が整い，ある程度の自由を享受できるようになったなかではじめて浮き彫りになってきた課題」（渡邉 2021）であると述べるように，曲がりなりにも制度が整い，自立生活という生活様式が徐々に認められてきた[5]私たちの世代だからこそ，語ることができ，向き合うことのできるテー

5　障害のある人が地域生活を営めるよう，必要な障害福祉サービスが給付される必要性は，障害者総合支援法や日本も批准している障害者権利条約などの法令によっても裏付けられている。

マだと思う。

自立生活における不自由さやしんどさといった事柄が語られてこなかった，あるいは，語られてきにくかった理由として，もうひとつ，介助関係における問題が個人化されやすいという理由があると思う。介助をうまく利用できないこと，介助者とトラブルになってしまうこと，また，トラブルが起きた際にその問題を解決できないことなどの介助関係における問題は，利用者である障害者個人の能力（ちゃんと介助者を育て，必要なときにはしかり，教育する能力がないなど）や性格などの問題に還元されてしまいがちである。深田耕一郎さんも，介助関係について，「『自己決定』に価値をおく自立生活の理念は，その経緯からして，とても大切だが，自分で考え・自分で行動し・自分で責任をとるというあり方は意外に強固な『個人モデル』である。そして，その個人モデルを軸に実施される派遣型の介助も『個人ががんばる』ことを前提にした個人モデルである」と指摘している（深田 2020）。

介助者との関係における問題が個人化されている状況では，介助をうまく使えない人や介助者との関係でうまくいっていない人は，周りから否定的な視線を向けられやすくなる（渡邉 2022）。それを象徴するひとつのエピソードとして，私が一人暮らしを始めて数年後に参加した，とあるシンポジウムでの出来事がある。そのシンポジウムでは，介助を使って生活する二十代の女性が，同じ自立生活を実践している数人の登壇者らに「私はヘルパーさんに言いたいことを言えないんです……。皆さんはどうされてるんですか？」と質問した。すると，日本の障害者運動の黎明期から運動に携わっている登壇者の障害当事者は次のように答えた。

「そんな甘っちょろいこと言うてたらあかん！　なんでヘルパーのために生きなあかんねん！　主役はあんたやで。わがまませな！」

質問した彼女と同じく，介助者との関係に悩んでいた私にとっても，この回答はなんとも切れ味が良く，気持ちの良いものだった。しかし一方で，私は，その回答に対して違和感を覚えもした。たしかに，私たちには，介助者に注意や意見をしなければならない場面や，した方がいい場面がある。介助者を気にしすぎて自分の思うような生活ができない状況が続けば，もはや誰のための生活なのか，わからなくなるだろう――そんなこと頭ではわかっている。しかし，それができないから，彼女は思い切って質問したのだ。それを「言ってはいけない，甘っちょろいこと」として否定することは，違うのではないか。まずは，彼女が今まさに，介助者との関係で悩んでいるという事実をありのままに受け止めることが大事なのではないか。介助者との関係における悩みや苦しみを勇気をもって開示したのに，それを否定された彼女（そして，私）は，今後，弱音を吐いたり，悩みを相談したりすることはできなくなるのではないか――そんなことを思った。これは私が経験したひとつの例に過ぎないし，このような返答はその障害当事者の方が生き抜いてきた時代によるものも大きいのだろうが，なんにせよ，現在でも，自立生活運動の現場や障害者コミュニティのなかでは，介助者との関係における問題は，個人の問題に還元されがちである。そのような状況のなかでは，障害当事者が介助者との関係のなかで悩みやしんどさを安心して話すことは難しいだろう。

ここまで述べてきたように，自立生活のしんどさを語るのを許さない社会的な圧力や，介助関係における問題が個人化されやすいことなどの理由により，「自立生活，その後の不自由」は，語られにくさがあったわけであるが，自立生活を多くの人に開いていくためにも，これから私たちはこのテーマについて積極的に考えていく必要がある。先も述べたように，当事者主体，自己決定，介助者手足論などの自立生活運動の理念や主張は，非常に大きな意味と力を持ち，実際に社会を変えてきた。一方で，その理念は，障害者間にある種のヒエラルキーを生み，「自己決定できない」存在を周縁化してきた側面もあった。また，自立生活のための制度も整い，自立生活を実践する障害者も多様化している現在，これまでの運動の理念や主張だけでは，現在の介助現場に通用しなくなってきている（小泉 2016；渡邉 2021）。「強い個人」を前提とした言葉や考え方だけでは，取り残してしまう人々や現実があるのだ。このような現状を変えていくためにも，私たちは，自立生活運動の言葉をアップデートさせることが必要だ。そのために必要なことが,「自立生活,その後の不自由」,つまり,自立生活における不自由さやしんどさを丁寧にみていく作業である。そこでは,自己決定や当事者主体,介助者手足論という言葉に簡単に頼ることはできず,弱さや脆さや不安定さを抱えた自分を発見することにもなるだろう。この作業は,「強さ」を語る話とは違って,キラキラしてもいないし明るくもない,重たくてしんどいものがある。できれば,あまり目を向けたくないことでもある。でも,その作業は,未だ言葉になっていない介助現場での現実を語るための新たな言葉を与え,「強さ」を前提としない自立生活を考えるための手がかりとなり,自立生活の道を広げることにもつながるだろう。

3 私の「自立生活,その後」試論:介助者の「こうしてほしい」のなかで

「自立生活,その後試論」というタイトルで本稿を始めたものの,「自立生活,その後」の不自由さやしんどさを述べるための「言い訳」を書くだけで,紙面の半分を費やしてしまった。ここからは実際に,私自身の体験から「自立生活,その後」の一部を試論してみたい。

介助者との関係性のしんどさを描き出すという作業は,ややもすれば,介助者の悪口や愚痴を言うだけになってしまうかもしれない。でも,そうはならないやり方を目指したい。簡単に「犯人探し」をせずに,そこで起こっていること,そこで自分が感じていることを丁寧に見つめ,その背後にあるものにも想像力をもちながら,私なりに,自分の「自立生活,その後」の一部を描き出してみたいと思う。

(1) 介助者手足論や自己決定という理想をもって自立生活を始めるものの……

まず，私が一人暮らし，つまり，介助者を伴っての自立生活に至るまでの経緯を簡単にお話したい。私は，中学生のときに，たまたま地元のCILと繋がり，自立生活を実践する障害当事者の人たちに出会うことができた。そのCILは，自己決定や当事者主体，介助者手足論を徹底的に重んじるCILで，私は，自立生活を実践する彼らの姿を通じて，その理念を真っ直ぐに受け取りながら青年期を過ごした。高校生になった私は，自立生活を実践する彼らへの憧れと，いろいろあって実家の居心地が悪かったこともプッシュ要因となり，「自由」を求めて大学進学と同時に実家を出て，憧れの自立生活を始めることになった。

「介助者手足論や自己決定による自立生活」という理想を高く掲げて自立生活をスタートさせた私は，しかし，早々に，現実の壁に直面した。私のやりたいことや実際にやること，ひいては私自身のあり方は，介助者によって大きく左右された。このような事実を前に，私は，「自己決定」とは何なのだろう，「主体性」とは何なのだろうと問いに何度もぶつかった。一人暮らしをして最初の2，3年は，「自立生活する障害者は，主体的に指示を出し，手足論的に介助者を使いこなさないといけない」という思いに強く囚われていたこともあって，私は，介助者によって左右される自分のありようを認めることができなかった。自分は，主体性を有した自律的な人間だと思いたかったし，そうじゃないと自立生活する障害者失格だと思っていた。しかし，大学での学びや新たな人々との出会いのなかで，だんだんと「介助者に左右されてしまう自分のありようを，まずは認めてみてもいいんじゃない？」と思えるようになった（その詳細については，油田（2019）の「強迫的・排他的な理想としての〈強い障害者像〉：介助者との関係における「私」の体験から」を読んでほしい）。それによって私は，「自立生活は，介助者を『手足』のように使い，障害者の確固たる意志や主体性に基づく『自己決定』によってつくられるものであらねばならない」という強迫的な思いからは解放された。しかし一方でそれは，介助者に左右される事実を認めたうえで，「では，私にとっての『当事者主体』とは何か？　より良い『自己決定』とは何か？」という新たな問い，試練の始まりでもあった。本稿は，そのような問いを考えるための，私なりの第一歩である。

⑵　年々，強く感じるようになった自立生活の難しさ

本稿では，「自立生活，その後」のテーマのひとつとして，私のなかでホットな関心である介助者の「こうしてほしい」に抗うことの難しさについて考えてみたいと思う。

話の導入として，ここ数年，私が感じている自立生活への思いの変化について話をしたい。私は，自立生活の年数を経るにつれて，自立生活の難しさを感じるようになった。一人暮らしを始める前や始めた当初は，自立生活の年数を重ねれば重ねるほど，介助者との関係性をコントロールするのがうまくなって，介助者に遠慮せずに「自分のやりたいことを，やりたいときに，自分の望む方法で」やることがどんどん容易になっていくと思っていた。そのためのメンタルもスキルも磨かれ，堅固なものになっていく，と。しかし実際は，そう単純ではなかった。私は，自立生活の年数を重ねるほど，良くも悪くも，介助者側の都合が見えるようになった（これは私が，確固たる意志に基づく自己決定論や介助者手足論をいったん保留したからこそ，見えてきたことでもあるだろう）。介助者側の「ほんとはこうしてほしいな」「こうしてくれたら楽なんだけどな」がよく見えたり，それらを感じたりするようになってしまって，前よりも，自分の「こうしたい」を貫くことの難しさを感じることが増えている気がするのだ。また，自分のやりたいことが介助者とぶつかったときに，それを貫くことが，どれくらいエネルギーを要することで，どれくらいしんどいことなのか，逆に，自分の「こうしたい」を少し我慢して介助者の「こうしてほしい」に合わせることで，どんな「楽さ」があるかも，知ってしまった（といっても，それは決して，「楽な道」ではなく，積もり積もって，後々，自分を苦しめるものになるのだが……）。今思えば，昔はいい

意味で鈍感だったような気がする。それこそ，頭でっかちに「介助者手足論を貫くのだ！」と思っていた。介助者の「こうしてほしい」に敏感になってしまった今となっては，かつての「介助者は仕事で来てるんだから，いつでも好きなときにやりたいことやるぜー！　それの何が悪いんや」と，ある意味，頼もしくもあった私はどこに行ってしまったんだろう？　なんだか私，介助者にも自分自身にも「甘く」なってしまったな，まるくなってしまったな……と思ったりする。

(3)　介助者の「こうしてほしい」との闘い

例えば，お風呂。以前は，介助者の都合や思いは全く気にせず，好きな時間にお風呂に入っていた。超夜型の私は，日付が変わってからの深夜にお風呂に入ることもざらだった（きっと介助者からすれば，「こんな夜更けにお風呂かよ」だったであろう)。何時に風呂に入ろうと，それは私の自由で，それに介助者は仕事として当たり前に対応すべきだ，と（今もその考えは変わらないし，至極真っ当なものだと思う)。

しかし，だんだんと私は，介助者の都合や思いに気付いていった。お風呂介助は介助者にとっては結構疲れる仕事で，介助者としては，私が早い時間にお風呂に入った方が楽なんだな，と。深夜二時や三時からお風呂に入られるよりも，もっと早く入ってくれた方が，早く大きな仕事が終わるから，楽なんだな，と（最初の数年は，そんなことを考えたこともなかった。というか，介助者手足論を徹底するためにも，あえて考えないようにしていたのかもしれない。また，介助者手足論を徹底しようとしていたことで，ある意味，介助者を「モノ」としてみることができていたから，気にならなかったのかもしれない)。

それに気付いてからは，私は自分の風呂に入る時間について介助者にどう思われるか，気にするようになった。特に，早く入ってほしそうな雰囲気を感じる介助者の時は，私の頭のなかでは，お風呂に入る時間について，こんな会話が行われる。

気弱なＹ「あぁ，今日も介助者から『油田さん，今日は何時にお風呂に入るんだろう，まだかなー』って思われてるかもなぁ……。気になっちゃうし，それを気にするのも疲れるから，もう早めにお風呂に入っちゃおうかなー」

強気なＹ「いやいや，介助者は仕事で来てるんだから，別にあなたが何時に入浴を頼んでもいいに決まってるやん。それに対応するための長時間の介助（重度訪問介護）じゃん！」

気弱なＹ「そんなことは頭ではわかってるよ。でも，やっぱり気になっちゃうし……。気を遣いながら深夜に風呂に入るより，（介助者が好むように）早めに入った方が，私も気持ち的に楽だし，そうしようかな」

強気なＹ「そんなんでいいのかー！　そんなふうにしてたら，どんどん自分の生活じゃなくなっていくぞ！　そこを譲ってしまって，どうするの！？」

気弱なＹ「いやぁ，ほんとそうだよね……。ほんとそうなんだけど……。でも，まぁ早く入れば，その後，ゆっくりできるし。介助者に合わせてる面もあるかもだけど，早く入れば入ったで，いいこともあるし！」

強気なＹ「そうやって自分を誤魔化すのかー！？」

入浴介助では，抱えてもらったり，介助者の手で体を洗ってもらったりと，身体接触が多くなるし，その間，ずっと介助者と顔を合わせていることになる。そのような場面では，介助者の疲れや機嫌が，介助者の身体から私の身体を通じて伝わってくる。それが長い時間続くと考えると（私の場合は，だいたいお風呂に一時間半を要する），私は億劫になってしまって，「それなら，介助者が機嫌を損ねない早いうちに入ってしまおう」と思ってしまうのだ。いつお風呂に入っても，嫌そうな雰囲気を感じないヘルパーさんのときは，自由に遅めに入浴したりするものの，「やっぱり，この人も，顔に出さないだけで，『早く入ってくれればいいのに』とか思ってるのかなぁ。だとしたら嫌だな」と思ったりする。しかし，深く考えるとしんどいし，キリがないので，あまり考えないようにして，不安な気持ちにフタをする。

他にも例えば，夜更かし。先にも書いた通り，私は超夜型で，まだ学生ということもあって，深夜三時や四時に寝るのも普通のことだ。以前は，自分が寝る時間について，介助者がどう思っているか気にしたことはなかったのだが，ここ数年は「介助者としては早く寝てくれた方が，自分も仮眠できるから，嬉しいんだろうな……」と思うようになった。ただ，お風呂と比べると，寝る時間に関しては，介助者の気持ちを想像しつつも，気にせずに，夜遅くまで起きていることが多い。そして，これまたなんだかなぁと思うのが，勉強をしていたり仕事をしていたりすると，夜更かしするのも許される気がするけれど，YouTube やアニメを見て夜更かししているときは，なんとなく，後ろめたさがあるというか，介助者からあまり良く思われないのではないかと感じてしまうことだ。「介助者は，動画やアニメを夜遅くまで見るなんていう『だらしない』ことのために，深夜まで起きさせられている（仮眠が取れない）のは嫌だなぁとか思ってないだろうか……」などと勝手に想像してしまう。勉強や仕事は，意味のある，「高尚な」活動で，それなら夜更かししてもよいが，動画やアニメを見るといった「だらしない」ことは，夜更かしするのにふさしくない――そう私は考えているようだ。そして，こんなふうに，どんな活動が夜更かしして行うまでの「価値」があるかを考え，介助者の目を気にしてしまう自分自身も，みっともないと思ってしまう。

今，例に挙げたのは，介助者の「こうしてほしい」を感じる場面の，わかりやすい例である。他にもふとした瞬間や場面で，私は，介助者の「こうしてほしい」を感じながら生活している。

もちろん，介助者の「楽さ」や「心地よさ」を考え（られ）ることは悪いことばかりではなく，良いこともある。それは，介助者とともに心地良い介助関係を作り上げていくうえでも，そして，介助者に長く支援に入ってもらううえでも，プラスになる面がある。実際に私は，介助者側の都合や思いを知って，介助者がどこで躓くのか，何が大変なのかがわかるようになったことで，以前より，新しく入った介助者を育てるのがうまくなり，私の介助に入っている介助者のスキルは全体的に上がってきているように思う。また，以前より，介助者との関係性づくりも「そつなく」こなせるようになった気もする（それゆえに私は周りから，自立生活をうまく「こなして」いるように見えるのだろう）。だから，介助者のことを考えられる力があることを私は悪くは思わないし，それは有益なものだと思う。

しかし，ここまで述べてきたように，介助者の都合や思いを知ることは，他者のニーズに比較的敏感で，かつ，小心者の私にとっては，自分の「こうしたい」を貫くことを難しくもした。それに，このような現実は，ある意味，能力主義的でもある。介助者のことを考え，介助関係をマネジメントできる能力が高い人ほど，「良い支援」を受けられるというのが現実なのであろうが，果たしてそれでいいのだろうか。ときおり，私は，自分の支援に入っている介助者から「油田さんは，ヘルパーのこともよく考えてくれてるから，支援に入るの楽です！　快適です！」みたいなことを言われることがある（逆に，別の利用者のところ（もちろん，どこの誰とは言わないけれども）で，大変な思いやしんどい思いをしたいう話を聞くこともたまにある）。それを聞いて，私は複雑な気持ちになる。私の支援に入る時間を快適に感じてくれることは嬉しいが，「じゃあ，『大変な』『楽じゃない』人の支援の質や介助者のモチベーションはどう維持されるのだろう……」とモヤっとするし，「じゃあ，今後，私の支援が『楽』じゃなくなったときは，どうなるんだろう……」と不安な気持ちにもなる。私の支援の楽さや快適さは，常に，過去の私や他の利用者と比べられるものなのかもしれない。次に書くことはきっと，私の考えすぎかもしれないし，考えすぎであってほしいのだが，今まで生きてきたなかで，さまざまな場面で幾度となく「障害者の介助は大変，面倒」というメッセージを浴びてきた私にとって，介助者からの「油田さんの支援は楽です」という言葉は，「これからも，楽な支援のままでいてね」という呪縛の言葉にも聞こえてくる。どこまで介助者の心地よさや楽さを知るのか，考えるのか，そのバランスは，私には結構難しい。

⑷ 「いい顔」をしてしまう私

介助者の「こうしたら楽」を知りつつも，しかしそれは「私のこうしたい」とはズレがあり，ときには対立するもので，私は「自分のこうしたい」を優先しますよ――ということを，ちゃんと，いつも伝えられるようにありたい。それが理想である。でも，現実の私は，介助者の「こうしてほしい」に影響を受けたり，流されたりしてしまう。介助者の都合や機嫌を無視して，自分のやりたいことをやってもらうのは，かなりエネルギーが必要だし，大変なことだ。それに，私は，介助者の「こうしてほしい」に抗うことで，介助者との間の空気が悪くなるのが怖い。介助を放棄されることはないだろうが，不機嫌に介助をされるかもしれない。介助者のネガティブな状態や感情は，その人の声の様子や身体の動きから伝わってくる（もちろん，それらを隠すのがうまい人もいる）。それは，介助を放棄されることと同じくらい，あるいはそれよりも，恐ろしいことだ。そんな恐れや気まずさを感じるくらいなら，この瞬間を少し我慢した方が，楽なんじゃないか（それは長期的に見れば，決して楽ではなのだが……）。そう思って，私は，ちょっと気になることや嫌なことや何か伝えたいことがあっても，「いい顔」をして，問題を先延ばしにしてしまう。このとき，「介助者の楽」と「私の楽」は悪い溶け合い方をしているように思う。そこでは，「介助者の楽」を優先させることで「私も楽」になろう，というような順番になっている。本来は最初に優先すべき「私の楽」や「私のこうしたい」が，「介助者の楽」にとって変わられてしまっており，（仮に「介助者のニーズ」というものが存在するのならば）「自分のニーズと介助者のニーズを混同」（安井 2019）してしまっているのだ。

また，介助者に「いい顔」をしてしまうその理由をもう少し深堀りすると，私は自分のなかに，介助者や事業所に対して，何らかの要求やクレイムを伝えることで，「これだから，障害者は面倒くさいんだよ」みたいに思われないかという不安があることにも気付く。私（たち）はこれまで，「障害者だから社会性がない」とか，「障害者だから面倒ごとを言う」とか，「障害があるから人としてもちょっと欠陥がある」とか，そんなメッセージを陰にも陽にも浴びてきた。だから，それへの抵抗として，「私は物わかりのいい人なんですよ，思いやりを持った人なんですよ」というのをアピールしたいのかもしれない（といっても，このやり方が，本当に「抵抗」になっているのか，「抵抗」として機能しているかはわからないし，そもそも，このような「抵抗」をさせられていること自体が，おかしな話なのだが……)。そこには，私の言動が，他の利用者や障害者へのイメージに影響するのではないかという懸念もある。私は，障害があるけど，「いい人」なんだ，「ちゃんとした人」なんだと思われたくて，それらの思いが，私を介助者の「こうしてほしい」に抗うことをはばからせている気もする。

⑸ それでも日常は進んでいく

こんなふうに私は，介助者の「こうしてほしい」を感じながら，それに流されたり，気にしつつも「自分のこうしたい」を貫いたりしながら生活している。実際のところ，介助者がどう思っているかはわからない。介助者のなかには，「私は『こうしてほしい』なんて思ったことないし，思ったとしても，それを出さないようにしている」という人もいるだろう（実際に，「こうしてほしい」を感じさせない介助者もいる。それは，こちらとしては，ありがたい限りである)。ここまで書いたことは，ほとんど私が考えすぎなのかもしれない。一方で，介助者は「こうしてほしい」と思っているけれど，私はそれに全然気付いてないという場合もあるだろう。実際のところはわからないし，わからなくていいと思うし，わかりたくないと思っている。

さて，この私の「自立生活，その後試論」を，綺麗な形で，つまり例えば，何かしらの解決策やハッピーエンドをもって締めくくれたら，読み物としてスッキリするのであろうが，残念ながら，私にはそれは書けない。そんな起承転結はない。介助者の「こうしてほしい」のなかで奮闘している私の悩みは，（今の時点では）解決されることはないまま，折り合いがつけられることもないまま，それでも私は，いつも通り，なんとか生活している。私の日常は，どうにもならないまま，どうにかなっている。そんな「ただの日常」は，今日も続いていく。

4 自立生活をより開かれたものにするためにも，自立生活のしんどさを語る

自立生活を始めるまでに存在する困難や，それを乗り越えていく話に比べると，「自立生活，その後」の話やそこに存在する生きづらさというのは，ある種のわかりにくさをもつものであろう。「自立生活，その後」の話は，とても「個人的なこと」に思える。自立生活のしんどさは，（仮に，次のような分け方をするのであれば）個人の性格や能力によるものなのか，それとも，なんらかの「社会的な」問題を含むものなのか，わかりづらい。しかし，わからないからこそ，まずその生きづらさを描き出してみること——そこに意味があるはずだ。「介助現場の親密な人間関係の中には，まだまだ埋もれた言葉がたくさんある」（渡邉 2020）。介助者との関係性におけるしんどさをときほぐし，表現し，考えるための言葉を蓄積していくこと，それは，介助を使って生きる障害者やその支援現場に関わる支援者たちにとっての「言葉のバリアフリー化」（熊谷ほか 2017）の礎になる試みでもあるだろう。そしてきっと，介助関係における問題は，障害者の性格とか指示出しの能力，介助者の意識やモラルといったものだけで解決する／していい問題ではない。障害者と介助者というミクロな関係性には，親密な関係になるがゆえに生じる「普遍的な人間関係の病理」（渡邉 2020），また，社会のなかの障害者と健常者という非対称的な関係や介助者が置かれる労働環境が生み出す問題が具現するひとつの場である。私たちは，介助という現場で生じている現象や力動について，もっと丁寧に言葉を紡ぎ，新たに言葉を耕していかねばならない。

私たちは，障害者として生きるなかで，どんな「傷つき」があるのか。何に囚われているのか。それが，自立生活をするうえで，介助者と関係を築くうえで，どんな影響を及ぼしているのか。どんな介助者と，どんな関係性に

なったときに，コミュニケーションが取れなくなるのか。どんなときに，私は自分自身や相手に誠実でなくなるのか――考えるべき問いはたくさんある。

ここでひとつ，触れておきたいのが，障害者が自身の介助関係について当事者研究をする際の安全性の問題である。本稿で私は，自立生活におけるしんどさや生きづらさについて，自分自身を題材に考え，それを私なりに描き出してみた。しかし，私は，誰にでも「一緒に自立生活のしんどさや生きづらさを考えてみようよ！」とは気軽に言えない。なぜなら，自立生活におけるしんどさや生きづらさと向き合い，それを考えることは，とても恐ろしく，しんどいことだからだ。私たちは介助者を入れての生活から（親元に戻るか，施設に入所でもしない限り）逃れることはできない。逃れられない自分の生活の基盤に疑義を突きつける行為は，自分の足元を切り崩されるような恐怖が伴う。また，普段はフタをしているネガティブな感情に目を向け，それと対峙するのは，かなりのエネルギーを必要とする。さらに，今回の私のように，その思いを介助者の目にも触れられる何らかの形で公開するというのは，障害者の場合，実生活に影響を及ぼすこともありえる。障害者が自身の介助関係について当事者研究を行う場合，もしくは，それに加えて，その内容を広く公開する場合，心理的安全性という問題に加え，実生活における安全性の問題についても考える必要があるだろう。

実際のところ，今回こうして自立生活のしんどさや生きづらさについて書いている私自身も，数年前までは，それらの事柄について，あまり深く考えられなかったように思う。その頃の私には，その作業は非常に負担が大きく，心身が削られるものだと感じられた。今回，私がその作業をしてもいい，してみたいと思えたのは，たまたま現在の介助体制が，私にとって心地良い，楽な状況になっており，介助関係におけるしんどさや生きづらさと向き合っても安心できるという状況があるからだ。それは，偶然いろいろな要因が重なってのことであり，きっと一時的なものなのだろうという気もしている。また，もうひとつの理由としては，弱さを安心して開示できる仲間がいること，介助関係における悩みやモヤモヤを「それは語ってみる価値があるよ」と励ましてくれる仲間がいることも非常に大きい。以上のように，私が今回，自分自身の介助者との関係性について考え，さらに，それをこのような形で世に出すことができたのは，さまざまな条件のうえで可能になっていることは付言しておきたい。

私たち障害者は「強く」あらねばならなかった。それは，この社会で生き抜くためだ。そのように「強く」あらねばならない瞬間は今もたくさんあるし，これからもきっとあるだろう。しかし，私たちは，もっと「弱く」あっていいはずだ。「弱さ」をこぼしてもいいはずだ。そして，自分たちの「弱さ」に目を向け，そこから丁寧に，言葉を紡いでいくこと――それはきっと，今まさに独り部屋のなかで思い悩んでいるたくさんの障害当事者に「あなたは一人じゃないよ」と呼びかけ，つながりを生み出すものになるだろう。そして，これから未来の自立生活をより開かれたものにするだろう。

参考文献

深田耕一郎（2020）「〈引き継ぎ〉問題――自立生活運動と介助者たちの10年」『支援』10，生活書院，pp.87-102.

後藤吉彦（2009）「『介助者は，障害者の手足』という思想――身体の社会学からの一試論」大野道邦・小川信彦編『文化の社会学――記憶・メディア・身体』文理閣，pp.225-243.

一般社団法人わをん（2023）「海老原宏美さん没後1年追悼企画：講演録「私の障害は誰のせい？　――介助者とのインクルーシブな社会を目指して」後編」，当事者の語りプロジェクト（https://wawon.org/interview/story/2942/　2023年9月10日取得）.

石島健太郎（2021）『考える手足――ALS患者と介助者の社会学』，晃洋書房.

小泉浩子（2016）「既成概念の変革と，人として生きること：介助の現場に関わる中から」日本自立生活センター編『障害者運動のバトンをつなぐ――いま，あらためて地域で生きていくために』生活書院.

熊谷晋一郎・國分功一郎（2017）「対談　来たるべき当事者研究」熊谷晋一郎編『みんなの当事者研究（臨床心理学増刊第9号）』金剛出版，pp.12-34.

究極Q太郎（1998）「介助者とは何か？」『現代思想』26（2），pp.176-183.

立岩真也（2021）『介助の仕事――街で暮らす／を支える』筑摩書房.
安井絢子（2019）「ケアの倫理から考える「障害者の倫理」」嶺重愼，広瀬浩二郎，村田淳編／京都大学学生総合支援センター協力『知のスイッチ――「障害」からはじまるリベラルアーツ』岩波書店.
油田優衣（2019）「強迫的・排他的な理想としての〈強い障害者像〉――介助者との関係における「私」の体験から」熊谷晋一郎責任編集『当事者研究を始めよう（臨床心理学増刊第11号）』金剛出版，pp.27–40.
渡邉琢（2020）「介助者の当事者研究のきざし」（α SYNODOS vol.273, 2020.3.15）
渡邉琢（2021）「自立生活，その後の不自由――障害者自立生活運動の現在地から」『現代思想』49（2），pp.164–180.
渡邉琢（2022）「Don't Care!――障害者自立生活運動におけるケアの拒否と忘却，そして復権をめぐって」大嶋栄子編『臨床心理学』22（6），pp.698–703.

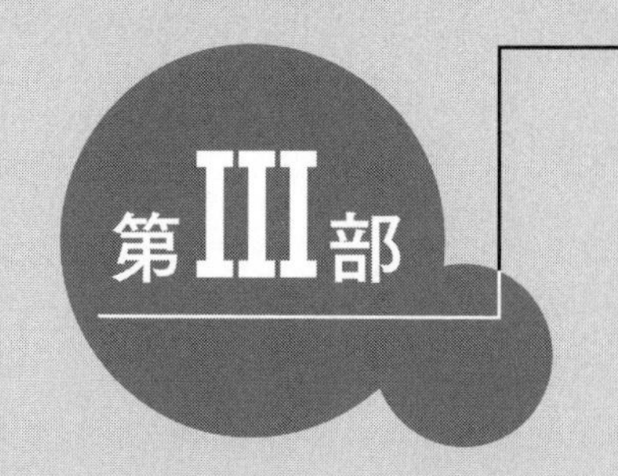

バリアフリーフォーラムという学問創成の場

人・人・人

一人一人がほんの少しゆっくり歩いてみるのはいかがでしょうか。

イントロダクション

第Ⅲ部は，「京都大学バリアフリーフォーラム2022」の記録であり，同様の取り組みを実施する際に参照できる情報を残すことを目的に構成した。本フォーラムは「学問創成」を謳う会合であるため，広く行われている当事者交流会とは（一見，類似しているものの）性格を異にするものである。何よりも多種多様な当事者の「語り」から人間の「生」を引き出し，それを学問に結びつけようとする点に特徴がある。一方で，大学で行われる学術講演会・シンポジウムとは「身近な学問」「個別の語り」という点でやはり性格を異にする。「大学であまり語られなかった学を大学で語る」「大学を開放する」という点にも特徴がある。既存のスタイルを踏襲した部分と，明確に差別化した部分と両面ある。これらの性格に鑑み第Ⅲ部では，フォーラム開催のノウハウを技術面も含めて記録し，今後の進展を展望する。

第Ⅲ部は3つの章から構成される。第1章「フォーラムを俯瞰する」の前半では企画の趣旨と経緯（なぜフォーラムというスタイルとしたか）について記述した。後半では審査会という場について，事前審査委員会における議論や審査会当日のようすなどをまとめた。第2章「フォーラムの運営——事務局の対応」では，障害学生支援の基本的考え方についてまとめたあと，情報保障の工夫など実務について記録した。終章は本書全体のまとめの章であり，各章の記述を適宜引用しながら，「語りの場からの学問創成」を論じた。

嶺重　慎
村田　淳
塩瀬隆之

フォーラムを俯瞰する

本章では，フォーラムの企画から開催まで，どのような経緯，どのような意見交換があって基本スタイルや内容が決められていったか，審査委員会はどのようなコンセプトの下に立ち上げられ，どのように審査を行い，どのような意見交換がなされたのかを，時系列に沿って記録する。なお会合は，大事な決定がなされたもののみとりあげ，便宜上，第1回……と番号付けした。これ以外にも個別打合せを行ったが，細かくなるので省略した。

1　コアコンセプト（第1回会合）

京都大学バリアフリーフォーラム2022のプラニング（概念設計）は，2021年10月27日の会合に始まる。バリアフリーシンポジウム2017の実行委員だった嶺重（京都大学大学院理学研究科）・村田（京都大学学生総合支援機構）・塩瀬（京都大学総合博物館）が集まり，実行委員として全体計画を牽引することを確認し，どのようなイベントとするのか，大まかな方向性を議論した。

まず，バリアフリーシンポジウム2017を概観し，その成果と課題を簡単に議論した。中心テーマは「障害×学問」（障害を切り口に学問を拓く）であり，経済学・国語学・倫理学・障害学に加え，宇宙・デザイン・スポーツ・障害者支援など多くの学問分野・活動，多様な障害当事者による講演があり，内容的に充実した会合であった。一方で，当事者による発表がおよそ半数にとどまったこと，人選は「障害×学問」分野ですでに著名な方，および京都大学（実行委員）関係者の周辺に偏ったこと，発表者および出席者間の交流が必ずしも十分ではなかったことが課題としてあげられた。

このような議論を踏まえて，今回の中心テーマは前回と同じく「障害×学問」とするものの，発表者の人選については公募制をとり，全国に広く実践例・研究例を発表してくださる方を募集し，審査の上，発表者を決める，という基本方針を決定した。これは，実行委員が必ずしも把握していない活動・研究の中にも優れたものが埋もれているかもしれない，との思いからであった。また，公平性の観点から（応募者・採択者が京大関係者に偏ること避けるため），審査委員長は京都大学外の方とすることも決定した。

さて「障害×学問」というとき，まず「障害」の定義が問題になる。「障害」を決して狭い意味に限定せず，難病や依存症など，「生きづらさ」をおぼえるさまざまな状況にある人々も含められるよう，意味を広くとることとした。次に「学問」である。学問を「大学人のみが関わる崇高なものとしてでなく誰にも身近なものとして捉えていきたい」という思いが共有されていることを確認した。

こうした方向性をとるとき，従来のシンポジウム形式が果たしてふさわしいのだろうか，という疑問が生じた。すなわち，講演会のような一方通行（がメイン）の会ではなく，双方向の話し合いが自然に行われる形式が好ましいのではないか，という指摘である。折しも塩瀬は，京都大学の「アカデミックデイ」イベントの企画の経験があり，そのようすがひとつの類型として紹介された。「アカデミックデイ」では，（300人定員の）広いホールのあちこちにブースを設け，また中央にはこたつ・たたみスペースを置き，参加者同士が，あるいは参加者とブース展示者が自由に，そして密に話し合える場を提供しており好評だったという。その情報を参考に検討した結果，発表形式は，（講演会形式ではなく）ブース展示を基本とすることを合意した。

こうして，「公募制」「身近な学問」「ブース展示」といった本フォーラムの骨格ができあがった。この骨格に肉付けすべく議論を進め，以下の方針を決定した。

- 日程は2022年秋の１日，場所は京都大学百周年記念会館とする。
- 発表者（内容）は「公募制」とし，発表形式は「ブース展示」を基本とする。
- 応募は当事者でも，非当事者でも，どちらでもよい。
- 審査委員長として，当事者研究の実績や，過去の京都大学バリアフリーシンポジウムでの貢献をふまえて熊谷晋一郎氏（東京大学先端科学技術研究センター，以下先端研）に就任を打診する。また了承が得られた場合，審査委員は熊谷氏に推薦していただく。
- 審査で採択されたブースの発表者の中から数名をピックアップし，午前のセッションで講演を依頼する。
- タイトルは，とりあえず「京大バリアフリーシンポジウム2022」とする（ただし内容は「シンポジウム」というより，むしろ「フォーラム」に近いことは当初から認識）。
- 書籍を刊行し，午前の講演や午後の交流セッションの内容を記録に残す。また，参加者若干名にコラムを寄稿してもらう。ライトなものと学術的にしっかりしたものと，両輪でいく。

2　審査方針・公募の仕方（第２回会合）

第２回会合は2021年12月８日に東京大学先端研にて，嶺重が熊谷氏の研究室を訪問する形で行われた。京大側で議論した方針（前節の内容）の紹介をしたところ，熊谷氏から以下の発言があった。

- 個人的には，毎年やってもよいおはなしと思う。
- ２枠の公募があってもよい
  1. 障害もった人の，当事者研究ベースの枠
  2. 当事者が明らかにしてほしいテーマをあらかじめあげて，専門家に答えてもらう

（「どういう研究をしてほしいか」を出してもらって，専門家に分野を超えてチャレンジしてもらう。それを当事者が講評する。）
- 発表スタイルについて指摘したいのは，既存の学会のスタイルは一部の人にとって参加しにくいものということ。研究発表や表現の方法にバリエーションがあってもよいだろう。「当事者研究」では，年に1回の発表会をしているが，歌って踊る，工作を展示，お芝居する……さまざまなスタイルがある，チャレンジできる動画でエントリーしてもらう，おもしろいと思えば，ぜひやってもらうのはどうか。また，（1人でなく）チームで発表もあり，あるいは，「発表」というより「みなでわいわい話す」こともあるだろう。

次いで綾屋紗月氏（東京大学先端研）から，過去の自身の経験に基づき，以下の指摘があった。

- すでに行われているもの（障害をテーマとしたものの公募）と比べ，どのような違いを出すのかを明確にすることは大事。
- 審査員の構成や選考方法も大事。ある会合で，発達障害の支援に関する審査であるにもかかわらず，数名いる審査員のうち，当事者は私1人だった。これでは当事者の観点が反映されそうになかったので，会場に見に来た参加者（当事者も含む）も審査に参加できるようにルールを変えていただいたところ，私が推した（他の審査員は誰も推さなかった）候補が2位になった。しかも当事者による点数だけの集計であればその候補は1位であった。当事者に関わる審査の場合，審査員の中に当事者が過半数いることが不可欠だと痛感した。
- 障害当事者であっても既存の学術研究に対して批判的な視点を持っているとは限らない。そこをどう突破するか。どういう風にテーマを打ち出し，差異化するのか。（自分は）答えをもっているわけではないが，このあたりを考えていくことはとても大事だと思う。
- 審査の基準の明確化と説明が必要。公募となると，障害というテーマを口実にして企業が自らの利益を優先し，当事者のニーズに応えていない提案がなされるかもしれない。そういう提案にどう対応するのか。
- エントリーすることすら考えない人の中に，いいものが眠っている可能性について留意すべき。

3 フォーラムの設計（第3回会合）

第3回会合は，2021年12月27日に，京大側メンバーに閉じて行った。まず嶺重から，熊谷研究室を訪ねた報告（前項目）を紹介した。
その後，当日の大まかな時間の流れについて議論した。

- 午前は10時開始，正味2時間半くらい（スポットライトセッション）
- 午後2時開始，正味3時間半が限度（フェスタ，クロージングを含める）

とした。

次いで，オンライン配信についても意見交換した。午前の講演形式のセッションはともかく，午後の交流セッションのオープンなブースをハイブリッド配信するのは極めて難しい。雰囲気を伝えるだけなら，カメラを複数設置するだけでよいが，一箇一箇伝えるなら，別途，Zoom を複数立ち上げることになるだろう。別案として，レポーター方式も考えられる。すなわちレポーターが各ブースを訪問するようすを動画配信する形式である。

いろいろ可能性はあるが，一番の問題は主催者側の手間（負担）になることである。その理由で，今回，今回オンライン配信は見送らざるを得なかった。しかしながら，オンライン配信は，移動が困難な当事者や，人前に出るのが苦手な当事者には有用である。今後の課題である。

4 審査委員・募集要項・スケジュール（第４回会合）

第４回会合は2022年４月12日に京大側実行委員に熊谷審査委員長の出席を得てオンラインで開かれ，(1)審査委員会，(2)募集文案・提出書類（エントリーシート），(3)今後のスケジュールについて議論した。

(1) 審査委員会

熊谷委員長からの推薦に，京大側からの推薦を加える形で，計10名の審査委員が確定した（表１）。中には，障害当事者（聴覚障害，発達障害，精神障害）のみならず，依存症当事者など多様な当事者が，過半数を大きく超える８名含まれていた。

表１　審査委員名簿

氏名	所属	備考（当事者に*）
綾屋紗月	東京大学先端科学技術研究センター	＊第Ⅱ部第３章の著者
岩隈美穂	京都大学医学研究科	＊
加藤完治	株式会社 GK 設計	
上岡陽江	ダルク女性ハウス	＊第Ⅱ部第４章の著者
熊谷晋一郎	東京大学先端科学技術研究センター	審査委員長 ＊第Ⅰ部第１章の著者
瀬戸山陽子	東京医科大学教育 IR センター	＊第Ⅱ部第５章の著者
並木重宏	東京大学先端科学技術研究センター	＊
松﨑丈	宮城教育大学特別支援教育専攻	＊
嶺重慎	京都大学理学研究科	フォーラム実行委員長
山根耕平	（社福）浦河べてるの家	＊第Ⅱ部第６章の著者

(2) 募集文案や提出書類（エントリーシート）

募集文案およびエントリーシートの下案について議論した（資料１，２）。

京都大学バリアフリーフォーラム2022　実践・研究発表
募集要項

【発表募集の概要】
・本フォーラムの趣旨に沿った実践や研究の発表を募集します。
・本フォーラムの開催日は「2022年11月12日（土）」、場所は「京都大学（京都市左京区）」です。開催当日に現地で発表していただけることが前提です。
・メインテーマ「障害×学問」に沿った内容であれば、分野を問いません。
・応募資格は特に設けません。障害者も、非障害者も応募できます。（たとえば、研究歴のない方の実践や研究なども対象に含めます。）
・研究者の方の発表も歓迎します。※ただし、本フォーラムが一般的な学術集会等とは異なり、多様な参加者が参加していることを予めお含み置きください。
・発表の形式は口頭発表やポスター発表などに限りません。「活動紹介のパネル展示」「歌って踊るなどのパフォーマンス」「チームでのプレゼンテーション」「皆でわいわい話す」 など、様々な表現方法が可能です。

【発表の形式】
・発表はブース展示を基本とします。※ブース展示の2時間程度
・発表の形式は、ポスター・成果物・作品等の展示、プレゼンテーションの実施や動画の投影など、可能な限り自由度をもたせて受け付けたいと思っています。
・ブース展示のスペースは、4 m×4 m 程度のスペースを想定しています。
・各ブースには、L字のパーティションによる仕切り、長机1台・椅子2脚を主催者側が用意します。その他、備品や電源などについてのご要望はエントリーシートにご記入ください。
・なお、選定された発表の中から、午前のオープンセッションで発表していただく方を、2～3件程度選定します。※午前の発表に選定された方も、午後のオープンセッションではブース展示を行っていただきます。

【応募方法】
・所定（別紙）のエントリーシートを利用して、2022年8月17日（木）までにフォーラム事務局（bf-forum@mail2.adm.kyoto-u.ac.jp）へメールで提出してください。
・エントリーシートには、必要に応じて（特にオリジナリティのある発表形式を想定している場合）「どのようにブースをつくりあげるか」などを説明・図示してください。寸法など、正確な図示が必要なわけではなく、全体のイメージを示してください。
・その他に参考資料等を提出されたい方は、事前にフォーラム事務局へご連絡いただき、提出方法や媒体等を相談した上で提出してください。
・エントリーシートや参考資料等については、原則として返却いたしません。
・未成年の方が発表される場合（共同発表を含む）は、保護者の承諾が必要です。

1

資料1　募集要項

【発表・審査のスケジュール】

・7月中旬：募集要項の公開
・7月19日（火）：応募受け付け開始（メールでの受付開始）
・8月17日（木）：応募締め切り
・8月下旬〜9月中旬：審査委員会による選定
・9月下旬：結果通知　※発表者に準備（要旨・プラン作成）を依頼
・10月初旬：審査結果の公表
・10月中旬：発表者からの要旨・プランの提出締め切り

【発表者の選定】

・審査委員会において、応募者の中から10件程度を選定します。
・審査は優劣ではなく、アイデアの独創性や活動・研究のユニークさ、今後の発展の可能性などを重視したいと考えております。選定件数の都合上、全ての応募者に発表の機会を設けることができない可能性がありますので、予めご了承ください。
・原則として、選定外の理由はお伝えしかねます。
・選定外の方についても、ご希望に応じて、フォーラムの専用ウェブサイトにて実践や研究をご紹介させていただく予定です。※辞退することも可能です。

【事務局】

京都大学 学生総合支援機構 障害学生支援部門（DRC）
電話：075-753-2317　E-mail：bf-forum@mail2.adm.kyoto-u.ac.jp
バリアフリーフォーラム担当

2

京都大学バリアフリーフォーラム2022　実践・研究発表
エントリーシート

【代表者】
※団体等での発表の場合でも、代表者の名前でエントリーしてください。
氏名：
所属・職名等：
生年月日：
現住所：
電話番号：
E-mail：

【共同発表者の氏名・所属等】
○○○○（○○○○）、○○○○（○○○○）、○○○○（○○○○）・・・
※代表者一人での発表でも問題ありません。その場合は、空欄で結構です。

【実践・研究題目】
「○○○○○○○○○○○○」

【実践・研究概要（150文字以内）】
・・・・・

【実践・研究の内容（1,000文字以内）】
・・・・・・・・・・

1

資料2　エントリーシート

【ブース設置のイメージ（説明・図示）】

※4m×4m程度（L字のパーティション、長机・椅子有り）のスペースを想定していただき、どのようにブースをつくりあげるか」を説明又は図示してください。寸法など、正確な図示が必要なわけではなく、全体のイメージを示してください。その他、備品や電源等が必要な場合は、その旨ご記入ください。

以上

※全ての情報が、本エントリーシート・2ページ以内に収まるようにしてください。

2

エントリーシートには，「どのようにブースをつくりあげるか」も図示していただくこととした（ただしフリーハンドでOKとした）。なお，ブース展示のスペースは4m×4m程度の広さを基本とした。パーティション（壁）と長机1台，椅子2脚は主催者側が用意することを明記し，そのほか，備品などについてのご要望はエントリーシートご記入してもらうこととした。

⑶ スケジュール

最後に大まかな今後のスケジュールを策定した。

- 5月中旬：開催要項・募集要項の公開
- 7月初旬：応募受付開始（メールでの受付開始）
- 8月中旬：応募締切
- 8月下旬～9月上旬：一次審査（個別書面審査）
- 9月中旬：二次審査（審査委員会）オンライン，手話通訳
- 9月下旬：応募者へ結果を通知，発表者に準備（要旨・プラン作成）を依頼
- 10月：審査結果の公表
- 10月中旬：発表者からの要旨・プランの提出締切

5 審査会という場

まず，「審査会は単なる前座ではなく，フォーラムの根幹をなす」と主張しておきたい。すなわち，審査会において「フォーラムは既に始まっている」との思いを強くした。その理由は，審査委員（表1）の多くは多様な背景をもつ当事者であり，応募された各ブースへのコメントや意見交換が，そのまま「障害×学問」の推進に大きなヒントを与えるものであったからだ。そのあたりを念頭に，審査会について記述していきたい。

(1) 実践・研究発表の応募

実践・研究発表の応募は2022年８月17日に締め切られ，全部で10件の応募があった。うち１件はその後キャンセルされたため，応募数は９件となり，そのすべてが審査委員会で了承された。

実践・研究発表の一覧を表２に示す。ブースは，体験型，展示型，会話型に大別された。いずれもユニークで，よく練られた企画であった。なお（審

表２　実践・研究発表一覧

No	タイトル	氏名・所属	タイプ
1	「場」としての授業へのアクセシビリティ―「アバター（分身）」による参加の可能性を探る	梶山玉香，阪田真己子，河西正博（同志社大学）	体験型
2	大学および大学院レベルの触覚・聴覚・視覚を同期させた理工系教材の開発	釜江常好（東京大学），小出富夫 ㈱クリエートシステム開発）	体験型
*3	きこえんまあく（ヘルプマークの聴覚障害版）などの作成・配布について	近藤史一（放送大学）	展示型
*4	制度の狭間にいる難病者の現状の可視化と機会拡大の取り組み	重光喬之（東京大学），福永圭佑，難病者の社会参加を考える研究会運営メンバー	展示型
*5	「障害」者のリアルを語り合う京大ゼミ	（非公開）	対話型
*6	意思決定を問い直す――障害者の自己決定を手がかりに	安井絢子（滋賀大学），藤井克明（京都大学）	対話型
7	KOBE しあわせの村ユニバーサルカレッジ	三木孝（公益財団法人こうべ市民福祉振興協会）	展示型
*8	障害学生支援と災害等の緊急時対応に関するスタンダード～リッチ&ショートバージョンの作成とその周知～	佐藤剛介（久留米大学・高知大学），酒井春奈（立命館大学），竹田周平（福井工業大学），森脇愛子（青山学院大学），東京大学 PHED[1]	展示型
*9	多様性文化センターの設立と社会貢献	ブックマン・マーク（東京大学）	対話型

1　東京大学障害と高等教育に関するプラットフォーム

査会で「審査基準」のひとつとして質問がでたことに鑑み）応募者メンバーに一人でも当事者が含まれている提案の番号に＊を付した。

⑵　フォーラム審査委員会

審査委員会は2022年９月12日（月）16時～18時，オンライン（Zoom）形式で開催された。情報保障として，（オンライン）手話通訳を手配した。

前述のとおり，審査委員会は決してフォーラムの「前座」ではなく，それ自体がフォーラムの大事な要素のひとつということができる。その理由は（繰り返しながら）多種多様な背景をもつ審査委員が，同じテーマについて，さまざまな異なる方面から意見していただいたためである。その結果，審査委員会は各委員にとって「学びの場」となった。発言のみならず，Zoomの chat 機能を用いた情報交換も有意義であった。

具体的にどのような意見が出されたか，その内容を「全体共通コメント」と「個別コメント」に分けて，次頁にまとめる。

これらの意見交換の後，すべての応募を了承し，ブース展示をお願いすることとした。さらに午前中のスポットライトセッションでの講演をお願いする方を投票によって決めた。

⑶　審査員からのコメント

上述したように，審査委員会からすでにバリアフリーフォーラムという企画が始まっていたとの思いを強くした。というのも，じつに多様でかつユニークな，そして意味深い意見・コメントが交換されたからである。それらのコメントをまとめて出展者にあらかじめ送付した。以下，全体に共通のコメントと，個別のコメントに分けて記しておく。

⒜　全体共通コメント

• 出していただいた企画はそれぞれ素晴らしく，審査員の評価も概ね高いものでした。とはいうものの，本フォーラムは最終発表の場ではなく，出席者とのコミュニケーションを通して企画をさらに新しくする場，当事者の知恵もいただいて内容や適用範囲を広げる場としていただきたいと強く願います。

- 今回のフォーラムではじつに多様な方が参加されます。どなたも取り残されることなく，十分に楽しむことができますよう，ご配慮いただければ幸いです。そのために，あらかじめ（多様な出席者と会する）場面を想定して，場面毎にどのように対話を進めていくのか，ご検討いただけますとよろしいのではないかと思います。特に，体験型や展示型のブースを主催される方，コンテンツとかシナリオとかをあらかじめ用意していただくなど，ご準備のほど，よろしくお願いしたく思います。
- 対話が中心のブースや，音を発するブースでは，近隣のブースに影響が出ないようにご配慮をお願いします（これは主催者側の責任でもありますが）。ちなみに会場は，多目的ホールを 2 部屋つなげて用います。フラットな一面になります。つめればブースが20入るスペースに 9 つのブースを設置するので，ブース間の距離は広くとることができます。
- 実践例の報告も多くあると思いますが，その多くは「条件付き」と思います。将来の課題は何なのか，こういう点がまだ足りない，といった面も含めていただけるとよろしいかと思います。
- 出席者と会話したこと，交流したことをできるだけ記録していただきたく思います。そうすれば，のちほど訪れた方にも，前にどういうやりとりがあったのか参照できます。ご協力をよろしくお願いいたします。
- 本フォーラム開催の趣旨として「学問を崇高なものとしてでなく，身近なものとして捉えていきたい」という思いがあります。誰でも参加できるフォーラムの実現のために，みなさまとともに盛り上げていきたく思います。よろしくお願いいたします。

(b) 個別コメント

個々の提案に対して寄せられた審査員コメントを以下に記す。ただし，一方的な批判ととらえられかねないことを懸念し，応募者は特定せず，また，できる限り汎用性ある（ほかにもあてはまりそうな）コメントになるよう表現に手を入れていることをお断りする。

- 見せ方であるとか，エントリーシートの書き方とか，とてもわかりやすいと感じました。一方で，これからの研究者となる人たちのポテンシャルも引き出して発表していただきたいな，とも思いますので，そのあたりのバランスが難しいなと思いました。
- どれだけ当事者の方と共同で行っておられるのか，よくわかりませんでした。将来的には当事者の方もメンバーに入れることにより，当事者性も高めていただくことを期待します。
- 障害当事者がブースにおいてどのように参加するのか，体験できるのか，といった点がよくわかりませんでした。できる人だけが楽しんで，あとの方は見ているだけ，とならないように工夫していただけると，一層よいと思います。
- ブースに来た人が単に見るだけでなく，感想とか思いとかを互いに交流できるとよいと感じました。ぜひフォーラムで，いろいろな人，そしてデザインに出会ってほしいと思いました。
- どのようにブースでプレゼンされるのか，本を置いて説明されるだけなのか，気になりました。ブースに立ち寄った方とうまくコミュニケーションがれるようなしかけがあると，いいように感じました。
- 時間を区切って（例えば5分なら5分に区切って）コンパクトに話し，そのあとの時間を立ち寄った方とコミュニケーションに使うという風にしてはいかがでしょうか。
- 現実を飛び越える，となると「私はなかなかのれない」「私たちはおいていかれる」「私は除外されている」といった思いを持ってしまいます。フォーラムにおいては，当事者とともに活動することをお願いしたいです。
- 技術があって，その技術を使って障害者の方が自由に活動しているところが評価できます。草の根レベルで技術をつくってくださる方と実際に使っている当事者の方，その両方の視点を，バリアフリーフォーラムで広げていただきたいです。

- 個人的にはリアルでしかとれない情報があり，重要だと感じているので，バーチャルの世界を使用するのはあくまでも次善の策だと感じています。それでも，リアルの講義とアバター講義のどちらかを選べと言われたら，私は負担の少ないアバターのほうを選ぶだろうと思います。
- 長期入院しているこどものハードルを下げるのに役立つかもしれません。
- 大学および大学院レベルの触覚・聴覚・視覚を同期させた理工系教材の開発である点が素晴らしい。
- 当事者として研究を進めていることに感銘を受けました。今まで先輩の当事者がどのように研究を進めてきたのかを調べ，それをふまえた上で，自分の研究にどういう新しさがあるのかを明確にすると，さらによいと思いました。
- （難聴の方も含め）聴覚障害当事者全体で違和感なく意味あるものとして受け入れられるデザイン，聴者社会もそのマークの社会的な意味やメッセージを誤解なく受けいけられるデザインとは何かを検討し，リサーチクエスチョンを設定できていく，というふうなアプローチを，考えていくきっかけになればいいなとも思います。
- 可視化はとても大事だと同感します。それが今回の発表とどう結びついているのか，知りたく思いました。
- テーマとしてとても面白いと思います。ブースにたちよった方に，リアルな雰囲気やテーマ性が伝わると，とてもよいと思います。
- 実際にミニ座談会をするのでしょうか。それをみる人がいて，見る，見られる，ということでしょうか。見る人・見られる人，と分けるだけでなく，うまく時間を区切って，立ち寄った方とのコミュニケーションも大事にしていただきたいと願います。
- 内容が学術的なので，どうコミュニケーションをとるか，参加する人々がブースに入ってきやすいような工夫があればいいと感じました。
- コミュニケーションする前に，内容が理解できるか，ついていけるか，少し不安です。現場の中での経験など，初めに簡単でわかりやすい問いかけのアンケートがあると，対話が進みやすいように思います。

- 地域で活動している団体の方が応募されているのは貴重です。ただ，最終的に何を発表したいのか，少々わかりにくかったです。「こういう経験があった」など具体例があるとわかりやすくなると思います。
- 災害時，緊急時についていろいろなバリエーションがあるということが，目にみえる形のブースがあるのは意義深いです。
- 東日本大震災の中で実際に起こったことです（聴覚障害者の話）。地震前には「災害に見舞われたら近くにいる聴者に筆談を交えて聞いて，情報を集めて自分で判断するんだ」と（頭の中で）思っていたが，いざ地震が起こったとき（聞こえる人から差別を受けて排除された経験があるので）なかなか聴者に聞くことができず，情報がないままで不安な立場に置かれた，というろう者がたくさんおられました。行動レベルで，実際，当事者の中にあるもの，（頭の中だけでなく心も含めて）本当はどうなのか，ということが気になりました。実際どうすればいいのか，具体性があるといいように思います。

村田　淳

フォーラムの運営
事務局の対応

本章では，バリアフリーフォーラムの開催を水面下で支えた事務局の対応や当日の様子について記録し，同様の取り組みを実施する際に参照できる情報を残すことを目的とする。また，このような取り組みを，なぜ障害のある学生を支援するための部署が主催するのかという点について，支援部署の活動との連動性という観点から記すものである。

1　フォーラムの準備プロセス

本フォーラムの実施にあたっては，前章に記された実行委員（嶺重・村田・塩瀬）の牽引をきっかけとして，京都大学学生総合支援機構障害学生支援部門(以下，DRC)が主催・事務局をつとめる形で実現するに至った。DRCは，京都大学における障害のある学生の支援を行うための専門部署である。京都大学では従来から各現場レベルで対応してきた障害のある学生への対応について，2008年に初めて全学的な専門部署を設置したことをきっかけに，支援体制の整備を続けてきた。その後，何度かの組織改編を経て2022年度から現体制となり，名称をDRC（Disability Resource Center）としている。この名称となった観点としては，障害のある学生を「支援（Support）の対象」として考えるのではなく，大学という場における一人の学生（「学びの主体者」）としての位置づけを確認するところに起源がある。その一人の学生が，学習や研究するプロセスや環境において障害（Disability）が存在する際に，大学としてのさまざまな選択肢や資源（Resource）を提供するという観点に基づいている。つまり，「支援を与える（用意する）」という観点ではなく，権利保障の営みとして障害を除去・軽減するための Resource を提供するという観点なのである。このような観点は，本フォーラムの運営にあたっても一貫したものとなっている。

フォーラム（2022年11月12日）の開催にあたっては，その約１年前には会場（京都大学百周年時計台記念館）の調整・予約を行い，約10ヶ月前には具体的な事務局としての対応を開始している。実行委員との複数回の打ち合わせや協議を経て企画概要を調整し，本フォーラムの開催プロセスとして重要な位置づけのひとつとなる審査会の構築と運営が最初の大きなタスクとなった。2022年５月中旬に開催要項と募集要項を公開した後，発表応募者からの問い合わせ対応や応募の受付処理，その後に実施する審査会の準備を整えていった。一次審査は個々の審査委員が書類審査を行う形として，その結果を集約した。その後の二次審査では，一次審査の結果をもとにオンラインの審査委員会を開催している。審査委員の中には手話によりコミュニケーションする委員も含まれていたことから，審査会においては手話通訳（リモート通訳）を実施している。この手話通訳の実施にあたっても，学術的な内容に対応できる手話通訳にする必要があることから，日頃，DRC の取り組みのなかで聴覚障害のある大学生・大学院生の手話通訳として関わってもらっている通訳者にお願いして，情報の質を担保している。

その後，参加申込期間に入ってからは，参加希望者からの問い合わせ対応や多数にのぼる障害のある参加者の合理的配慮の調整などを検討した。当日の様子や参加者等の反応については，次節以降で述べることとする。

その他，会場の準備としては，会場内の看板やキャンパス内での案内図の準備，また，本フォーラムでは展示ブースを設置する必要があることから，ポスターパネル等を活用した展示ブースの設営について，準備を進めていった。また，時節柄，新型コロナウイルス感染症への対応も必要になったことから，消毒や検温等の各種の対応準備も必要となった。当日の開催にむけては，前日に事務局（DRC スタッフ）により会場の設営等を行い，最も大がかりな準備となる展示ブースの設置なども終えた状態で，開催当日を迎えるに至った。

2 フォーラム当日の対応

フォーラム当日の運営については，一般的なイベント等と同様な部分が多いが，多数の障害のある参加者が参加を予定していたことから，情報保障やガイドヘルプ等の対応を行うために，日頃，DRC の取り組みのなかで障害のある学生の人的支援を行っている学生サポーター数名が受付に待機し，適宜対応を行うこととした。また，複数の休養できる部屋・スペースを設けるとともに，それぞれの部屋には利用者が落ち着くことができるような工夫を行った。具体的には，部屋のなかをパーテーションで仕切り，他者の視線を遮ることができる部屋，又部屋の中にアウトドア用のテントやシェルターを設営して，パーソナルなスペースを作り出し，ラグやクッションを利用して横になることができるようにするなど，利用者の必要性に応じていずれかの部屋・スペースから休養場所を選んでもらえるようにした。

参加者に対する情報保障の対応としては，視覚障害等のニーズに対して配付資料等のデータでの提供，また，プログラム全編にわたって手話通訳と文字通訳による情報保障を行った。前述したとおり，手話通訳は学術手話にも対応できる通訳者に協力してもらい，文字通訳については外部の専門業者に依頼し，今回はリモートでの対応も活用する形での文字通訳を実施している。このような情報保障については，個人または業者等の力を借りる必要が生じることが多いが，依頼すれば全てが完了するわけではなく，それぞれの担当者が少しでも質の高い情報保障を行うには，主催者としてもさまざまな工夫を考える必要がある。例えば，会場内の音声について，音量や音質が十分に確保されて通訳担当者に届く状況になっているのかなど，環境の調整は不可欠であろう。また，特にリモートでの文字通訳を実施する際には，音響設備の有効活用や調整も準備プロセスとしては重要対応となる。このような準備や環境調整が十分でなければ，いくら対応能力のある通訳者であっても十分に力を発揮することが難しい可能性がある。そして，このことは発表者や参加者がその場での情報を十分にやりとりすることができないということに直結するため，主催者としても優先順位を下げずに対応すべき項目のひとつとして留意されたい。

また，当日の午後には展示ブースを中心としたオープンセッションを実施していたが，この会場内にはAT（Assistive Technology：支援機器）のブースも設置した。このATブースには各種の支援機器（ノイズキャンセリングヘッドホン，音声認識用の端末，補聴機器等）を展示し，実際にその場で使用できるようにした（図1，図2）。障害のある参加者が必要に応じてATを利用することはもちろん，多くの参加者が体験するための機器としても貸し出して，コミュニケーションの一助になることを目的とした。このようなイベントに参加する際の前提として，無意識的に要請されている各種のコミュニケーションにあたっても，さまざまな方法があり得るということ，つまり，目的を共有するためには手段はひとつではないことを表現することも目的としている。

その他，同様の観点としては，フォーラム全体のスケジュールを緩やかな

図1　バリアフリーフォーラム午後のオープンセッション風景

図2　支援機器貸出ブース

時間設定としたことも工夫した点のひとつである（資料1）。このようなイベントでは多くの情報が飛び交い，時には難しい情報にも直面する。また，多数の参加者が参加するイベントとなると，限られた時間やスペースでは落ち着いて参加することが難しいという人もいるだろう。今回のフォーラムでは，学問をハードルの高いものではなく，さまざまな人と共有できるものにすることを目指していたことから，事務局としての運営もこのような観点で調整した。

3　参加者・関係者のレスポンス

ここまで述べてきたような対応を行った当日のフォーラムにおいて，実際に多くの参加者や関係者がどのように感じたのかについて，それぞれの主観をつぶさに把握することはできていないが，事務局として客観的に感じられ

資料1　当日のプログラム

【プログラム】

9時30分～10時00分　受付（百周年時計台記念館1F　百周年記念ホール）
全体進行：村田淳（京都大学）

午前の部（スポットライトセッション）　百周年時計台記念館1F　百周年記念ホール
ナビゲーター：嶺重慎（京都大学），熊谷晋一郎（東京大学）
10時00分～10時25分　オープニング
10時25分～12時00分　ブース概要紹介　※途中休憩を挟みます
12時00分～12時30分　鼎談

12時30分～14時00分　お昼休み

午後の部（オープンセッション）百周年時計台記念館2F　国際交流ホール
14時00分～15時00分　オープンセッション前半
15時00分～15時30分　自由時間（休憩，ブース間交流）
15時30分～16時30分　オープンセッション後半
※参加者は自由に各ブース展示にアクセスする形となります。

16時40分～17時00分　クロージング（百周年時計台記念館1F　百周年記念ホール）

ることは多くあった。

まず，「学問」という一般的には少し難しそうな印象をもたれそうなテーマを扱っているにもかかわらず，多くの関係者がリラックスして参加している様子であったことが印象的であった。これは開催概要等で趣旨を丁寧に説明していることや当日の運営全体の雰囲気も影響しているかもしれない。何より，各発表者が柔和にそして建設的に他者に伝えよう，交わろうとしている姿が影響していたように思われる。もちろん，ただ和やかな様子があっただけでなく，時には疑問や意見を交わし合う姿も随所に見られたが，それでも一方的に批判したり，対立したりという様子はほとんど見受けられなかった。

また，このような反応は参加者のみならず，発表者や審査員なども同様であったと考えている。特にオープンセッションの間には，何度も関係者とすれ違ったりコミュニケーションをとったりする場面があったが，それぞれにリラックスしつつも，このような場がいかに貴重であるかを語らい，このような企画の意義を何度も確認し合った。もちろん，その裏側にはこのような機会が他ではなかなか見られないという事実も影響しているだろう。けっして特別な取り組み内容ではないはずのフォーラムであるが，意外にも本フォーラムが特別なものであるという事実には複雑な思いも抱いている。

一方，主催・事務局の対応として反省すべきことも少なくない。初めての取り組みということで，各発表者との準備段階からのコミュニケーションには気をつけていたつもりであるが，意思疎通などにズレが生じた部分もあった。また，1件の発表（展示ブース）がリモート形式での発表であったが，発表者と参加者の対話を十分にアレンジできなかった部分も反省点のひとつである。また，参加者への対応としては，各種の合理的配慮提供において，全てのニーズに完全な形で応えられたわけではないと考えている。参加者の意図することが十分にくみとれずに，事務局が準備していた対応が不十分であった点もあり，当日，それらの参加者と対話し，対応の修正を模索した部分もある。ただ，そのような対話や対応もまた，このような取り組みを実施するにあたって必要なことであると考えており，事務局としても貴重な体験となった。

また，実際には同じような規模のイベント等を行うことに比べて，さまざまなコストがかかることも事実である。多様な参加者を想定した会場やスケジュールの設定，また，スタッフの人数などにも影響が出る可能性がある。また，本フォーラムで実施したような水準での手話通訳や文字通訳を多くのイベント等で実現しようとすると，コストだけの問題だけでなく，社会として通訳リソースの課題もあるだろう。ただ，多様な参加者や関係者とこのような取り組みを生み出していくことの意味は大きく，そのことは本著のなかでも十分に確認してもらえるものだと確信している。

4 DRC の活動との連動性

本章では，本フォーラムに関する事務局としての対応を述べてきた。主に，水面下や裏方の様子をこのように示すことは少ないが，本フォーラムのような取り組みが少しでも拡がっていくことを期待して，本書では取り上げることとした。まだまだ改善の余地はあるものの，ひとつの取り組み事例として参考になることを期待している。

本節の最後に，そもそもなぜDRC が本フォーラムを主催するのかについて述べることとする。DRC の活動の中心は障害のある学生の修学支援（教育上の合理的配慮等）であり，個別相談や支援，各種の関連リソースの整備・活用が主たる業務である。その他，関連する教育・研究や理解啓発なども行っており，本フォーラムについてもそのような活動の一部という側面があるため，このような取り組みを大学の内外で知っていただくことにより，障害に関する理解が広まるならとても嬉しいことである。ただ，実際の思いや考えについては，さらに挑戦的でメッセージ性が高い思考が根底に存在しているのである。

大学等で行われる障害のある学生への支援は，文字どおりの「支援」と読み取られることが多い。言い換えれば，「困っている学生をどのように助けるのか」というような視点であることが多いだろう。もちろん，学生の立場からすれば，「困っているから助けて欲しい」という学生もいる。ただ，大学等の教育機関で行う障害（Disability）へのアプローチは，果たして文字どおりの「支援」で良いのだろうか。大学はそもそも学ぶ場所であり，支援を受けるための場所ではない。つまり，障害のある学生が困っているのは，多くの人向けに用意された環境や方法のなかで自分が十分にパフォーマンスを発揮できないということへの困りであり，どのような手段だったら自分が学んでいけるのかという迷いであるといえる。これらを解決するプロセスのなかで，局面として，または伴走的に「支援」が必要なことはあるが，やはり大切なのはその学生なりの選択肢や手段，つまり多様な「資源（Resource)」が存在し，許容されていることが大切なのではないだろうか。

現時点でもこのような「支援」の誤解は大学等の教育機関に存在しているように感じており，この状況の変化に挑戦しているのが我々 DRC である。そのことを個別の学生対応等だけでなく多くの人とも共有していきたいという目的が，本フォーラムを実施するにあたった経緯であり動機となる。「支援」はしばしば目的化してしまうことがある。このようなイベントにおいても，それは同様であるだろう。ただ，大切なのは「支援を行うこと」ではなく，生み出される情報や出会いなど，その場が本質的に求めている目的を，多くの，そして多様な人と共有することを達成するための工夫が必要だということなのである。このような理念を共有するためには，話したり書いたりすることだけでなく，実際のこのような場を作ってしまうことで，まずはその場で起こることをそれぞれが体験・体感することが大切だと考えており，DRC では本フォーラムを実施したのである。このような理念は本フォーラム以外の場面でも一貫したものであり，これからも各種の取り組みを続けていきたいと考えているが，また多くの人たちと一緒にこのようなフォーラムで交わることができることも期待している。

語りの場からの学問創成

嶺重　慎

上野千鶴子氏が平成31年度東京大学入学式で述べた式辞[1]が話題を集めている。

> 世の中には，がんばっても報われないひと，がんばろうにもがんばれないひと，がんばりすぎて心と体をこわしたひと…たちがいます。がんばる前から，「しょせんおまえなんか」「どうせわたしなんて」とがんばる意欲をくじかれるひとたちもいます。
>
> あなたたちのがんばりを，どうぞ自分が勝ち抜くためだけに使わないでください。恵まれた環境と恵まれた能力とを，恵まれないひとびとを貶めるためにではなく，そういうひとびとを助けるために使ってください。そして強がらず，自分の弱さを認め，支え合って生きてください。

これはフェミニズム（女性学）を念頭に述べられた言葉であるが，そのまま本書の課題「語りの場からの学問創成」にもあてはまるように思われる。事実，上野氏は式辞の中で「フェミニズムは弱者が弱者のままで尊重される

1　https://www.u-tokyo.ac.jp/ja/about/president/b_message31_03.html　2023年12月25日アクセス

ことを求める思想です」とも述べている。これも本書にそのまま通用する言葉だ。

しかしながら「この祝辞が誤って理解されているのではないか」と上野氏は懸念する[2]

> 東京大学入学式での上野の祝辞がバズりました。その祝辞のなかで一番よく引用されたのがこの文章です。「あなたの恵まれた環境と能力を恵まれないひとびとを貶めるためにではなく，そういうひとびとを助けるために使ってください」
>
> これを書いたひとは，「ははーん，これってノブレス・オブリージュのことだね」と，短絡的に理解する傾向があります。
>
> ちょと待った，わたしはこの文章の直後にもう１行つけ加えました。
>
> 「そして強がらず，自分の弱さを認め，支え合って生きてください。」
>
> (中略) わたしたちが欲しい社会は (中略) 弱者になったときに「助けて」といえる社会，「助けて」といったときにたすけてくれる社会です。

たしかに従来の学問は「弱さ」でなく「強さ」を，「少数者 (例外)」でなく「多数者 (標準)」を，「情」ではなく「知」を，「心」ではなく「頭」を使えと訴えて発展してきた。それとは異なる「もうひとつの声」が存在することを，フェミニズムも，当事者による「語り」も暗に示してきた。それは学問を，「生」に根ざした本来のあり方に立ち戻らせる方向性でもある。

「ケアの倫理」創始者のC.ギリガンを「アメリカを動かす25人」(1996年)の一人に選んだ『タイム』誌は，彼女の貢献を「男の論理を借りて女についてあれこれ推測を重ねるのではなく，女たちの実際の行いをしっかり見極め

2　上野（2022）pp.130–132

ない限り，人間について何も理解することはできない」という真実をおしえてくれた[3]，と総括する。「男」を「非当事者」に，「女」を「当事者」に置き換えれば，そのまま本書の意図に通じる。特に最後の部分，（女性や当事者についてでなく）「人間について」何も理解することはできない，という点は意味深長だ。「特殊」と思われたことがじつは「普遍性回復の第一歩」なのだ。

本書の目指すところは，「生」に密着した，新しいタイプの学問創出にある。新しい学問スタイルとは何かと考えるとき，二項対立の表（序章）で示した「対立する枠組み」，すなわち「もうひとつの声」が手がかりになる。そしてその中核をなすのが「語り（ナラティヴ）」である。語りを基盤とした学問の萌芽的成果として，第Ⅰ部では「当事者研究」「ケアの倫理」をとりあげたが，もちろん理論やその方法論にとどまる訳ではなく，第Ⅱ部の著者たちが吐露する内容すべてにおいて，新しい学問の潮流が生み出される予感を感じさせるものだ。

ではそのような「語り」はどのような場で生み出されるのだろうか？　少し考えてみたい。

「語り」から学問創成へ

(1)　本書を貫くキーワード・キーセンテンス

考える準備として，本書各章を振り返り，そこで出された多様な「もうひとつの声」をまとめておこう。

- 「当事者性」にこだわる，個別の体験と語りを聴き取る
- 語ることで，私たちはゆっくりと，じぶん自身になってゆく

3　ギリガン（2023）p.407

- 当事者の具体的な語りを安易に一般化・普遍化しない，専門用語で総括しない
- 言葉のバリアフリー化：使い勝手のよい言葉に変えていく，新しい言葉を創っていく
- 「知」（頭で考えること）でなく「情」（心や体で感じること）
- 個別的と思われる語りが，他者とのつながりを生み出す
- 関係性が人をつくる，語りが新しい生をつくりだす
- 「Discovery is recovery」（発見とは回復なり）
- 非当事者が当事者から学ぶ機会を増やす
- 「自己スティグマ」からの解放
- 共同創造：語り手がいて聴き手がいて，ともに新しい学をうみだす

(2) 語りの場の創成に向けて

本書籍は，「障害をキーワードに学問を捉え直す」がテーマのシリーズの3冊目である（表1）。先の2回は「バリアフリーシンポジウム」と称し講演会形式で開催された。講師には非当事者の専門家も多く含まれた。それに

表1　京都大学バリアフリーシンポジウムとバリアフリーフォーラム

書籍名	著編者名	発行所	特徴
『知のバリアフリー～「障害」で学びを拡げる』	嶺重慎・広瀬浩二郎編著／障害学生支援ルーム協力	京都大学学術出版会（2014）	京都大学バリアフリーシンポジウム（2013年）に基づく書籍。障害者教育の歴史や障害学生支援に関する話題が中心。
『知のスイッチ～「障害」からはじまるリベラルアーツ』	嶺重慎・広瀬浩二郎・村田淳編著／障害学生支援ルーム協力	岩波書店（2019）	京都大学バリアフリーシンポジウム（2017年）に基づく書籍。障害を切り口に学問を拓くことを初めて打ち出し，学際的な論考を集めた。
本書	嶺重慎・熊谷晋一郎・村田淳・安井絢子編著／京都大学学生総合支援機構協力	京都大学学術出版会（2024）	京都大学バリアフリーフォーラム（2022年）に基づく書籍。当事者の語りに基盤をおき，人の生に密着した新しいスタイルの学問創成を謳う。

対し今回のフォーラムは，難病・依存症・障害当事者による語り（ナラティヴ）を根幹に据えた点に特徴があり，したがって講演者・ブース展示者の多くが当事者である。またブース展示の審査員も大部分が当事者である。これまで学問の世界において脇に追いやられていた方々が紡ぐ多様な「もうひとつの声」は，学問を新たな方向に導く力に満ちている。そしてその紡ぐ場は，一方向の講演会ではなく，双方向の「語り」が可能な場が保証されていることが新たな学問創成を実現するための必須条件である。

熊谷氏[4]は，その人ならではの「語り」を生み出すにふさわしい場を生み出す条件（「OGM にならないための社会文化的な条件」）として以下の 2 つを挙げる。

(A) 身近な人間関係において詳細で一貫性のあるナラティヴがつむがれること

(B) 所属する文化において自分のエピソード記憶を意味付ける解釈資源としてのマスター・ナラティヴが流通していること

「バリアフリーフォーラム」とは，まさにそのような場を目ざすものであった。それが実現していたかどうかは，出席者に判断を委ねるほかはないが，少なくとも一定数の出席者が「会場は温かさと親しみに満ちていた」との感想を述べたという事実は主催者側を勇気づける。

同じ立場の当事者が集まって「語り」を紡ぎ合う実践は，依存症自助グループや当事者研究の場において，すでに多くなされている。しかし，違う立場の当事者が多数集まり，それぞれの立場で語り合い，共通点や相違点を発見し合う機会はそれほど多くないだろう。「バリアフリーフォーラム」とはそういった実践を具体化していく挑戦の場であったと言えるだろう。実際，重光氏[5]も述べるように「病名や症状が違っても困っている事はだいたい同じ」なのである。と同時に差異もある。しかしそうした他者との共通点の発

4　本書第Ⅰ部第1章
5　本書第Ⅱ部第1章

見や異なりとの出会いはあらたな視座を提供し，自己を見つめなおし，学びを深める機会となろう。

(3) 言葉のバリアフリー化

よく知られているように，言語とは「表現と意味とを同時に備えた二重の存在」であり，「言語以前から存在する純粋概念を指し示すものではない[6]」。したがって語る「言葉」が当事者にとって適切かどうかと真剣に問うことは，「語り」を成立させるうえで欠くことができない。

実際のところ，当事者と非当事者との間で同じ事柄を表現する言葉／同じ言葉が意味するところが全くことなることがままある。第Ⅰ部で熊谷氏が「流通している日常言語や専門用語が少数派の経験を表しきれていない現状は，この解釈的不正義にほかならない」と述べた通りである。また第Ⅱ部で綾屋氏が「(非当事者の) 専門家による自閉症の診断基準や言説を読んでも『これは自分ではない』と感じていたが，当事者が『外側からはこのように見えるかもしれないが，内側の感覚や考え方としてはこうなっている』と，自らの経験を語った言葉は，これまでになく自分の経験と一致した」と述べていることもこのことを傍証している[7]。

言葉を取り戻す作業が必要である。なぜなら「言葉は，いわばもう一つの器官となって身に植え付けられている生理[8]」なのだから。そのために当事者が中心となり工夫して独自の言葉を作り出すこともある。浦河べてるの家で使われている「幻聴さん」「幻視さん」がその一例である[9]。幻聴や幻視をそう呼ぶかけることによって見方が大きく変化し，「幻聴や幻視との間に新しい人間関係が生まれる」と山根氏は述べる。

当事者による自由な「語り」の実現には「自己スティグマからの解放」が

6　丸山圭三郎（2008）p.103
7　本書第Ⅱ部第３章
8　丸山圭三郎（1987）p.175
9　本書第Ⅱ部第６章（幻聴に関しては，第Ⅰ部第１章も参照のこと）

必須となる一方，逆に「語り」が「自己スティグマの解放」を引き起こすこともある。第Ⅱ部の著者瀬戸山氏は以下のように述べる。

> 属性で集団につけられたラベルから想起されるイメージを「語り」は解かしていくと思っています。「障害者」も「認知症患者」も，人が勝手に作った定義はありますが，そのラベルを付けられた個人の語りをじっくり聞くと「典型的な障害者」「典型的な認知症患者」などどこにもおらず，自分と違う所も同じ所も見えてきて，自分を語りたくなるように思います。

「言葉のバリアフリー化」は，当事者が語る言葉だけではなく，非当事者の聴き取る言葉，語る言葉に対しても言葉の使い方に対しても再考を促す。とかく非当事者は，当事者の語りを聴くにあたり，「当事者のことば」を半ば無意識に「自分のことば」に置き換えて理解したつもりになっていることがしばしばである。そのような「思い込み」は極力排除しないといけないが，そうした思い込みを自覚し，取り除くのは容易ではない。というのも私たちは，学校教育の現場において，「自分のことば」で表現する訓練を受けてきたからだ。「自分のことば」で表すことこそが理解したということだ，と刷り込まれている。そして非当事者が自分なりの理解をするために，自分たちの価値観に沿った都合のよい発言を当事者に（暗に）促し，語るように仕向けることもある。「道徳教育や人権教育の名のもとに，そうした条件が整っていない／整える気もないなかで，手っ取り早い教材として何かを話すよう半ば強制されたりする経験をしたことのある障害者は少なくない（だろう）」（安井絢子氏談）。

「他者理解」は，自分自身の考えるベース（価値観や人生観など人が生きるライフスタイルのすべて）の解体と再構築を要求する。しかし，自分のライフスタイルをいくら見直しても，それを見直すべき必然性は出てこない。自分のライフスタイルを問い直すには他者理解を徹底するほかに術はない[10]のだが，そのとき留意しないといけないことがある。言葉のもつ二重性あるい

は限界についてである。言語学者の丸山圭三郎は，以下のように述べる[11]

明晰にして合理的な言葉，その指示する対象が一つしかない〈信号〉のような言葉が一方にあるとすれば，二重三重の意味をはらみ，確たる対象をもたない〈象徴〉のような言葉が他方に存在するように見えないこともない。しかし私には，数学と神話，物理学と詩のいずれをも表すために用いる言葉は，二つであるように見えて実は一つであると思われる。それは光の秩序を維持するための〈道具としての言葉〉であると同時に，闇の豊穣から立ち昇る〈情念の言葉〉でもあるのだ。(中略)

……私たちは，意識の表層面でこそ同じ構造のなかにいるように思えても，深層においては独自の生を特殊な体験として生きているにもかかわらず，恣意的文節である言葉の網にからめとられ，その結果，各人の価値観が均一化・画一化されている現実にきづかない

意識の深層とは意識下の，すなわち意識に昇らない広い領域を意味する。自分に対してさえ，その奥底を理解できていないのだから，まして自分で経験していないことが，そう簡単にわかるはずがない。「わからないものをわからないものとして受け止め，記憶に留め置く」，この態度が肝要に思う。そして折に触れ，繰り返し問うこと，問い続けること，それが自己や他者，ひいては学問に対する真の理解への道を拓くのではないかと思われる。「答えの出ない事態に耐える力」は「ネガティヴ・ケイパビリティ」とよばれる(帚木　2017)。19世紀の英国の詩人キーツの言葉である[12]。これに対し，す

10　R.シャロンは患者の語りを聴く姿勢として，文学批評の分野で発展した「精密読解(close reading)」の手法を紹介している（シャロン 2011：p.164)。

11　丸山圭三郎（1987）p.9, pp.73–74

12　「ネガティブ・ケイパビリティは拙速な理解ではなく，謎を謎として興味を抱いたまま，宙ぶらりんの，どうしようもない状態を耐え抜く力です。その先には必ず発展的な深い理解が待ち受けていると確信して，耐えていく持続力を生み出すのです」(帚木 2017；p.77)。

ぐさま問題解決しようとする能力をポジティブ・ケイパビリティという。

⑷ 「語りのバリアフリー化」へ

これまで「語り」を中心に自己理解や他者理解，そして新たな学問のひとつの方向性について論じてきた。しかし読み進めるなかで次のようなひっかかりを感じている読者もおられるだろう。「言葉を失ったひと」はどうするのか，という問いである。言い換えれば，音声言語や手話言語ではない「語り」，いわば「言葉」成立以前の語りはあるか，という課題である。これは「語りのバリアフリー化」ともよぶべきテーマと言えよう。

村上春樹は，地下鉄サリン事件で言葉を半分失った女性にインタビューして得た「語り」を以下のように著述する[13]。

> 「もしよかったら，僕の手を握ってみせてくれますか？」
> 「いい」と彼女は言った。
> 私は彼女の小さな手の――まるで子供のような小さな手だ――手のひらの中に自分の四本の指の先を置いてみる。彼女の指がまるで眠りにつく花の花びらのように，静かに閉じられていく。温かい，ふっくらとした，若い女性の指だ。その指の力は予想していたよりずっと強いものだ。彼女は私の手を，しばらくのあいだぎゅっと握っている。おつかいに行く子供が，「大事なもの」を握りしめるみたいに。そこにははっきりとしたひとつの意志のようなものが感じられる。それは明らかに何かを求めている。（中略）きっと彼女の頭の中で，何かが外に出たがっているのだ。そう感じた。大事な何かだ。でも彼女にはうまくそれを出すことができない。（中略）でもその何かは，壁に囲まれた彼女の中の場所の中に，傷を負うこともなくしっかりと存在している。彼女は誰かの手を握って，「そ

13　村上春樹（1999）『アンダーグラウンド』pp.228–229

れがそこにあるのだ」ということを静かに伝えるしかないのだ。

これこそが，言葉を介さない「語り」である。そしてそれは「生」を直接感じさせるもののように思われる。読者は情景を思い浮かべ，彼女の表情，彼女の場所の中にあるしっかりとした「そこにある何か」を思い描いて満ち足りた思いにひたされるかもしれない。ゆったりとした時間が流れている。まさに人生の滋味を思わせる時の流れである[14]。

この「語りのバリアフリー化」という構想は，語られる言葉のみに価値を見出し，語る言葉でもって一面的にひとを評価し選別している社会のあり方に対するアンチテーゼである。しかし，障害属性や周囲の環境などの理由で，語ろうとしても語れない，あるいは語る言葉を奪われているひとは少なくない。言葉になりきらない言葉，意味をなさない声や叫び，沈黙でさえも無視することは，不当であるだけでなく，人生についての学びを不完全なものにしてしまうことになると私には思われてならない。「語り」という概念は広くとることができるのかもしれない。

演劇や音楽，絵画，彫刻もまた一つの言葉なのである。見るたびに，聞くたびに，その都度新しい意味を与えられ与え返す体験の一回性は，単に芸術作品との出会いという特権的状況に限らない。[15]

むすびにかえて

「学問の『危機』は，学問が生に対する意義を喪失したところにある。」本書はフッサールのこの言葉に導かれ，「語り（ナラティヴ)」(「語りのバリアフ

14　現代人のひとつの特徴は「緊急中毒」であることだ（コヴィー et al. 2000)。時間に追われていることがまるで勲章であるかのようだ。「忙」とはまさに「心を亡くす」ことにほかならないのだが。

15　丸山圭三郎（1987）p.10

リー化」も含む）を基盤に新スタイルの学問創出を目ざそう，と主張してきたのであるが，その「学問」の究極的な目的とは何だろうか？

それは，「人間について深く学ぶ」ということに尽きる，と私は考える。

実際，第Ⅰ部で論じた「当事者研究」「ケアの倫理」は，長らく既存の学問体系からは抜け落ちていた，人間の「生」の大切な側面にスポットライトを当てたものであり，現在，最も注目されている学問的営みと言えよう[16]。また第Ⅱ部各章の論考は，必ずしもすべてが「学問」に直結するものでないにせよ，「自分内部の感覚の語り方」を学び，「からだとことばの関係」を理解し，「関係性がひとをつくるという意味」「言葉を紡ぐことの生における意義」を考えることを通して，総じて「人間について」「人生について」深い示唆を与えうるものと言うことができるだろう。そしてそのような「発見」を伴う学びは，「回復」すなわち「生きる喜び」へとつながっていくだろう。まさに「語ることで，私たちはゆっくりと，じぶん自身になってゆく」のだ。

最終章を締めくくるにあたり，今一度強調しておきたいことは，本書が念頭におくのは「人間について」の学問であって，必ずしも「難病（当事者）」「障害（当事者）」「依存症（当事者）」に特有な事情についての学びではないということである。従来の学問は「強さ」「普遍性」「標準」……に焦点をおいたものが主流であり，「弱さ」「特異性」「個別性」……は周縁化されていた。「測定」や「数値化」が強調され，「数値で表せないもの」「一般法則に当てはまらないもの」は後回しにされた。また「知」に重点が置かれ「情」の部分は軽視ないし無視されてきた。しかしそれでは「人間について」深く学ぶことにならない。人間の「生」の根幹をなす大事な柱のひとつが隠されてしまうからだ[17]。

人間をまるごととらえようとする学問の試みは，今後ますます発展するように思われる。

16　冒頭で引用したE・フッサールが創始した「現象学」や，障害の社会モデルを生み出した「障害学」も「もうひとつの声」の先駆けとなる学問と位置付けることができるかもしれない。
17　この柱は，主として文化・芸術の分野で担われてきたことは忘れてならない。

参考文献

上野千鶴子（2022）『これからの時代を生きるあなたへ』主婦の友社，pp.130–131.

ギリガン，C.／川本隆史・山辺恵理子・米典子訳（2023）『もうひとつの声で――心理学の理論とケアの倫理』風行社（原著1982年）

コヴィー，S. R.・メリル，A. R.・メリル，R. R.／宮崎伸治訳（2000）『７つの習慣――最優先事項』キングベアー出版（原著1994年），p.51–58.

シャロン，R.／斎藤清二・岸本寛史・宮田靖志・山本和利訳（2011）『ナラティブ・ディスン――物語能力が医療を変える』医学書院（原著2006年）.

帚木蓬生（2017）『ネガティブ・ケイパビリティ：答えの出ない事態に耐える力』朝日新聞出版（朝日選書　958）

丸山圭三郎（1987）『言葉と無意識』講談社現代新書

丸山圭三郎（2008）『言葉とは何か』ちくま学芸文庫，p.103（原典は夏目書房1994年刊）

村上春樹（1999）『アンダーグラウンド』講談社文庫，pp.228–229.

索　引

事項を，節などまとまった形で扱っている場合には，該当ページ全体を示す。また「⇒」で関連する事項を，「⇔」で対照的な事項を示した。アクロニムについては「アクロニム一覧」（p.vi）も参照のこと。

■事項

【ア行】

【カ行】

【サ行】

【タ行】

【ナ行】

【ハ行】

■人名

執筆者一覧

［編者］

嶺重慎（みねしげしん）

京都大学名誉教授。1986年東京大学大学院理学系研究科博士課程修了，理学博士。2023年京都大学を定年退職。専門は宇宙物理学（ブラックホール天文学）。専門研究の傍らバリアフリー学習教材（点字版・手話版）製作や京都大学バリアフリーシンポジウムの企画に携わる。2007年井上学術賞，2008年日本天文学会林忠四郎賞，2012年京都新聞教育社会賞受賞。主な著書に『知のバリアフリー：「障害」で学びを拡げる』(共編著, 京都大学学術出版会, 2014年)，『知のスイッチ：「障害」からはじまるリベラルアーツ』）（共編著，岩波書店，2019年)，『ブラックホールってなんだろう?』（福音館書店，2022年)，『宇宙と時間』（共編著，恒星社厚生閣，2024年）など。

熊谷晋一郎（くまがやしんいちろう）

東京大学先端科学技術研究センター教授，小児科医。東京大学バリアフリー支援室長，日本学術会議会員，内閣府障害者政策委員会委員長。新生児仮死の後遺症で，脳性マヒに。以後車いす生活となる。東京大学医学部医学科卒業後，千葉西病院小児科，埼玉医科大学小児心臓科での勤務，東京大学大学院医学系研究科博士課程での研究生活を経て，現職。専門は小児科学，当事者研究。主な著作に『リハビリの夜』（医学書院，2009年)，『発達障害当事者研究：ゆっくりていねいにつながりたい』（共著，医学書院，2008年)，『つながりの作法：同じでもなく　違うでもなく』（共著，NHK 出版，2010年)，『みんなの当事者研究』（編著，金剛出版，2017年)，『当事者研究と専門知』（編著，金剛出版，2018年)，『当事者研究をはじめよう』（編著，金剛出版，2019年)，『当事者研究：等身大の〈わたし〉の発見と回復』（岩波書店，2020年)，『＜責任＞の生成：中動態と当事者研究』(共著，新曜社，2020年）など。

村田淳（むらたじゅん）

京都大学学生総合支援機構准教授。同大学の DRC（障害学生支援部門）

チーフコーディネーター，HEAP（高等教育アクセシビリティプラットフォーム）ディレクター。2007年より，京都大学における障害学生支援に従事。組織的な支援体制の構築や合理的配慮の提供に関するシステムを構築するなど，組織・部署のマネジメント業務を担う一方，障害のある学生の相談・支援コーディネート・各種コンサルテーションやプロジェクトを実施するなど，支援現場で様々な取り組みを行う。社会的な活動として，文部科学省「障害のある学生の修学支援に関する検討会」委員，全国高等教育障害学生支援協議会（AHEAD JAPAN）業務執行理事など。

安井絢子（やすいあやこ）

京都大学文学部非常勤講師。2015年京都大学大学院文学研究科博士課程指導認定退学。博士（文学）（京都大学）。専門は現代英米倫理学，特にケアの倫理。先天的な視覚障害者。介助者のサポートのもと，滋賀大学や大阪経済大学，看護専門学校などで非常勤講師として授業担当する傍ら，一般向け講演，京都府立植物園における視覚障害者向けガイド養成講座にも携わる。主な著書に，『徳倫理学基本論文集』（共訳，勁草書房，2015年），『知のスイッチ：「障害」からはじまるリベラルアーツ』（共著，岩波書店，2019年），『倫理学』（共著，昭和堂，2023年）など。

[執筆者　掲載順]

第Ⅱ部

1章　重光喬之（しげみつたかゆき）

NPO 法人両育わーるど理事長/多摩大学大学院医療・介護ソリューション研究所フェロー，20代半ばで脳脊髄液減少症を発症し，以来24h365d の痛みと共に生きる。趣味は4つ打ちと SF 小説。著書に『難病者の社会参加白書』（共編著，難病者の社会参加を考える研究会，2021年）。

2章　なっつ

京都大学大学院で発達心理学を学ぶ。学部1年生の頃から障害者のリアルに迫る京大ゼミ（現：「障害」者のリアルを語り合う京大ゼミ）の運営に携わる。

3章　綾屋紗月（あややさつき）

自閉スペクトラム当事者。東京大学先端科学技術研究センター特任准教授。2020年東京大学大学院総合文化研究科博士課程修了，博士（学術）。専門は当事者研究。近年は自閉症者の人権擁護や，マイノリティ当事者とアカデミアの共同研究のための課題についても取り組んでいる。主な著書に『発達障害当事者研究：ゆっくりていねいにつながりたい』（共著，医学書院，2008年），『当事者研究の誕生』（東京大学出版会，2023年）など。

4章　瀬戸山陽子（せとやまようこ）

東京医科大学教育IRセンター准教授。障害のある医療系学生・医療者支援や，当事者の語りから社会の課題やあり方を考える活動・研究に力を入れている。主な著書に『障害のある人の欠格条項ってなんだろう？　Q&A：資格・免許をとって働き，遊ぶには』（共著，解放出版社，2023年）。

5章　上岡陽江（かみおかはるえ）

ダルク女性ハウス代表。1991年に友人と薬物・アルコール依存症をもつ女性をサポートするダルク女性ハウスを設立。依存症の母親とその子どものための包括的な支援に注力。当事者への支援に加え援助職者のための研修，グループワークなどにも従事。また東京大学熊谷研究室にて当事者研究事業に参加。著書に『その後の不自由』（共著，医学書院，2010年），『当事者研究をはじめよう』（共編著，金剛出版，2019年）など。

5章　さち

ダルク女性ハウスにて上岡氏に出会う。今では上岡氏の講演会に同行し，体験談を話したりしている。

6章　山根耕平（やまねこうへい）

早稲田大学大学院理工学研究科機械工学専攻修士課程修了。現在，（社福）浦河べてるの家で勤務。昔から普通の人には見えないものや聞こえないものに関心があり，この本のようにそれを語れる時代になって良かったと思っている。

7章　油田優衣（ゆだゆい）

脊髄性筋萎縮症（SMA）の当事者。電動車椅子&人工呼吸器ユーザー。24時間の公的な介助サービスを使いながら，一人暮らしをしている。京都大学大学院教育学研究科修士課程在学。著書に『当事者研究をはじめよう』（共著，金剛出版，2019年）。

第Ⅲ部

1章　塩瀬隆之（しおせたかゆき）

京都大学工学部卒業。博士（工学）。インクルーシブデザインにより，視覚障害，聴覚障害，車椅子利用者，外国籍の人など多様な来館者を想定した博物館展示リニューアルプロジェクトを多数監修。著書に『問いのデザイン：創造的対話のファシリテーション』（共著，学芸出版社，2020年），『未来を変える偉人の言葉』（共著，新星出版社，2021年）など。

語りの場からの学問創成
——当事者，ケア，コミュニティ

2024年3月31日　初版第一刷発行

編　者　嶺重　慎
熊谷晋一郎
村田　淳
安井絢子

協　力　京都大学学生総合支援機構

発行人　足立芳宏

発行所　京都大学学術出版会
京都市左京区吉田近衛町69
京都大学吉田南構内（〒606-8315）
電話 075（761）6182
FAX 075（761）6190
URL http://www.kyoto-up.or.jp/

印刷・製本　亜細亜印刷株式会社

Printed in Japan
ISBN978-4-8140-0526-0
定価はカバーに表示してあります

イラスト：GK Kyoto（京都大学 DRC 12key Accessibility Calendar より）

テキストデータ提供のご案内

視覚障害，肢体不自由などの理由で印刷媒体を利用することが困難な本書ご購入者に，本書のテキストデータを提供いたします。希望される方は，下記の必要事項を明記のうえ，メールにてお申込みください。

【必要事項】

・本ページ下部に記載の引換番号（1回限り有効）

データ利用者の

・お名前

・ご住所

・電話番号

・メールアドレス

【申し込み先】

support@kyoto-up.or.jp

テキストデータの提供は，本書を購入されたご本人様（個人）で，視覚障害などの理由で印刷媒体の利用が困難な方に限ります。法人及びそれに類する団体の方による営利目的の利用はできないものとします。また，個人や家庭内であっても，小会の事前の承諾なくコピー，配布，転載，流用をすることを禁じます。

引換番号：twqs1jj